D1926701

DAS GOLD AUS DEM KREML

Übersee-Museum
Bremen
15. Juni bis 13. August 1989

Staatliche Museen des Moskauer Kreml

DAS GOLD AUS DEM KREML

Geschichte der russischen Goldschmiedekunst

Aufnahmen
Albert und Irmgard Hirmer

Übersee-Museum · Hirmer Verlag

Übersetzung
Alexander von Solodkoff

© 1989 by Übersee-Museum Bremen und Hirmer Verlag München
© 1989 by Staatliche Museen des Moskauer Kreml für die Texte

Lithos: Eurocrom 4, Villorba/Treviso
Satz: Schwanke+Holzmann, München
Druck und Bindung: Passavia, Passau
Papier: Scheufelen, Lenningen
Umschlagentwurf: Dieter Vollendorf, München

ISBN 3-7774-5160-6

Printed in Germany

Inhalt

Zur Ausstellung

In der Geschichte aller Länder und Völker gibt es Zeiten, in denen sich, wenn Konflikte in der Welt gelöst und Spannungen verringert werden, kulturelle Beziehungen intensivieren und in denen das Interesse an allgemeingültigen geistigen Werten wächst. Die gegenseitige Bereicherung der Kulturen begünstigt immer ein Anwachsen des nationalen Bewußtseins, das Aufblühen des geistigen Lebens und die Beflügelung des künstlerischen Genius' eines Volkes.

Ein wesentlicher Bestandteil der europäischen Kultur und Kunst ist die russische Goldschmiedekunst, von der die Ausstellung »Das Gold aus dem Kreml« hervorragende Werke zeigt. Die Organisatoren haben bei ihrer Vorbereitung jedes Exponat mit besonderer Sorgfalt und Liebe ausgewählt mit dem Ziel, die jahrhundertelange Geschichte der Entwicklung der Gold- und Silberschmiedekunst in Rußland aufzuzeigen, Eigenheiten der stilistischen Veränderungen sowie die Evolution ästhetischer Ideale verschiedener Epochen zu veranschaulichen.

Die Ausstellung beginnt mit Exponaten, die bei archäologischen Ausgrabungen auf einem Territorium entdeckt wurden, auf dem sich in der Folge die slawische und russische Kultur entwickelten. Einen Höhepunkt bilden die Werke des »Goldenen Zeitalters« der russischen Goldschmiedekunst des 16. und 17. Jahrhunderts. Es sind Arbeiten von ausgezeichneten Goldschmieden, die im Zentrum des künstlerischen Lebens des Landes tätig waren – in den höfischen Werkstätten des Moskauer Kreml. Eine virtuose Arbeit von Meistern des 20. Jahrhunderts beschließt die Ausstellung.

Der Großteil der gezeigten Stücke ist seit der Zeit ihrer Anfertigung bis heute mit der Staatlichen Schatzkammer – der Rüstkammer – verbunden. Ihr hoher Kunstwert, die einzigartige nationale Bedeutung, der unmittelbare Zusammenhang der Objekte mit Begebenheiten und Persönlichkeiten der Landesgeschichte, alle diese auf einen großen Teil der im Museum befindlichen Ausstellungsstücke zutreffenden Eigenschaften veranlaßten das Akademiemitglied D. S. Ligačev dazu, die Rüstkammer als »Heiligtum Rußlands« und als das materialisierte Erinnerungsvermögen des Volkes zu bezeichnen.

Die Rüstkammer mit ihren weltbekannten Schätzen gehört zu den Museen, die in den Staatlichen Museen des Moskauer Kreml zur Erhaltung und Pflege des Kulturerbes zusammengefaßt sind. Die auf dem Gebiet des alten Zentrums von Moskau liegenden Kathedralen Mariae Himmelfahrt, der Erzengel, der Verkündigung sowie der Gewandniederlegung und die Patriarchenpalata bilden zusammen mit der Rüstkammer einen überaus bedeutenden kulturhistorischen Komplex, der das Interesse vieler Menschen unseres Landes wie auch des Auslandes auf sich zieht.

Die Ausstellung »Das Gold aus dem Kreml« möchte dem Betrachter durch die einzigartigen Stücke aus unserem Museum, die unschätzbaren Denkmäler der russischen Kunst und Geschichte, eine Vorstellung von dem eigenständigen Charakter der Kunst Rußlands vermitteln.

Die überaus seltenen Kunst- und Geschichtsdenkmäler sind der Nationalstolz des Sowjetvolkes. Sie erfüllen darüber hinaus eine humane Mission, indem sie gewissermaßen als Sendboten unser Streben nach gegenseitigem Verständnis und freundschaftlichem Zusammenleben in der Welt dokumentieren. Die Ausstellung »Das Gold aus dem Kreml« ist wieder ein Beweis dafür, daß die Kunst der beste Botschafter im Dienst der Geschichte ist.

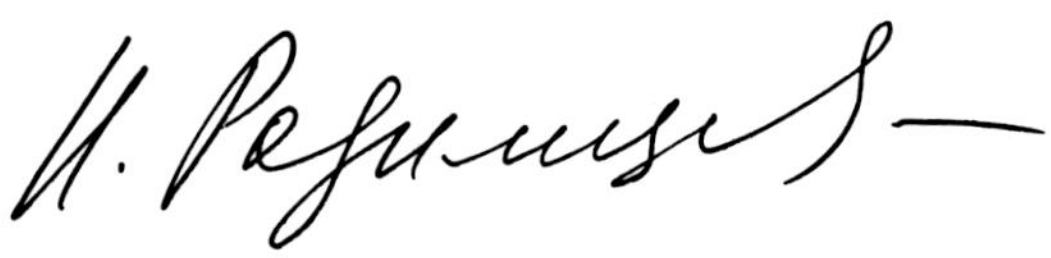

IRINA RODIMCEVA
Direktor der Staatlichen
Museen des Moskauer Kreml

Vorwort

Es ist für das Übersee-Museum in Bremen eine besondere Ehre, anläßlich des Besuchs des Generalsekretärs des Zentralkomitees der KPdSU, Michail Gorbatschow, als einzige bundesdeutsche Stadt die Ausstellung »Das Gold aus dem Kreml« der Staatlichen Museen des Moskauer Kreml zeigen zu dürfen.

Ein großer Teil der insgesamt 80 Exponate umfassenden Ausstellung verläßt zum ersten Mal den Moskauer Kreml; einige Objekte waren bislang nie in der Öffentlichkeit zu sehen, da sie sich aus konservatorischen Gründen in den Magazinen der Rüstkammer befanden.

Europa gehört nicht zu den Sammlungsschwerpunkten des Übersee-Museums. Sie liegen vor allem in Ostasien und in Amerika und umfassen aus diesen Gebieten zahlreiche Kunstwerke und Spitzenstücke des Kunsthandwerkes. Besonders berühmt ist die Sammlung vorkolumbischer Goldarbeiten, die Ende des letzten Jahrhunderts von Kolumbien nach Bremen kam. Vergleichbare Exponate und Sammlungen aus Europa fehlen; auch deshalb ist die von den Staatlichen Museen des Moskauer Kreml zur Verfügung gestellte Ausstellung ein besonderes Ereignis.

Es gehört zu den Grundsätzen des Übersee-Museums, mit seinen Ausstellungen stets auf gesellschaftliche und historische Zusammenhänge hinzuweisen, in die die Objekte eingebettet waren bzw. sind.

In dieser Hinsicht hat das Übersee-Museum das Privileg einer Weltpremiere: Zum ersten Mal in ihrer Geschichte senden die Staatlichen Museen des Moskauer Kreml eine thematisch strukturierte und wissenschaftlich aufbereitete Ausstellung ins Ausland.

Trotz ihrer Entstehungsgeschichte, die im wesentlichen durch die jahrhundertelange Herrschaft der Zaren bestimmt war, sind die russischen Gold- und Silberschmiedearbeiten Teil der kulturellen nationalen Identität des heutigen sowjetischen Volkes. Sie gelten als Meisterstücke des kulturellen Schaffens und werden bis heute in hohen Ehren gehalten und bewundert. Sie sind aber auch Teil der kulturellen Tradition des gemeinsamen europäischen Hauses, das gerade jetzt wieder gefestigt werden soll.

Besonders sind wir dem Ministerium für Kultur der UdSSR sowie den sowjetischen Wissenschaftlern der Staatlichen Museen des Moskauer Kreml und der Museumsleitung, Frau Irina Rodimceva, mit Dank verbunden, auf unsere Wünsche und Vorstellungen eingegangen zu sein. Wir danken ihnen für die herzliche Aufnahme, die wir in Moskau bei unseren Arbeitsgesprächen erfahren haben. Und wir sind uns des großen Vertrauensbeweises bewußt, uns die Exponate, die ihnen so sehr am Herzen liegen, für die Dauer der Ausstellung in Bremen zu überlassen.

Unserer Dank geht an die Fondación Copasa, Argentinien, und ihren Direktor, Dr. Ernesto Texo, der den sowjetischen Kollegen Bremen als Ausstellungsort vorschlug und entscheidenden Anteil bei der Vermittlung hatte; ebenso an Dr. Elmar Zorn und Volker Kinnius, München, und Dr. Carlos Lloret, Paris, die uns bei der Realisierung geholfen haben.

Das Erscheinen dieses Kataloges wurde möglich durch die großzügige und aktive Unterstützung der Brauerei Beck und Co. Bremen. Diesem Beweis kulturellen Engagements spreche ich meinen aufrichtigen Dank aus. Es trägt dazu bei, den Besuchern ein sicherlich unvergeßliches Ausstellungserlebnis zu ermöglichen.

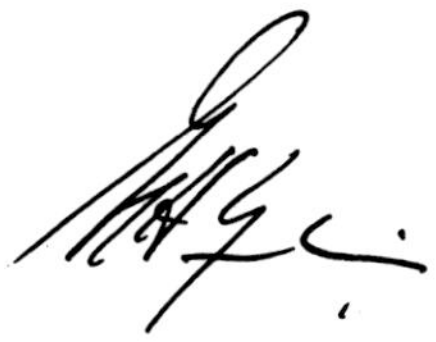

Dr. Herbert Ganslmayr
Direktor des Übersee-Museums

Einführung

Die Rüstkammer des Moskauer Kreml gleicht einem Brillanten, dessen einzelne Facetten die Geschichte des Landes, des Volkes und seines künstlerischen Genies sowie den Reichtum der gegenseitigen Beziehungen mit anderen Völkern und Ländern widerspiegeln. In der glänzenden Krone der historischen Schätze Europas nimmt dieses älteste Museum der Sowjetunion einen würdigen Platz ein. Gemeinsam mit den historischen Denkmälern des Kremlbezirks bildet die Rüstkammer eine Einheit, die den größten Museumskomplex unseres Landes umfaßt: die Staatlichen Museen des Moskauer Kreml.

Zu Recht kann aufgrund der historischen Bedeutung und der künstlerischen Vollendung ihrer Kunstwerke jede Einzelsammlung der Rüstkammer als einmalig bezeichnet werden. Die Kollektion kostbarer Stoffe birgt unschätzbare Werke der russischen Kunststickerei, darunter die Festgewänder der Moskauer Metropoliten, der russischen Patriarchen und Zaren, und profane Kostüme des 17. bis zum beginnenden 20. Jahrhundert. Zu den Sammlungen der Hofstallungen zählen alte Kutschen und Paradeschmuck der Pferde. Viele der Exponate sind kostbare Denkmäler der diplomatischen Beziehungen zwischen Rußland und den Ländern des Ostens und Westens. Gesandtengeschenke bilden den größten und reichsten Teil der Sammlung westeuropäischen Silbers. Ein Juwel des Museums ist die einmalige Sammlung altrussischer Staatsregalien. Weltbekannt ist die Kollektion der Waffen, die von östlichen, westeuropäischen und russischen Meistern gearbeitet wurden. Ihre Glanzlichter sind die Paradewaffen, die in der Rüstkammer angefertigt wurden, der bedeutendsten Werkstatt der Zaren des 16. bis 17. Jahrhunderts. Ihr Name lebt bis heute in der Bezeichnung des Museums fort.

Älter als der Name des Museums ist die Geschichte seiner Exponate. So beherbergt die Rüstkammer zum Beispiel eine einmalige Sammlung russischer Goldschmiedekunst vom 12. bis 20. Jahrhundert, die in Niveau, Reichtum und historischer Kostbarkeit unerreicht ist. Sie zeichnet das vielfarbige Bild der Entwicklung russischer Gold- und Silberschmiedekunst seit frühester Zeit bis zum heutigen Tag. Jede Periode hat zur Vielfalt der Sammlungen beigetragen, die untrennbar mit der Entwicklung Rußlands und der wachsenden Bedeutung Moskaus und des Kreml verbunden sind.

Erstmals wird die zukünftige Schatzkammer des Kreml im 14. Jahrhundert erwähnt: die Schatzkammer des Moskauer Großfürsten Ivan Kalita bildet den Kern der heutigen Sammlung. Sie umfaßt die wertvollen Familienregalien, die nicht nur als Kostbarkeit weitervererbt wurden, sondern als heilige Objekte, die die Moskauer Fürstenfamilie bewahren und beschützen und ihre Herrschaft heiligen sollten. Viele der Objekte waren aus Gold gefertigt, einem alten Herrschaftssymbol, einem Zeichen von Macht, von Stärke, und unabdingbares Attribut der Herrschaftsinsignien. Seine Symbolik und Magie hatte sich im Mittelalter noch vertieft. In den verehrten Heiligenbildern, den Ikonen und Kreuzen ist es nicht nur kostbares Material, sondern besitzt einen hohen symbolischen Wert als wichtiges Zeichen des christlichen Glaubens.

Es ist kein Zufall, daß gerade im 14. Jahrhundert erste Zeugnisse über die Schatzkammer der Moskauer Zaren auftauchen. Es war dies die erste Periode des Aufstiegs der Macht Moskaus, vorbereitet durch das vorangegangene Erstarken des Fürstentums und seines Zentrums, die im 14. Jahrhundert beide noch kaum hundert Jahre alt waren.

Als bedeutender Einschnitt in der Geschichte Moskaus ist das Jahr 1147 anzusehen. Die ausführlichen russischen Annalen erwähnen unter diesem Datum das Treffen zweier verbündeter Fürsten, Jurij Dolgorukij und Svjatjoslav Olgovič am hohen, bewaldeten Ufer des Flusses Moskva. Das Land fiel damals Jurij Dolgorukij zu, dem Sohn des mächtigen Kiever Fürsten Vladimir Monomach. Dieser im Zentrum Rußlands, am Kreuzungspunkt wichtiger Wege gelegene Ort versprach Vorteile in strategischer Hinsicht und für den Handel. Hier beginnt Jurij Dolgorukij im Jahre 1156 auf dem Hügel von Borovickij (das Wort stammt von Bor = Wald) den Bau der ersten Verteidigungsanlage, einer »kleinen, hölzernen Stadt«.

Das erste Drittel des 13. Jahrhunderts war in der Geschichte Rußlands die dunkle Zeit des Einfalls der mongolisch-tatarischen Horden, die auf lange Zeit das Heranwachsen der russischen Städte hinderte. Während des ersten Überfalls unter der Führung des Chan Batyi, der 1237 Moskau verwüstete, hatten die Horden »die Stadt und Kirchen dem Feuer übergeben, alle Klöster und Dörfer angesteckt und viele der eingenommenen Höfe zerstört«. In der jahrhundertelangen Geschichte der Stadt hat es eine Reihe schwerer Zeiten gegeben, jedoch nach jeder Katastrophe erwachte die Stadt wieder, lebte auf und erblühte aufs Neue.

Mit der Zeit stärkten die diplomatischen und kriegerischen Erfolge der Moskauer Fürsten die wachsende Autorität Moskaus. Im 13. Jahrhundert wurde es zur Hauptstadt des noch kleinen Moskauer Fürstentums. Die

Geschichte der Stadt war im 14. Jahrhundert voller bedeutender Ereignisse. In dieser Zeit, 1324, verlegte der Metropolit Peter seine Residenz aus Vladimir in den Kreml, wodurch Moskau für die russischen Lande die Bedeutung eines geistigen Zentrums erhielt. Der Moskauer Fürst Ivan Kalita nahm 1328 den Titel eines Großfürsten an und stellte sich an die Spitze des feudalen Verbandes der zentralen Fürstentümer.

Mit der wachsenden politischen Bedeutung des Moskauer Fürstentums wuchs die Stadt und erhob sich zur ersten Blüte. In ihrem Zentrum entstehen neue hölzerne Mauern und Türme, baut man einen hölzernen »goldgedeckten Palast« für den Großfürsten, wie auch Klöster und Kirchen, viele Klosterhöfe und Bojarenhäuser. 1331 findet sich in den Jahrbüchern erstmals das Wort »Kremnik« – Kreml, also der befestigte Teil der Hauptstadt mit dem Versammlungsplatz, der durch die ihn umgebenden Steinkirchen gebildet wird. Sie sind die Vorläufer der bis heute erhaltenen Gebäude, die ein wunderbares Architekturensemble bilden, das fast in seiner Gesamtheit aus dem letzten Viertel des 15. und dem Beginn des 16. Jahrhunderts stammt.

Dieses Ensemble ist mit einer der wichtigsten Perioden der Geschichte Rußlands verbunden, mit dem schließlichen Heranreifen eines russischen Volkstums und der Bildung einer alleinigen Herrschaft, nachdem 1480 das mongolisch-tatarische Joch abgeworfen und der Anspruch erhoben wurde, mit den größten Mächten der Zeit gleichgestellt zu sein. Es festigte sich der Gedanke, die Moskauer Fürsten in der Nachfolge der Kiever Fürsten zu sehen, die ihre Herrschaft wiederum von den byzantinischen Kaisern, den Erben des römischen Imperators Augustus, ableiteten. Als Zeichen hierfür siegelte der Großfürst 1497 erstmals mit dem Doppeladler, dem Herrschaftszeichen der byzantinischen Kaiser.

Zu dieser Zeit wurden grandiose Bauvorhaben in Angriff genommen, die bedeutendsten in der Geschichte des Kreml, an denen sowohl russische Baumeister als auch italienische Architekten beteiligt waren.

Der Bezirk des Kreml erhielt zur Zeit Ivans III. seine heutige Gestalt. Er wurde auf 28 Hektar ausgedehnt und von neuen, 2235 Meter langen Ziegelmauern mit 18 Türmen umgeben, was den Kreml zu einer der gewaltigsten Festungen Europas machte. In seiner Mitte stand die großartige, vom italienischen Baumeister Aristoteles Fioravanti in den Jahren 1475 bis 1479 ausgeführte Mariae-Himmelfahrts-Kathedrale. In ihr fanden bedeutende Zeremonien statt, Krönungen, Trauungen der Zaren und die Einsetzung in das Amt des Metropoliten und Patriarchen.

Gleichzeitig wurde ein neuer Palast für die Herrscher gebaut mit der Verkündigungs-Kathedrale als Hofkirche, darüber hinaus der Facettenpalast. An die Stelle von Gebäuden aus dem 14. Jahrhundert traten die Erzengel-Kathedrale, die Beisetzungsstätte der Großfürsten und Zaren, sowie der Glockenturm des »Großen Ivan«.

Der Kathedralenplatz wurde im 16. bis 17. Jahrhundert durch weitere Bauten bereichert. Damals entstanden viele Palastkirchen und Paläste, so der Palast des Patriarchen mit der Hauskirche der Zwölf Apostel. Einige der Türme der Kremlmauer erhielten ihre wehrhafte Vollendung.

1711 wurde die Hauptstadt des russischen Reiches nach St. Petersburg verlegt. Moskau blieb jedoch Krönungsstadt der Zaren und ein bedeutendes Wirtschafts-, Handels- und Kulturzentrum. Die Bautätigkeit am Kreml wurde im 18. und 19. Jahrhundert nicht eingestellt, jedoch in ihrem Umfang wesentlich verringert. Der größte Teil dieser Gebäude wurde später wegen Baufälligkeit abgerissen, die bedeutenderen jedoch erhalten – wie das Arsenal und das Senatsgebäude, in dem jetzt der Ministerrat der UdSSR tagt. In der Mitte des 19. Jahrhunderts wurde nach Plänen des Architekten K. A. Thon ein letztes, hervorragendes Architekturensemble errichtet: der Große Kremlpalast und die Gebäude der Rüstkammer, in denen bis heute die musealen Ausstellungen stattfinden.

Im März 1918 wurde Moskau wieder Hauptstadt und der Kreml Sitz der sowjetischen Regierung.

Der Kreml war der Ort bedeutendster politischer Ereignisse in der Geschichte des Landes, behielt aber auch in diesem Jahrhundert die Rolle eines Kultur- und Kunstzentrums. Hier befinden sich unschätzbare Kunstwerke der altrussischen Architektur, der Malerei, alte Handschriften und Druckwerke, altrussische Skulpturen und Werke der angewandten Kunst.

Die Entwicklungsgeschichte des Kreml spiegelt sich in derjenigen der Kremlschatzkammer wider. Der Reichtum der Großfürsten und Zaren vermehrte sich in gleichem Maße wie die Macht der russischen Herrschaft wuchs.

Anfangs wurden die Schätze der Großfürsten in einem kleinen, in weißem Stein ausgeführten Anbau der Verkündigungs-Kathedrale aufbewahrt. Am Ende des 15. Jahrhunderts war der großfürstliche Schatz, der jetzt zum Staatsschatz geworden war, so angewachsen, daß für ihn in den Jahren 1484 bis 1485 zwischen der Erzengel- und Verkündigungs-Kathedrale ein eigenes Gebäude aus Stein entstand, das in der Folge als Schatzhaus bezeichnet wurde. Hier fanden nicht nur die Werke russischer Goldschmiedemeister ihre Aufbewahrung, auch alles Gold und Silber, das als Geschenk von Gesandtschaften oder als Erwerbung durch den Handel aus dem Ausland nach Rußland gelangt war. Hierher brachte man auch die kostbaren Schätze der nach und nach mit der Moskauer Herrschaft vereinigten Fürstentümer. Der Schreiber eines Jahrbuches verzeichnete beispielsweise, daß Ivan III. 1479 aus Novgorod »unzählige, von ihm übernommene Wertgegenstände nach Moskau mitnahm... Perlen, Gold und Silber und hochgeschätzte Steine in dreihundert Fuhren« und daß er aus Tver »große Reichtümer an sich nahm«. Wahrscheinlich kamen damals viele der alten Werke der Goldschmiedekunst aus Novgorod und Tver, aus Vladimir und Suzdal nach Moskau, wo sie heute zur Sammlung der Rüstkammer zählen.

Die bedeutende Bautätigkeit am Kreml brachte auch die prächtige Ausschmückung der Innenräume der Paläste und Kirchen mit sich, die Fertigung kostbarer Ikonostasen und von Kirchengerät. Das Anwachsen der Autorität und Macht der Moskauer Herrscher hatte eine immer größere Prachtentfaltung in den Palästen, bei den Festgewändern und den Gegenständen des höfischen Festzeremoniells im Gefolge, die sich noch steigerte, als Ivan IV., der Schreckliche, 1547 den Zarentitel angenommen hatte.

Die vielfältigen Gegenstände für den Gebrauch am Zaren- und Patriarchenhof wurden von begabten und hochqualifizierten russischen Meistern geschaffen, die in den höfischen Kunstwerkstätten arbeiteten: in der Rüstkammer, den Werkstätten des Marstalls, die den Paradeschmuck der Pferde für die Kutschen der Zaren fertigten, in der Kleiderkammer, deren Meisterinnen sowohl die Kleidung der Zaren nähten und verzierten als auch bemerkenswerte, mit verschiedenfarbiger Seide ausgeschmückte Altardekken und liturgische Gewänder für die Kremlkirchen ausführten. Die besonders kostbaren Gegenstände aus Gold und Silber für die Höfe der geistlichen und weltlichen Herrscher wurden in der Silber- und Gold-Palata des Kreml gefertigt.

Im 16. und 17. Jahrhundert wurde in den Kremlwerkstätten eine nie gesehene Pracht geschaffen, die Schatzkammern des Kreml wurden so reich und großzügig aufgefüllt, daß sie um mehrere Abteilungen erweitert werden mußten. In der Hausschatzkammer der Zaren befand sich ihr persönlicher Besitz an Wertgegenständen, in der Großen Staatsschatulle Juwelenschmuck, Edelsteine und Perlen. Mit den Schatzkammern des Zaren waren die Riznica der Patriarchen und die der Kirchen und Kathedralen des Kreml zusammengefaßt. Die Heiligenbilderkammer barg eine bedeutende Sammlung von Ikonen und verschiedenem Kirchengerät, von dem einiges in den Hofwerkstätten angefertigt, anderes dem Zaren an großen kirchlichen Feiertagen aus allen Teilen Rußlands geschenkt worden war. Viele der Kostbarkeiten wurden auch in diesen bedeutenden Hofwerkstätten aufbewahrt.

Anfang des 18. Jahrhunderts ging ihre Tätigkeit stark zurück, viele Meister zogen in die neue Hauptstadt St. Petersburg. 1727 wurden der Schatzhof, der Marstall, die Kleiderkammer sowie die Silber- und Goldkammer zur »Werkstatt und Rüstkammer« zusammengeschlossen, die eigentlich nur noch die Funktion eines Aufbewahrungsortes für alte historische und künstlerische Kostbarkeiten erfüllte.

Der im Jahre 1806 erlassene Verwaltungsukas über die »Grundsätze der Aufbewahrung von Gegenständen in der Kammer für Altertümer« wandelte die Rüstkammer endgültig in ein Museum. Bald erschien auch die erste »Historische Beschreibung des Alten Russischen Museums«.

Im Verlauf des 19. Jahrhunderts wuchs mit der starken Zunahme des Interesses an der nationalen Geschichte auch die Aufmerksamkeit für die Rüstkammer. Ihre Sammlung wurde durch kostbare archäologische Funde sowie bedeutende Privatkollektionen ergänzt. Damals begann man auch, die Sammlungen und die damit verbundenen Archive wissenschaftlich zu bearbeiten. Das Museum wurde allmählich zu einem der bedeutendsten Forschungszentren Rußlands, für das große Gelehrte tätig waren.

In den Jahren der Sowjetherrschaft wurden die Sammlungen der Rüstkammer wesentlich vergrößert. Sie wurden um die Schätze der Patriarchen-Riznica, der inzwischen aufgehobenen Klöster und Kirchen sowie um Gegenstände aus Hofbesitz und aus Privatsammlungen vermehrt. So entstand der Komplex der Staatlichen Museen des Moskauer Kreml, der die Rüstkammer, die alten Kremlkathedralen, den Patriarchenpalast, in dem sich das Museum der Kunst und Kultur Rußlands des 17. Jahrhunderts befindet, und einen Ausstellungssaal umfaßt, in dem regelmäßig Ausstellungen aus dem Fundus gezeigt werden.

Die Sammlungen werden laufend weiter ausgebaut. Sie werden ergänzt durch neue archäologische Funde; interessante Gegenstände der angewandten Kunst erwirbt das Museum von Privatpersonen oder bekommt sie von dem vor kurzem gegründeten Kulturfonds der UdSSR übereignet. Das Museum ist allen sowjetischen und ausländischen Bürgern dankbar, die der Rüstkammer bedeutende Kunstgegenstände schenken.

Zu einem neuen Schwerpunkt in der Tätigkeit der Kremlmuseen entwickelte sich in den letzten Jahren die Organisation zahlreicher Ausstellungen in den Städten der Sowjetunion und im Ausland. So hofft man, daß die Ausstellung »Das Gold aus dem Kreml« unter ihnen einen würdigen Platz einnehmen wird. Sie präsentiert erstmals vielseitig und vollständig im Ausland eine der Perlen der unzähligen Kunstschätze des Moskauer Kreml, unter denen die Sammlungen der russischen Gold- und Silberschmiedekunst des 12. bis 20. Jahrhunderts eine der interessantesten ist. Viele der Exponate zählen zu Recht zu den Hauptwerken der Goldschmiedekunst, und sie verlassen die Rüstkammer zum ersten Mal. Einige der Kunstwerke waren bis jetzt nicht nur dem ausländischen, sondern auch dem sowjetischen Betrachter unbekannt und werden erstmalig in der Hansestadt Bremen gezeigt.

Nona S. Vladimirskaja
Elena A. Moršakova

Die russische Goldschmiedekunst vom 12. bis zum 17. Jahrhundert

Quellen und Entwicklungen

Alte Kulturzentren auf dem Territorium des europäischen Teils von Rußland waren schon seit der Mitte des ersten Jahrtausends v. Chr. in den Städten der nördlichen Schwarzmeerküste bekannt, in denen das Kunsthandwerk ein hohes Niveau erreichte. Die hier arbeitenden Goldschmiede verstanden die Technik der Metallbearbeitung in Vollendung. Sie führten Aufträge für die noch nomadisierenden Stämme und Völker aus, die im Laufe der Jahrhunderte, sich gegenseitig abwechselnd, die weiten Gebiete der Steppe am Dnepr besiedelten. Das in der Ausstellung gezeigte Armband aus dem Schatzfund von Sudži (Kat. 1) war wohl für ein vornehmes Mitglied eines Hunnenstammes gefertigt worden, der im 4. Jahrhundert n. Chr. aus dem Uralgebiet ins östliche Europa eingedrungen war. Dieses mit farbigem Glas dekorierte Armband gehört zu den Gegenständen des sogenannten polychromen Stils, dessen Schmuck schon in der Kunst der Städte der nördlichen Schwarzmeerküste während der hellenistischen Periode des Römischen Imperiums bekannt war und im 4. und 5. Jahrhundert eine weite Verbreitung fand. Diese Kunstgegenstände spielten eine hervorragende Rolle bei der Entstehung einer vorslavischen Kultur.

In alten Begräbnisstellen und vergrabenen Schätzen finden sich ähnliche Gegenstände der damaligen Zeit in Nachbarschaft mit Stücken, die aus anderen Regionen ins östliche Europa gekommen waren, darunter solche aus Byzanz. So läßt sich die Kanne mit der Stadtmarke von Konstantinopel an die Wende vom 4. zum 5. Jahrhundert datieren (Kat. 2). Ihre dekorative Form beinhaltet antike Kunsttradition, deren Wirkungen sich noch auf das ganze Jahrtausend der Entwicklung der byzantinischen Kunst ausdehnen. Auch wurde sie während eines Prozesses der Vereinigung und schöpferischen Umarbeitung des byzantinischen Kunsterbes, der mit der Annahme des christlichen Glaubens durch Rußland im Jahr 988 begann, in die russische Kultur aufgenommen

Byzantinische Kunstobjekte in den Museen der Sowjetunion zeugen von den engen politischen und kulturellen Beziehungen zwischen dem byzantinischen Reich und der noch jungen russischen Herrschaft. Besonders stark waren die Kontakte während des 11. und 12. Jahrhunderts, als die byzantinische Kunst eine Periode der höchsten Blüte erlebte und eine große

Anzahl von Gegenständen des byzantinischen Kunsthandwerks nach Rußland kam, darunter berühmte Objekte in Cloisonné-Email sowie großartige Werke der Glyptik. Aus dieser Zeit stammt das herrliche Lapislazuli-Relief des 12. Jahrhunderts mit der Darstellung der »Thronenden Gottesmutter«, das im 15. Jahrhundert eine prächtige vergoldete Silberfassung erhielt (Kat. 3).

Die Zeit vom 11. bis 13. Jahrhundert wird in Rußland durch eine lebhafte Fortentwicklung des Kunsthandwerks, darunter auch der Goldschmiedekunst, charakterisiert. Das wichtigste Material für ihre Erforschung liefern Schatzfunde. Ein Teil der Schätze wurde in den Jahren der fürstlichen Eroberungen durch ziehende Nomaden in der Erde vergraben; die größte Anzahl aber wurde zur Zeit des grausamen Tatareneinfalls in Rußland versteckt.

Die Schatzfunde aus der vormongolischen Zeit enthalten fast ausschließlich Frauenschmuck, wobei der Großteil im 12. bis 13. Jahrhundert angefertigt worden war. In der Ausstellung werden Stücke gezeigt, deren Form für die vormongolische Zeit typisch ist. Es sind die als Kopfschmuck gedachten Rjasny-Anhänger (Kat. 6) und die Kol'c-Anhänger (Kat. 5). Dieser Schmucktypus war auf dem ganzen Gebiet Rußlands verbreitet, das von den alten Slaven bewohnt wurde, wobei jedem Stamm eine bestimmte Kol'c-Art zu eigen war.

Diese Gegenstände zeugen von dem hohen Niveau der Kunst dieser Zeit, von ihrer Originalität und dem reifen ästhetischen Empfinden, von der freien Anwendung des in verschiedenen Techniken ausgeführten Entwurfs. Die russischen Goldschmiede verstanden sich in der Kunst der Treibarbeit, des Niello, des Filigrans und der Granulierung (Kat. 5–10). Sie führten in höchster Vollkommenheit eine der schwierigsten Goldschmiedetechniken aus – die des Cloisonné-Emails. Die in dieser Technik angefertigten Darstellungen schmücken einzigartige Objekte der vormongolischen Goldschmiedekunst aus dem Schatz von Rjazan', von dem in der Ausstellung zwei Miniaturanhänger zu sehen sind (Kat. 7, 8).

Das Aufblühen der russischen Kunst im 12. bis zum Anfang des 13. Jahrhunderts wurde durch den Tatareneinfall unterbrochen, der eine harte Prüfung für das russische Volk und seine Kultur darstellte. Die Tataren beraubten die russischen Ländereien, zerstörten Städte, ruinierten eine Vielzahl von Kirchen und vernichteten eine große Menge von Kostbarkeiten. Das fremde Joch vermochte jedoch nicht die schöpferische Kraft Rußlands zu brechen und seine künstlerischen Traditionen zu zerstören. Das Kulturleben setzte sich in einzelnen fürstlichen Gebietsstücken, Niederlassungen und Klöstern fort.

In der russischen Kunst dieser Zeit nimmt Novgorod einen speziellen Platz ein, da diese Stadt aufgrund ihrer geographischen Lage dem Greuel der fremden Invasion entgangen war. In dieser Ausstellung werden ein

Kelch und ein Brustkreuz (Kat. 11, 23) als Beispiele von Arbeiten Novgoroder Meister des 14. bis 15. Jahrhunderts gezeigt.

Unter den Exponaten befinden sich auch relativ frühe Gegenstände Moskauer Goldschmiede aus der Zeit um 1400. Es war eine Periode der Stabilisierung der Kunst Moskaus, verbunden mit der politischen Vormachtstellung der Stadt und ihrer Rolle als Sammelpunkt russischer Länder und ihrem Verdienst, sich in dem Kampf des russischen Volkes gegen das fremde Joch behauptet zu haben. Bemerkenswert ist, daß das damalige Kunstschaffen in Moskau durch eine Hinwendung zu den Traditionen der Epoche der nationalen Unabhängigkeit des Landes charakterisiert wird. Dies ist auch der Grund, weshalb man in allen Bereichen der Kultur ein erhöhtes Interesse an den vormongolischen Rus' erkennen kann, an ihrem künstlerischen Erbe. Auch die Goldschmiedekunst war von dieser Entwicklung nicht ausgenommen. Ein hervorragendes Beispiel ist die hier ausgestellte Bekrönung sowie die Cata des Oklads der Ikone der »Gottesmutter Bogoljubskaja« (Kat. 12, 13). Sie sind in Stil und Technik den Gegenständen des Schatzfundes von Rjazan' überaus ähnlich, denn auch hier wird der dekorative Effekt bei der Bekrönung der Ikone durch die Vereinigung des plastischen Filigrans mit vielen Edelsteinen erreicht, die eine starke Farbigkeit des Objektes bewirken.

Zur Moskauer Goldschmiedekunst des ausgehenden 15. Jahrhunderts gehört die Skladen' Ikone »Lob der Gottesmutter« (Kat. 14). Ihre Fassung ist im Unterschied zu Gegenständen aus der Zeit um 1400 mit flachem, Spitzengewebe ähnlichem Filigran geschmückt, einem der bei den Moskauer Goldschmieden der zweiten Hälfte des Jahrhunderts beliebtesten Dekore. Das aus sich teilenden Volutenschnörkeln bestehende Filigranornament war typisch für Gegenstände der Zeit und wird auch noch im frühen 16. Jahrhundert verwendet.

Im 16. Jahrhundert hatte Moskau – das politische und wirtschaftliche Zentrum des Landes – für lange Jahre auch die Bedeutung eines gesamtrussischen Kulturzentrums erlangt. Vom Kalligraphen über Schnitzer und Sticker zum Waffenschmied und Gießer arbeiteten in den Kunstwerkstätten des Moskauer Kreml unzählige Künstler, die aus allen Gebieten des russischen Landes zusammengekommen waren. In der ›Silberwerkstatt des Zaren, wo man für den Herrscher goldene und silberne Geräte anfertigt‹, arbeiteten Goldschmiede an kostbaren Gegenständen, die den feierlichen Hofzeremonien und kirchlichen Gottesdiensten einen besonderen Glanz geben sollten. Diese prachtvollen Objekte, die eine große Bedeutung für die Festigung der Autorität und Macht des Hauptes der Feudalherrschaft hatten, werden heute als bedeutende Denkmäler der nationalen Kunst geschätzt als ästhetische Beispiele, die das Talent der einheimischen Handwerker widerspiegeln. Leider sind die Namen der Goldschmiede, die in Moskau während des 16. Jahrhunderts arbeiteten, bis auf wenige Ausnahmen unbekannt, so wie sich auch in schriftlichen Quellen kaum Informationen über sie finden. Ihre Arbeiten tragen keine Stempel oder Signaturen.

In den Werkstätten des Kreml arbeiteten damals neben den russischen auch ausländische Goldschmiede. Ihre Zahl wuchs während der zweiten Hälfte des Jahrhunderts bedeutend an. Die Zusammenarbeit der örtlichen Goldschmiede mit westeuropäischen Meistern zur Zeit der Renaissance blieb gewiß nicht ohne Wirkung auf die russische Goldschmiedekunst. Der Einfluß der Renaissance ist in der Ornamentierung der Gegenstände des 16. Jahrhunderts feststellbar, besonders im allgemeinen Aufbau des Dekors. Die Berührung mit der ausländischen Kultur führte jedoch nicht zu ihrer direkten Kopierung. Die Werke der Moskauer Goldschmiede behielten auch bei der Übernahme fremder Stilelemente immer ihren eigenständigen, als national anzusehenden Charakter.

Russische Goldschmiedeobjekte dieser Zeit zeichnen sich durch eine ausgesuchte Einfachheit und eine ruhige Formlogik aus. Ihre Ornamentik wird aus stilisierten Pflanzenelementen von ungewöhnlich feiner Zeichnung gebildet. Die ornamentale Komposition beruht auf einem klaren, stark rhythmisierten Schema mit deutlich herausgearbeiteten Grundmotiven. Der künstlerische Dekor wird durch warme Emailfarben, samtartiges Niello und große Edelsteine vollendet, die weiche Farbtupfer bilden.

Die Goldschmiedemeister erreichten im 16. Jahrhundert ein hohes Können in unterschiedlichen Techniken der Bearbeitung und Ausschmükkung von Gold- und Silberobjekten. Einer der beliebtesten Dekore von kostbaren Gegenständen, in erster Linie aus Gold, war das Niello – eine schwarze Metallegierung, die aus in bestimmter Proportion gemischten Mengen Silber, Kupfer, Blei und Schwefel besteht, mit der dann eine ins Metall gravierte Zeichnung ausgefüllt wird. Eine der frühesten erhaltenen Gegenstände der Niellokunst des 16. Jahrhunderts ist die goldene Čarka Vasilij III., die aus dem ersten Drittel des Jahrhunderts stammt (Kat. 16).

Für Werke Moskauer Goldschmiede ist Niello von kräftiger schwarzer Farbe typisch, das sich durch außerordentlich saubere Ausführung auszeichnet. Das besonders mit Gold kontrastierende und dabei eine samtige Oberfläche erhaltende Niello stellt einen prachtvollen und gleichzeitig auserlesenen Dekor dar.

In der Niellokunst des 16. Jahrhunderts und insbesondere gegen Ende des Jahrhunderts wird die Graphik im Dekor hervorgehoben, was sich an der stärkeren Beachtung der Klarheit der Zeichnung sowie der Harmonie der Komposition zeigt. Eine derartige Dekoration findet sich beispielsweise in den niellierten Heiligendarstellungen auf dem Medaillon des Goldoklads der Ikone des heiligen Nikolaus (Kat. 22).

Gleichzeitig begann auch eine Renaissance in der Emailtechnik. Wenn im 14. und 15. Jahrhundert das Email nur eine begrenzte Farbpalette hatte und ihm beim Dekor von Goldschmiedeobjekten nur eine zweitrangige Rolle zugefallen war, so erlangt es jetzt neue Qualitäten und wird zum eigenen Dekor. Das Email zeichnet sich durch weiches, helles Kolorit aus, bei dem Weiß und Hellblau mit einer Reihe von kräftigeren Farben wie Kornblumenblau bis Türkis vorherrschen. Der Emaildekor ist fast immer von Filigran umrahmt. Für Moskauer Goldschmiedeobjekte des 16. Jahrhunderts typisch ist ein Pflanzenornament aus drei Blättern auf leicht gekrümmten Stielen und aus Blütenrosetten, die mit goldenen und silbernen Filigranfäden aufgelegt und mit Email farblich dekoriert sind. Beispiele der Emailkunst dieser Epoche sind in der Ausstellung mit der Panagia und dem Brustkreuz sowie mit der silbernen Fassung des Deesis-Triptychons vertreten (Kat. 17, 19, 18).

Zu einem spezifischen Gebiet der Goldschmiedekunst gehört die Glyptik – die Kunst des Steinschnitts von sowohl Edel- als auch Halbedelsteinen, die schon im Altertum bekannt war. Wir besitzen keine genauen Angaben darüber, wann die Steinschneidekunst in Rußland entstand, im 16. Jahrhundert befand sie sich jedoch schon auf einem relativ hohen Entwicklungsstadium. Hierüber geben auch die Inventare des Zarenbesitzes Zeugnis, die in Rußland gearbeitete, geschnittene Kameen aufführen, von denen einige bis heute erhalten sind. Einen bedeutenden Platz unter ihnen nimmt die Sardonyx-Kamee mit der Darstellung des hl. Johannes des Täufers ein (Kat. 17).

Im 16. Jahrhundert bleibt neben Moskau auch Novgorod eines der bedeutendsten Kunstzentren. Insbesondere erhielt dort die Kunst des Filigrans eine breite Verwendung. Beispiele hierfür finden sich in der Ausstellung in dem Kreuz und dem Evangeliareinband (Kat. 24, 25).

Die erfolgreiche Entwicklung der russischen Kunst schien zu Beginn des 17. Jahrhunderts, in der langwierigen Zeit der »Wirren«, unterbrochen zu sein. Diese Epoche war durch schwierige politische Probleme im Lande gekennzeichnet, die die polnisch-schwedische Intervention mit sich brachte. Nach der Vertreibung der Feinde 1612 begann eine allmähliche Wiederbelebung des Landes. Im Kreml wurden die Kunstwerkstätten wiederhergestellt, darunter auch die Silber- und Goldkammern, die erneut zu den führenden Zentren der Goldschmiedeherstellung in Rußland wurden. Die Überfülle an Archivmaterial aus dem 17. Jahrhundert erlaubt eine breite Vorstellung der Tätigkeit der Goldschmiede des Kreml und gibt ebenfalls Zeugnis über die Zusammenstellung und Herkunft der Meister. Bekannt ist, daß hier Meister aus mittelrussischen Städten und Städten an der Wolga sowie aus nördlichen Zentren arbeiteten. Zur Mitte des Jahrhunderts wurden die kulturellen Beziehungen auf die Ukraine und Weißrußland ausgedehnt, Gebiete, aus denen ebenfalls Handwerker mit unterschiedlichen Spezialisierungen stammten. Die aus den verschiedenen Gebieten Rußlands nach Moskau kommenden Meister hatten Einfluß auf die Kunst der Hauptstadt und bereicherten sie in ihren Handwerksbereichen mit neuen schöpferischen Varianten.

Leider signierten die Goldschmiede in diesem Jahrhundert die von ihnen angefertigten Stücke nur selten. Jedoch läßt die Gegenüberstellung von erhaltenen Gegenständen mit archivalischen Dokumenten dieser Zeit manchmal die Zuschreibung bedeutenderer Werke zu.

In der Moskauer Goldschmiedekunst sind die Traditionen des 16. Jahrhunderts fast noch während der gesamten ersten Hälfte des 17. Jahrhunderts deutlich zu erkennen. Die Werke der Moskauer Meister dieser Zeit sind in ihrer technischen Ausführung, der Farbgebung, den ausschmückenden Motiven sowie in ihrem Aufbau mit Gegenständen des vorangegangenen Jahrhunderts vergleichbar. Die Nähe zu den alten Traditionen brachte eine bewußte Orientierung auf die Hauptwerke des 16. Jahrhunderts mit sich. So wiederholt das Weihrauchfaß von 1616, eine Arbeit der Meister Daniil Osipov und Tret'jak Pestrikov (Kat. 27), die Form eines Weihrauchfasses von 1598, das im Auftrag der Zarin Irina Godunova angefertigt worden war. Die niellierten Darstellungen und Ornamente auf dem für den Patriarchen Ioasaf 1637 angefertigten Kelch (Kat. 28) sind im Dekor einem Kelch von 1598 ähnlich, der in den Kremlwerkstätten ebenfalls für Irina Godunova hergestellt worden war.

Interessant ist, daß das Prinzip, einem bestimmten bekannten Vorbild bei der Anfertigung eines Kunstobjektes zu folgen, nicht nur für die Goldschmiedekunst typisch war, sondern für die altrussische Kunst insgesamt. Jedoch ist der russische Meister in allen Fällen, in denen er sich an Gegenstände vergangener Zeiten hielt, weit entfernt von blinder Kopierung des Vorbildes; er unterzieht es seiner freien schöpferischen Umarbeitung. Beim Dekor des Weihrauchfasses von 1616 wird im Unterschied zu dem des 16. Jahrhunderts zusammen mit dem Niello auch die Technik der Ziselierung angewendet, wodurch es zu einem im ganzen originalen Kunstgegenstand wird.

Bei der Ausschmückung von Goldschmiedeobjekten der ersten Hälfte des 17. Jahrhunderts spielt die Ziselierung eine bedeutende Rolle. Ein deutlich angelegtes Reliefornament, das aus sich symmetrisch teilenden Stengeln mit drei Blättern besteht, schmückt die Oberfläche der Objekte. Aufgrund der Tatsache, daß bei ziselierten Dekoren ähnliche stilisierte Pflanzengrundmotive immer variiert werden, bewirkt die Verschiedenartigkeit der Motivkombination, daß keiner dem anderen gleich ist. Immer zeigt sich beim ziselierten Dekor die ausgezeichnete Meisterhaftigkeit in der Ausführung sowie die unabdingliche Sauberkeit in der Arbeit (Kat. 29).

Die Arbeit des Emailleurs war auf enge Weise mit der des Ziseleurs verbunden, ein kompliziertes Objekt wurde von einer ganzen Gruppe von Meistern mit verschiedenen Spezialisierungen vollendet. Diese emaillierten

Goldobjekte zeichnen sich durch besondere Pracht und Schönheit aus (Kat. 48, 54, 55). Die Farbpalette ihres Emaildekors ist reich und verschiedenartig. Bei der Ausschmückung der Objekte werden neben opaken auch transluzide Emails verwendet. Durch diese schimmerte der goldene Untergrund der Darstellung hindurch, er verstärkte die Helligkeit der Farben und ihre Vielfalt, als ob sie von innen angestrahlt wären.

Die erste Anwendung der Emailmalerei findet sich schon bei Moskauer Goldschmiedeobjekten der ersten Hälfte des 17. Jahrhunderts, bei denen glatte, einfarbige Emailflächen zur größeren Prachtentfaltung mit Schnörkeln und Tupfen in anderen Emailfarben ausgeschmückt wurden. In der zweiten Hälfte des Jahrhunderts erhielt diese Technik aufgrund der größeren Darstellungsmöglichkeiten beim Dekor von goldenen wie von silbernen Gegenständen eine noch bedeutendere Verbreitung. Die Emailmalerei blühte zum Ende des Jahrhunderts in der Emailkunst von Sol'vyčegodsk auf. Auf den silbernen Gegenständen aus Sol'vyčegodsk wurde ein weißer Emailgrund aufgetragen, den die Künstler in verschiedenen Emailfarben mit Blütensträußen und Girlanden, mit Personen- und Tierdarstellungen und sogar mit vielfigurigen Kompositionen ausschmückten. Die Konturen und Schatten wurden in schwarzem oder rotbraunem Email ausgeführt. Kräftige, volle Blüten – mit Vorliebe Tulpen – herrschten in der Emailmalerei von Sol'vyčegodsk vor, worin man eine Beeinflussung durch den im westeuropäischen Barock bekannten »Blumenstil« sehen kann (Kat. 42–47).

Verschiedenartige Blüten kamen ebenfalls in der Ornamentik häufig vor, die in den für die altrussische Goldschmiedekunst traditionellen Techniken wie Niello oder Ziselierung ausgeführt wurden. Beide Techniken wurden auch nebeneinander an einem Stück angewendet. Bei den niellierten und ziselierten Gegenständen finden sich manchmal Motive der östlichen Ornamentik – Blüten und Granatfrüchte, Palmenwedel, Rosen und Nelken. Die russischen Meister hatten diese durch aus der Türkei und Persien eingeführte Goldschmiedeobjekte kennengelernt oder – offensichtlich in noch größerem Maße – durch im Orient angefertigte Stoffe. Blüten- und Pflanzenmotive sowohl der orientalischen als auch der westeuropäischen Kunst wurden von den russischen Meistern gerne übernommen. Mit ihrer Nähe zu Naturformen entsprachen sie auch den eigenen Tendenzen in der Entwicklung der russischen Kultur des 17. Jahrhunderts (Kat. 36–39).

Der dekorative Schmuck vieler Gold- und Silberschmiedeobjekte wird durch Edelsteine ergänzt, die aus weitentfernten östlichen Ländern nach Rußland eingeführt wurden. Seit alters her besangen russische Sagen die Schönheit von Edelsteinen. In der Vorstellung des Volkes enthielten sie geheime magische Kräfte, die sich auf das Denken und Fühlen der Menschen und ihre Schicksale auswirkten. Der Smaragd galt als Stein der

Weisheit. Dem Saphir schrieb man die Eigenschaft zu, »Verrat aufzudecken und Furcht zu vertreiben«. »Wer einen purpurnen Jachont (so wurde im alten Rus' der Rubin bezeichnet) bei sich trägt, wird Böses und Furchtbares nicht erleben«, sagte die Volksweisheit. In alten Zeiten glaubte man, daß der Türkis und die Koralle, wenn man sie in die Hand eines Todkranken legte, trübe werden würde, daß der Diamant die Kräfte und Machtliebe bändigt und daß der Krieger, der einen Diamant auf der linken Seite seiner Rüstung trägt, nicht getötet wird.

Die Vorliebe für prachtvoll farbige Edelsteine zeichnet die ganze russische Goldschmiedekunst aus. Steine galten bei ihr nicht nur als Symbol des Reichtums, sondern bewirken eine Verstärkung der Schönheit und des Glanzes als dekorativ verwendbares Material, das der Darstellung der künstlerischen Ideen der Juweliere dient. Bis zum 17. Jahrhundert gebrauchten die russischen Meister zur Ausschmückung von Goldschmiedegegenständen Steine als Cabochons – abgerundet polierte Steine, die ihre natürlichen Formen beibehielten (Kat. 12–14, 17, 21, 24, 25). Im 17. Jahrhundert finden sich neben den Cabochons auch geschliffene Steine (Kat. 26, 28, 60). Stark leuchtende Edelsteine fügten sich in stärkerem Maße organisch in den Emailschmuck der Objekte ein und erhöhten ihre dekorative Wirkung (Kat. 48–50, 53, 56, 59).

Die Moskauer Goldschmiede fertigten in großen Mengen wertvolle Gefäße an. Nach den Berichten des dänischen Gesandten Jacob Ulfeld befanden sich während eines Festessens am Hofe im Jahr 1575 »auf allen Tischen so viele silberne Schüsseln und Trinkgefäße, daß es nicht eine leere Stelle gab, vielmehr lag eine Schüssel auf der anderen, ein Becher auf dem nächsten«. Anfang des 17. Jahrhunderts beschrieb ein anderer ausländischer Gast, der bei einem feierlichen Empfang des Zaren anwesend war, daß »Gefäße und Pokale mit Rubinen, Saphiren, Hyazinthsteinen, Korallen und Perlen glänzten, daß der ganze Tisch von Gold und Edelsteinen erstrahlte«.

Die Rüstkammer besitzt eine in ihrer Art einzigartige Sammlung altrussischer Gold- und Silbergefäße aus der Zeit des 16. zum 17. Jahrhunderts. Ihre Formen gehen auf Gebrauchsgegenstände aus Holz und Keramik zurück, die in weiten Kreisen des russischen Volkes Verwendung fanden.

In den Sammlungen altrussischer Geschirre nehmen goldene und silberne Kovši einen besonderen Platz ein (Kat. 20, 32). Aus ihnen trank man bei Festessen ein damals besonders beliebtes Getränk, den Met. Met ist im Rus' seit Urzeiten bekannt und wird schon in Berichten vom 10. Jahrhundert an erwähnt. Met wurde auf der Basis von Beeren und Früchten nach unterschiedlichen Rezepten gebraut. Deswegen unterschieden sich die Metarten nicht nur in dem Geschmack, sondern auch in ihrer Färbung. Aus goldenen Kovši trank man demnach roten, aus silbernen weißen Met.

Zu einer typisch russischen Gefäßform gehört auch die Bratina – eine Art Willkommenspokal (Kat. 35). Sie war am Zarenhof und bei den Bojaren sehr verbreitet. Während eines Festmahls wurde eine mit Kvas oder Bier gefüllte Bratina von einem Gast zum nächsten gereicht, alle am Tisch Sitzenden vereinend.

Durch strenge und weich-rundliche Formen, ausgewählte Ornamentierung und schöne Dekore zeichnen sich auch andere Gefäßtypen aus, die von Moskauer Goldschmieden angefertigt wurden – der Korčik, die Čarki, Becher, Stavec und Schalen (Kat. 16, 31, 34, 37, 39, 44, 45).

Jedem dieser Gegenstände verlieh der Moskauer Meister seinen künstlerischen Geschmack, seine Vorstellung vom Schönen. Wenn die wertvollen Objekte auch ursprünglich nur für ausgewählte Gesellschaftskreise vorgesehen waren, stammten ihre Schöpfer dennoch aus dem Volke. Sie brachten Züge der Volkskunst in die Form und Ornamentierung ihrer Werke ein. Dies bestimmte ihre große Selbständigkeit und ihre nationale Eigentümlichkeit.

IRINA A. BOBROVNICKAJA
MARINA V. MARTYNOVA

Die russische Goldschmiedekunst vom 18. bis zum 20. Jahrhundert

Die Epoche Peters I. – die Zeit der »Großen Umwälzungen« –, die um 1700 alle Lebensbereiche der russischen Gesellschaft veränderte, wird durch bedeutende Monumente der Geschichte und Kunst in den Museen des Kreml illustriert. Hier finden sich Architekturdenkmäler, Wandmalereien, Ausschmückungen von Kirchen und Palästen sowie viele Gegenstände der angewandten Kunst aus dem Ende des 17. Jahrhunderts, die Peter in seiner Kindheit und Jugend umgaben.

In der Rüstkammer werden wertvolle Geschirre aus seiner Schatzkammer, Waffen aus seinen überaus interessanten Sammlungen, verschiedene Kleidungsstücke aus seiner Garderobe sowie, als Höhepunkt, die ihm gehörenden Regalien aufbewahrt. Zu diesen gehört der silberne Doppelthron, der speziell für die gemeinsam herrschenden Zaren Ivan und Peter ausgeführt wurde, sowie die 1682–1684 für Peter gearbeitete goldene Zarenkrone – die Haube des Monomach der Zweiten Ordnung (Kat. 60).

Der Tatsache, daß Peter I. – der erste russische Kaiser – nicht mit der alten Haube des Monomach gekrönt wurde, wie seit dem Ende des 15. Jahrhunderts alle seine Vorgänger auf dem russischen Thron, wird heute großer Symbolwert beigelegt. Die neue Krone wurde zum Symbol alles Neuen, das Peter I. Rußland brachte. So wie die Form der neuen Krone auf ein altes Vorbild zurückging, so waren auch die petrinischen Reformen und Umwandlungen in vielem durch die vorangegangene Entwicklung Rußlands vorbereitet worden.

Die Verbindung von einer aktiven Aufnahme der Errungenschaften der westeuropäischen Kultur unter Beibehaltung vieler eigener Traditionen ist eine interessante Besonderheit der russischen Kultur des 18. Jahrhunderts. Diese Eigenart ist auch in der russischen Goldschmiedekunst des 18. Jahrhunderts spürbar, deren Beginn durch die zunehmende Menge neuartiger Objekte geprägt ist, die gleichzeitig mit den Veränderungen der Lebensweise, Kostüme und Inneneinrichtungen nach westeuropäischen Normen eingeführt wurden. In aktiver Weise wurden auch viele künstlerische Ausdrucksmittel übernommen. Seit dieser Zeit läuft die stilistische Entwicklung der russischen Goldschmiedekunst im Strom der westeuropäischen Kunst.

Mit der Person Peters I. und mit seinen Reisen ins Ausland hängt die Entstehung der Porträtmalerei in Rußland zusammen. Seine erste Reise unternahm der Zar 1697 nach Holland. Sein Weg führte ihn durch Deutschland, wo er mit Begeisterung die Städte, Kirchen und Heiligtümer sowie Raritäten und Kuriositäten ansah. Am Hof des Kurfürsten in Königsberg wurde das erste Porträt des Zaren gemalt, das leider nicht mehr erhalten ist. Über das Bild schreibt Leibniz in einem seiner Briefe: »Er (Peter) zeichnet sich durch große Wißbegierde und Lebhaftigkeit aus, die ihn daran hindern, ruhig zu bleiben. Aus diesem Grunde war es auch schwierig, ihn zu malen, aber am Ende ließ es sich doch machen, und das Bild hat auch einige Ähnlichkeit.« In Den Haag wurde von Kneller ein großes offizielles Porträt Peters I. gemalt, nach dem der englische Miniaturist Charles Boit im Auftrag des Zaren mehrere Miniaturporträts ausführte. Peter befahl nach seiner Rückkehr nach Moskau den russischen Künstlern, nach diesen Miniaturen Kopien anzufertigen. Porträts Peters I. in diamantbesetzten Goldfassungen dienten damals in Rußland als höchste Auszeichnungen, man trug sie ähnlich wie Orden auf der Brust.

Die ersten russischen Miniaturen wurden in der Technik des gemalten Emails ausgeführt. Die Entwicklung dieser Kunst war zweifellos vorbereitet gewesen durch die Blüte der Emailkunst im Rußland des 17. Jahrhunderts und hier insbesondere durch die Emailmalerei. Zu den ersten russischen Miniaturisten gehörten die Meister der Rüstkammer G. Musikijskij und A. Ovsov, der ein ovales Porträt des Zaren anfertigte, das später auf den Deckel einer Tabatiere montiert wurde (Kat. 62).

Das für die Zeit typische Interesse an dem Menschen, der Persönlichkeit, das zur darstellenden Kunst Rußlands, zur Einführung und zur Blüte der Porträtkunst führte, spiegelt sich auch in der angewandten Kunst wider. Von dem ersten Drittel des 18. Jahrhunderts an finden sich auf vielen Stücken der Gold- und Silberschmiedekunst Porträts Peters I. und seiner Zeitgenossen, und das Interesse an ihrem Leben und ihrer Tätigkeit hält in den dreißiger und vierziger Jahren an. Auf einem Silberbecher, der kürzlich von den Kremlmuseen erworben wurde, finden sich solche Porträtdarstellungen in getriebenen Reliefs (Kat. 63). Die Darstellungsart in Treibarbeit entsprach in starkem Maße den künstlerischen Bestrebungen der ersten Hälfte des 18. Jahrhunderts. Für die stilistische Eigenart der russischen Goldschmiedekunst spielte die Aufnahme von Stilelementen des Régence und Rokoko in die traditionelle russische Reliefkunst in Treibarbeit eine bedeutende Rolle.

Im alten Moskau, wo die Goldschmiede von herrlichen Werken ihrer Vorgänger umgeben waren, wo das Erbe von Goldschmiedegenerationen aufbewahrt wurde, spielten die russischen Traditionen immer eine bedeutende Rolle. Die große Weihwasserschale aus dem Jahre 1721 (Kat. 64) ist ein typisches Beispiel hierfür.

Ab 1740 ist in der Moskauer Goldschmiedekunst der Rokokostil vorherrschend. Seine spielerischen Formen und Ornamente gefielen den Künstlern so sehr, daß sie sie noch fast bis zum Ende des Jahrhunderts anwendeten.

Bei dem 1764 in Moskau angefertigten Kelch (Kat. 65) sind kleine niellierte oder emaillierte Medaillons in die prachtvollen Rocaillen des getriebenen und stark vergoldeten Dekors eingefügt, der für diese Zeit schon etwas anachronistisch wirkt.

Ab 1760 lassen sich Anzeichen eines neuen Stils bemerken: des Klassizismus. Im Unterschied zur russischen Architektur, wo der Stilwechsel schnell und einschneidend vorgenommen wurde, zeigen sich im Dekor der Goldschmiedearbeiten häufig beide Stilrichtungen nebeneinander, insbesondere bei Arbeiten der Moskauer und provinziellen Meister. Bei der Schauplatte mit der Darstellung der Krönung Katharinas I. (Kat. 66) ist ein strenger, klassizistischer Lorbeerkranz auf dem Rand mit einer lebhaften Komposition verbunden, die in ihrer plastischen Fülle eher für Gegenstände der ersten Hälfte des 18. Jahrhunderts typisch ist.

Bei den Arbeiten der Petersburger Goldschmiede wurde das Ideal des neuen Stils, das nach den Ausführungen des Begründers der Ästhetik des Klassizismus, J. J. Winckelmann, in der »edlen Einfalt und stillen Größe« bestand, strenger befolgt. Es wurden klare Formen in die Kunst aufgenommen. Als Beispiel des höchsten Lakonismus kann das Denkmal in Form einer Kugel gelten, das Goethe in seinem Garten aufstellte – ein eigentümliches Symbol der Formenreinheit, das für die stille Betrachtung gedacht war und das den Assoziationen und Gedanken volle Freiheit geben sollte. Klarheit der Silhouette und ruhige Ausgeglichenheit der Komposition, die Strenge des Dekors und eine Oberflächenbehandlung mit glatten Metallteilen sowie Ausgewogenheit der Proportionen und eine ausgewählte Farbpalette zeichnen die besten Gegenstände der russischen Goldschmiedekunst dieser Zeit aus, zu denen mit Recht auch die goldene Patene gehört, die 1789 von I. W. Buch angefertigt wurde (Kat. 72). Buch, einer von sechs Meistern, die für den kaiserlichen Hof arbeiteten, zählte zu den hervorragendsten Goldschmieden der Hauptstadt. Bekannt ist, daß er nach Entwürfen der großen russischen Architekten N. A. L'vov und M. F. Kazakov arbeitete und Aufträge für Katharina II. und Paul I. ausführte. Zu seinen Arbeiten gehören diamantbesetztes goldenes Kirchengerät sowie große Goldservice.

Nicht weniger interessant und originell war während des 18. und frühen 19. Jahrhunderts die Kunst in den Provinzen Rußlands, in denen die für das mittelalterliche Rußland typischen Goldschmiedetechniken wie Email, Filigran und Niello fortdauerten (Kat. 70). Zu einem bedeutenden Kunstzentrum für Niellogegenstände war im 18. und 19. Jahrhundert die nordrussische Stadt Velikij Ustjug geworden, die für die an Kupferstichgraphik erinnernde Niellokunst berühmt ist. Am Ende des 18. und zu Beginn des 19. Jahrhunderts erlebte diese Kunst hier eine Periode größter Entfaltung. Die auf der Ausstellung gezeigte Tabaksdose (Kat. 69) wurde von einem der besten Niellokünstler von Velikij Ustjug, Ivan Žilin, angefertigt.

Die Produktion von niellierten Stücken in Velikij Ustjug erlebte zu dieser Zeit einen enormen Aufschwung, und die Nachfrage nach Niello wurde so stark, daß Ustjuger Meister in andere Städte abgeworben wurden, darunter auch nach Moskau und St. Petersburg. Mit Velikij Ustjug ist zweifellos auch die Entwicklung der Nielloproduktion in der sibirischen Stadt Tobol'sk verbunden (Kat. 68). Dort wurde 1774 ein Service angefertigt, das sich durch seine elegante Form, vor allem aber durch die Verbindung von Niellographik mit dem weichen Glanz des punzierten Goldgrundes auszeichnet (Kat. 67).

Die Traditionen des russischen Filigrans lebten bei den Goldschmieden von Velikij Ustjug, Moskau und Petersburg, Sol'vyčegodsk, Vologda und anderer Städte wieder auf. Im 18. und 19. Jahrhundert wurde das kostbare spitzenartige Filigran offensichtlich nicht auf die Oberfläche eines Stückes aufgelötet, sondern aufgeklebt, manchmal auch auf bunte Folien. Besonders ausgefallen sind Filigrangegenstände, die überhaupt keine Unterlage haben, und deshalb durchscheinend sind (Kat. 71).

Das erste Drittel des 19. Jahrhunderts zählt zu den interessantesten Perioden der russischen Goldschmiedekunst. Es war die Endphase des Klassizismus und die Zeit der Suche nach einem neuen künstlerischen Ideal, nach neuen Darstellungsmitteln, die alle auf dem anwachsenden Interesse an der nationalen Vergangenheit und dem Erlernen technischer Neuerungen beruhten.

Besonders stark zeichnet sich diese Entwicklung bei Goldgegenständen in traditionellen Formen ab, die in Einzelexemplaren für einflußreiche Auftraggeber angefertigt wurden. Der Entwurf der goldenen Panagia aus dem Jahre 1824 (Kat. 75) gehört zu einem der ältesten, schon im Mittelalter in Rußland bekannten Typus der Panagien mit einer Kamee in der Mitte, der jetzt den künstlerischen Idealen der Zeit entsprach: dem Interesse an der Antike und an der seit alters her beliebten Kunst der Glyptik. Der dunkelblaue Emailschmuck erinnert an die in der Goldschmiedekunst des Alten Rus' verbreiteten Pflanzendekore. Das für die Objekte aus der Zeit um 1825 typische Ornament aus verschiedenfarbigem Gold verleiht der Komposition eine besondere Pracht.

Die gleiche traditionelle Komposition findet sich bei der Panagia des ersten Drittels des 19. Jahrhunderts (Kat. 74). Anstelle einer Kamee ist sie mit einem glatten Moosachat mit einem Mosaikmedaillon geschmückt.

Bei Goldschmiedegegenständen dieser Zeit waren verschiedenartige Mosaikeinlagen beliebte Schmuckelemente, die ohne den Einfluß entsprechender italienischer Vorbilder nicht denkbar sind.

Im geistigen Leben Rußlands während des 19. Jahrhunderts wächst das Interesse an der Vergangenheit des Landes, seiner durch historische Persönlichkeiten vollbrachten Heldentaten sowie das Interesse an geschichtlichen Denkmälern. 1804 wird die »Moskauer Gesellschaft für Geschichte und russische Altertümer« gegründet, werden die ersten historischen Museen eröffnet, ab 1815 wird die »Geschichte des Russischen Reiches« von N. Karamzin herausgegeben und wenig später das vielbändige Werk »Altertümer des Russischen Reiches«, in dem erstmalig auch viele der Kostbarkeiten aus der alten Kremlschatzkammer, der Rüstkammer, publiziert werden. Archäologische Funde, darunter der berühmte im Jahre 1822 entdeckte Schatz von Rjazan', bereichern das Wissen um die Geschichte und Kunst des Alten Rus'. Angesehene Gelehrte erforschen die Arbeiten der mittelalterlichen Kunst Rußlands, die erstmalig im Ausland auf den Weltausstellungen und auf den ersten großen Ausstellungen der Altrussischen Kunst in Moskau und St. Petersburg um 1900 gezeigt werden.

Eine der interessantesten Facetten der Entwicklung der Goldschmiedekunst Rußlands war die Hinwendung zum Historismus, der die alten Formen kostbarer Geräte und die technischen Künste des Alten Rus' wiederaufleben ließ und der seine Themen aus der russischen Sagenwelt schöpfte. In der repräsentativen höfischen Kunst nimmt diese Richtung eine besondere Stellung ein. Dem künstlerischen Ausdruck der Epoche stand die Formensprache des 17. Jahrhunderts in ihrer lebhaften Polychromie, ihrer vollen und vielseitigen Plastizität sehr nahe. Bei dem im Auftrag Kaiser Alexanders II. für den Metropoliten Filaret angefertigten Bischofsstab (Kat. 76) hat sich der Goldschmied an Vorbilder des 17. Jahrhunderts angelehnt. Rubine und Smaragde, eine damals besonders beliebte Kombination von Edelsteinen, entfalten ihren reichen Glanz im goldenen Relieffond.

Zu den typischen Eigenheiten der Kunst des Historismus gehörte die unmittelbare Ausnutzung und manchmal auch die fast genaue Wiederholung eines bekannten Werkes der vergangenen Epoche. Beispiele hierfür finden sich auch in der Architektur, darunter das weltbekannte Gebäude des Großen Kremlpalastes in Moskau. In einzelnen Bauelementen und der Struktur des Dekors seiner Fassaden hat der Architekt K. A. Thon fast genau die Formen und Ausschmückungen des Terempalastes aus dem 17. Jahrhundert wiederholt.

Ähnliche Wiederholungen sind auch in der angewandten Kunst dieser Zeit bekannt. Das goldene, mit Smaragden und Brillanten besetzte Kreuz (Kat. 77), das wohl 1885 von einer der bedeutendsten Juwelierfirmen unter der Leitung von P. Ovčinnikov angefertigt wurde, kopiert die Form eines Brustkreuzes, das dem Zaren Peter I. gehört hatte und das bis heute in der Rüstkammer aufbewahrt wird. Bei der Anfertigung von ähnlich kostbaren »Kopien« demonstrierten die Juweliere des 19. Jahrhunderts ihr meisterhaftes Können, indem sie die technischen und künstlerischen Fertigkeiten ihrer Vorgänger neu belebten, und gingen mit ihren hervorragenden Schöpfungen in die Geschichte der Goldschmiedekunst Rußlands ein.

Die bekannte Fabrik Sapožnikov war bestrebt, in ihren Stoffen den Glanz und die symbolische Bedeutung des Goldes herauszustellen und richtete sich hierbei nach konkreten Vorbildern der Textilkunst des 17. Jahrhunderts (Kat. 78, 79).

Den hohen Traditionsvorbildern der Vergangenheit wendeten sich auch die Meister der bedeutenden und berühmten russischen Juwelierfirma Fabergé zu, deren Leitung seit 1870 Karl Fabergé innehatte, der eine glänzende Ausbildung in St. Petersburg, Dresden und Frankfurt am Main erhalten hatte. Die Juweliere der Firma konnten virtuos die schwierigsten Goldschmiedetechniken ausführen. Ihre Künste waren in vielen Ländern der Welt anerkannt, königliche Höfe vieler Staaten nutzten die Dienste der Firma, die mit Feingefühl auf alle Änderungen des Geschmackes reagierte und bei der Stilformung der Epoche die letztgültige Instanz in der Goldschmiedekunst darstellte. Die Objekte der Firma Fabergé spiegeln die Vielfältigkeit der künstlerischen Formen und Stilrichtungen wider, deren sich der bis zur Jahrhundertwende fortdauernde Historismus bediente. In einer Zeit der fast uneingeschränkten Herrschaft des Jugendstils blieb die romantisierte Interpretation der alten, nationalen Kunstformen eine der bedeutenden Linien in der Kunstentwicklung: Bei der Anfertigung des mit einer Spieluhr ausgestatteten Ostereies von 1904 (Kat. 80) idealisierten die Meister der Firma Fabergé die Architektur und Kunst des ehrwürdigen Kreml.

Dieses Werk bildet den würdigen Abschluß der Ausstellung »Gold aus dem Kreml«. Mehr und mehr zieht es die Begeisterung und die Aufmerksamkeit des Publikums auf sich, das in den Museen des Moskauer Kreml Kunstwerke erlebt, die wie eine edle Legierung von historischer Bedeutung und höchster Meisterschaft glänzen.

Elena A. Moršakova

Historische Persönlichkeiten

Adrian (1627–1700), russischer Patriarch seit 1690

Alexander I. Pavlovič (1777–1825), Kaiser seit 1801

Alexander II. Nikolaevič (1818–1881), Kaiser seit 1855

Alexej – Moskauer Metropolit 1354 bis 1378

Alexej Michajlovič (1629–1676), russischer Zar seit 1645

Alexej (1904–1917), Sohn des russischen Kaisers Nikolaus II.

Batyj (?–1255), Chan, Führer der mongolisch-tatarischen Horden, die 1236 im Rus' einfielen

Boris (?–1015), Fürst, wurde mit seinem jüngeren Bruder Gleb während der Zeit der Familienzwistigkeiten von seinem Stiefbruder Svjatopolk ermordet. Die Fürsten Boris und Gleb wurden 1072 kanonisiert

Cernysev, Grigorij – Mitglied einer alten Adelsfamilie, General am Hofe Peters I.

Chitrovo, Bogdan Matveevič (1615?–1680), Bojar. Günstling des Zaren Alexej Michajlovič, leitete seit 1664 die Kunstwerkstätte des Kreml in Moskau

Čičerin, Denis Ivanovič (1720–1785), General-Lieutenant, Gouverneur von Sibirien 1763 bis 1781

Dolgorukov, Vasilij Vladimirovič (1667–1746), Fürst, bedeutender Feldherr unter der Regierung Peters I.

Ekaterina I. Alexeevna (1684–1727), russische Zarin, zweite Frau Peters I., herrschte selbständig 1725 bis 1727

Evfimij II. – Bischof von Novgorod von 1429 bis 1458

Evdokija Lukjanovna – russische Zarin von 1626 bis 1645

Fedor Alexeevič (1661–1682), russischer Zar seit 1616, ältester Bruder Peters I.

Fedor Ioannovič (1557–1682), russischer Zar seit 1676, Sohn des Zaren Ivan IV., des Schrecklichen

Filaret (1555–1633), russischer Patriarch seit 1619, vor seiner Weihe Bojar Romanov Fedor Nikitovič, Vater des Zaren Michail Fedorovič

Fotij (?–1431), Metropolit von Moskau seit 1408

Fotij (1792–1838), Vorsteher der Alexander-Nevskij-Lavra seit 1823

Gleb (?–1015), siehe Boris

Godunov, Boris Fedorovič (um 1552–1605), russischer Zar seit 1598

Ioasaf I. – russischer Patriarch von 1634 bis 1641

Iov – erster russischer Patriarch von 1589–1607

Irina Fedorovna Godunova (1563–1604), russische Zarin seit 1580, Gemahlin des Zaren Fedor Ivanovič, Sohn Ivan IV., des Schrecklichen. Schwester des Zaren Boris Godunov

Irina Michajlovna (1627–1679), Tochter des Zaren Michail Fedorovič

Ivan I. Danilovič (Kalita) (?–1340), Moskauer Fürst seit 1325

Ivan III. Vasil'evič (1440–1505), Großfürst seit 1462

Ivan IV. Vasil'evič, der Schreckliche (1530–1584), Großfürst seit 1533, erster russischer Zar seit 1547

Ivan Michajlovič (1633–1639), Sohn des Zaren Michail Fedorovič

Ivan V. Alexeevič (1666–1696), Zar seit 1682, Bruder Peters I.

Josif – russischer Patriarch von 1642 bis 1652

Karl XII. (1682–1718), König von Schweden seit 1697

Lefort, Franz (1656–1699), Schweizer Favorit Peters I., nahm am Aufbau der russischen regulären Armee und Flotte teil

Leontij Rostovskij (?–1077), Bischof von Rostov, getötet von den Heiden, im 14./15. Jahrhundert kanonisiert

Leopold I. (1657–1705), Deutscher Kaiser

Makarij – Metropolit von Moskau von 1543 bis 1564

Marfa (Nonne) (?–1631), vor ihrer Weihe die Frau des Bojaren Fedor Nikitovič Romanov (Patriarch Filaret), Mutter des Zaren Michail Fedorovič

Michail Fedorovič (1596–1645), russischer Zar seit 1630, erster Herrscher der Romanov-Dynastie

Moisej (?–1360), Erzbischof von Novgorod

Morozov, Boris Ivanovič (1590–1662), Bojar, Staatsmann, stand in der Mitte des 17. Jahrhunderts der Verwaltung Rußlands vor

Morozova, Anna Il'inična (?–1667), Frau des Bojaren Boris Ivanovič Morozov

Napoleon I. (1769–1821), französischer Kaiser seit 1804

Nikolaus II. Alexandrovič (1868–1917), russischer Kaiser seit 1894

Osterman, Andrej (1686–1747), kam 1704 aus Westfalen nach Rußland, Staatsmann am Hofe von Peter I.

Paul I. (1754–1801), russischer Kaiser seit 1796

Peter – russischer Metropolit von 1308 bis 1326, verlegte 1325 seinen Sitz von Vladimir nach Moskau

Peter I. Alexeevič (1672–1725), russischer Zar seit 1682, erster russischer Kaiser seit 1721

Potemkin, Grigorij (um 1739–1791), Fürst, einer der einflußreichsten Persönlichkeiten am Hofe von Katharina II.

Prozorovskij, Peter Ivanovič, Fürst, Staatsmann am Hof von Peter I.

Romanov, Nikita Ivanovič (?–1655), Bojar seit 1646

Sergej Radonežskij (1314?–1392), einer der am höchsten verehrten Heiligen der russisch-orthodoxen Kirche, 1452 kanonisiert. Gründer des Troice-Sergiev-Klosters

Sodovščikov – Moskauer Kaufleute der ersten Hälfte des 17. Jahrhunderts

Sof'ja Alexeevna (1657–1704), Tochter des Zaren Alexej Michajlovič, Regentin der minderjährigen Zaren Ivan und Peter von 1682 bis 1689

Vasilij III. (1479–1533), Großfürst seit 1505

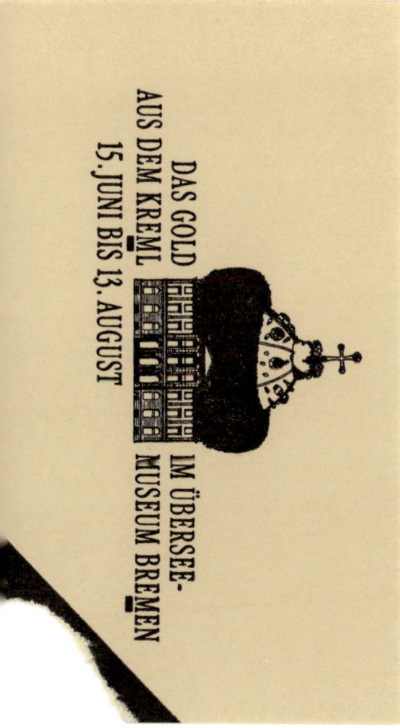

Glossar

Basma	Technik der Bearbeitung von dünnen Metallstreifen mittels Prägung von Hand durch eine Matrize Auch: Metallrahmen für eine Ikone
Bojar	Mitglied des höchsten Standes der Gesellschaft im Alten Rus'
Bojaren Duma	Rat der Bojaren, Staatsrat unter den Großfürsten und Zaren im Alten Rus'
Bratina	Trinkgefäß, kugelförmig auf niedrigem Fuß, gelegentlich mit gewölbtem Deckel
Čarka	Kleines Trinkgefäß für starke alkoholische Getränke
Cata	Halsschmuck am Oklad einer Ikone
Deesis	(griechisch) wörtlich »Fürbitte«. Darstellung von Maria und Johannes d. T. zu beiden Seiten Christi in einer Dreiergruppe, die bald auch durch Engel und evtl. Heilige erweitert werden kann. Ursprünglicher Sinn ist die Darstellung der Gottheit Christi bzw. Menschwerdung Gottes zusammen mit den ersten und nächsten Zeugen dieser zentralen Heilswahrheit
Dreifaltigkeit,	alttestamentliche (griechisch: Hagia Trias bzw. Philoxenia; russisch: Sveti Troica oder Sveti Spas). Die Darstellung der Erscheinung der drei Männer (Engel) bei Abraham (Genesis 18, 1–16) wird als bildliche Umschreibung der Dreifaltigkeit Gottes verwendet, da nach der orthodoxen Bildertheologie die Person Gott Vaters nicht bzw. nur in der Gestalt des menschgewordenen Logos Christus dargestellt werden kann
Drobnica	Kleine runde, rechteckige oder figürliche Metallplättchen mit Ösen zur Befestigung
Enkolpion	Doppelwandiges Reliquiar, am häufigsten in Kreuzform
Gottesmutter des Zeichens (von Novgorod)	Die Ikone einer Maria Orans mit der Aureole des segnenden Logos–Christus–Emanuel (Immanuel) vor der Brust, eine symbolische Darstellung der Menschwerdung Gottes, die als Typus auf die Platytera-Blacherniotissa in Konstantinopel zurückgeht. Sie war das wundertätige Palladium von Novgorod. Als Gottesmutter des Zeichens benannt nach Isaias 7,14. Ihr wurde 1170 der Sieg über die Novgorod belagernden Susdaler zugeschrieben

Granulation	→ Zern'
Hodegetria	(Hodigitria) (griechisch = die Weg-Weisende), Bezeichnung eines Madonnentypus, bei dem Maria mit ihrer rechten Hand auf den Erlöser hinweist, den sie auf ihrem linken Arm trägt
Ikonostas(e)	Die durch Ikonen (urspr. wohl gemalte Vorhänge) geschmückte Bilderwand einer orthodoxen Kirche, die auf die frühchristliche Abschrankung des Altarbereichs (Templon) zurückgeht. Sie entwickelte sich zu einem mehrere Ikonenreihen umfassenden Bilderzyklus, der durch meist geschnitzte Architekturteile zusammengehalten wird.
Kazna	Wertvoller Besitz, der dem Staat, der Kirche oder einer Privatperson gehört
Kol'c	Meist ringförmige Schmuckstücke, die am Kopfschmuck aufgehängt wurden
Korčik	Kleiner Kovš (→) auf niedrigem Fuß
Kovš	Trinkgefäß in der Form einer Schöpfkelle mit niedriger Wandung
Larec	Kästchen zur Aufbewahrung wertvoller Gegenstände und Schmuck
Lob der Gottesmutter	Nach der 24. Strophe des Akathistos-Hymnos (Marienhymnos) benanntes Bildthema, das die Verehrung Mariens durch Kaiser, Bischöfe, Priester und andere darstellt
Metropolit	Allgemein Bischof einer Kirchenprovinz; in Rußland vor 1589 Haupt der russisch-orthodoxen Kirche, später zweithöchster Rang in der kirchlichen Hierarchie
Nabedrennik	Teil des Gewandes der orthodoxen Geistlichkeit, auf der linken Hüftseite getragen, das Schwert Gottes symbolisierend
Niello	Schwarze Legierung aus Silber, Kupfer, Blei und Schwefel, die in einen in Metall gravierten Dekor gefüllt wird und sich nach dem Polieren schwarz von dem Untergrund abhebt
Oklad	Dekorierte Silber- oder Goldfassung einer gemalten Ikone zum Schutz und Schmuck
Palata	Altrussische Bezeichnung für ein aus Steinen errichtetes Bauwerk in weltlichem Gebrauch
Panagia	(griechisch = die Allerheiligste), allgemein Beiname Mariens; im russischen Bereich auch Bezeichnung für eine von der höheren Geistlichkeit auf der Brust getragene Ikone.
Patriarch	Seit 1589 bis heute das Haupt der russisch-orthodoxen Kirche
Poruči	Teil des Gewandes der orthodoxen Geistlichkeit in der Form von breiten Manschetten, die über den Ärmeln getragen wurden
Riznica	Aufbewahrungsort von Kirchengewändern und Kultgeräten
Rjasny	Anhänger am Kopfschmuck
Skladen'	Zusammenfaltbare Ikone, die aus zwei oder mehreren Seitenflügeln besteht

Stav	Behälter von zylindrischer Form, innen mit runden Vertiefungen für Messer oder Gabeln
Stavec	Gefäß, fast zylindrisch, manchmal mit Deckel zur Aufnahme flüssiger Speisen
Terem	Wohngebäude, reich dekoriert, im Alten Rus’
Vjaz’	Ornamentale Schrift mit ineinander verflochtenen Buchstaben
Zern’	Winzige goldene oder silberne Kügelchen (Granulation), die auf der Metalloberfläche aufgelötet sind
Zvezdica	Kirchengerät aus zwei in der Mitte befestigten, halbkreisförmigen Bögen, das auf die Patene gestellt wurde

Anmerkung zur Transkription

Im Katalogteil wurde für die Übertragung der kyrillischen Buchstaben in der Regel die von Slavisten in der Bundesrepublik Deutschland gebrauchte Transliteration verwendet:

А/а	=	A/a	И/и	=	I/i	Р/р	=	R/r	Ш/ш	=	Š/š
Б/б	=	B/b	Й/й	=	J/j	С/с	=	S/s	Щ/щ	=	Šč/šč
В/в	=	V/v	К/к	=	K/k	Т/т	=	T/t	ъ	=	–
Г/г	=	G/g	Л/л	=	L/l	У/у	=	U/u	ы	=	y
Д/д	=	D/d	М/м	=	M/m	Ф/ф	=	F/f	ь	=	’
Е/е	=	E/e	Н/н	=	N/n	Х/х	=	Ch/ch	Э/э	=	Ė/ė
Ж/ж	=	Ž/ž	О/о	=	O/o	Ц/ц	=	C/c	Ю/ю	=	Ju/ju
З/з	=	Z/z	П/п	=	P/p	Ч/ч	=	Č/č	Я/я	=	Ja/ja

Die Katalogbeiträge wurden verfaßt von:

I. A. Bobrovnickaja (Nr. 5–9, 11, 16–17, 20, 24–25, 31, 34–39, 40–47, 60)
I. D. Kostina (Nr. 62–75)
S. Ja. Kovarskaja (Nr. 76, 79–80)
M.V. Martynova (Nr. 12, 18, 22, 26, 29, 32–33, 48–54)
E. A. Moršakova (Nr. 1–4, 10, 14–15, 19, 21, 23, 27–28, 57–58)
E.V. Šakurova (Nr. 13, 55–56, 59, 617)
I. I. Visnevskaja (Nr. 30, 77–78)

KATALOG

1 Armband

Nördlicher Schwarzmeer-Raum, 4.–5. Jahrhundert
Gold, Glas, Flechtwerk, Guß
Länge 22 cm
Inv.-Nr. MR-10005

1927 wurde auf dem Gebiet des Bezirks Kursk, am Oberlauf des Flusses Sudži, ein Goldschatz gefunden, der zu dem reichen Bestand eines einsamen Begräbnisplatzes gehörte. Der Schatz bestand aus einem massiven Haarschmuck, zwei Armbändern und einer Kette.
Kette und Armbänder wurden in einer Art Flechtwerk gefertigt, das in der Schmuckherstellung jahrhundertelange Tradition besitzt. Interessant ist, daß sich aus dem 4. und 5. Jahrhundert geflochtene Armbänder weniger häufig finden als Armreifen aus gewundenem Golddraht. Beide Arten haben das Motiv eines Schlangenkopfes gemeinsam. Das Armband aus dem Schatz schmücken zwei Schlangenköpfe, den Verschluß bilden je zwei Paar kleinere, schneckenförmig gerollte Schlangen.
Eine Besonderheit ist die Inkrustierung mit farbigem Glas, mehr hinsichtlich der Form, als in bezug auf die ornamentale Bedeutung. Sie ist besonders charakteristisch für diesen Zeitraum und läßt sich auch bei archäologischen Funden auf dem Gebiet Ungarns nachweisen. Ähnliche Beispiele von Glasinkrustierungen aus der gleichen Epoche finden sich bei Gegenständen der skythischen und sarmatischen Kunst, die im Süden des europäischen Teils der Sowjetunion entdeckt worden sind.
Dieses Armband kam 1928 zusammen mit den anderen Teilen des Schatzes von Sudži in das Rüstkammermuseum.

Literatur: Л. А. Мацулевич, Погребение варварского князя в Восточной Европе. Москва; Ленинград 1934. – *Ausst. Kat.:* Trezori muzeja moskovskogo Kremlja. Beograd 1985; Skoplje 1986, Kat. Moskva 1985. N 68.

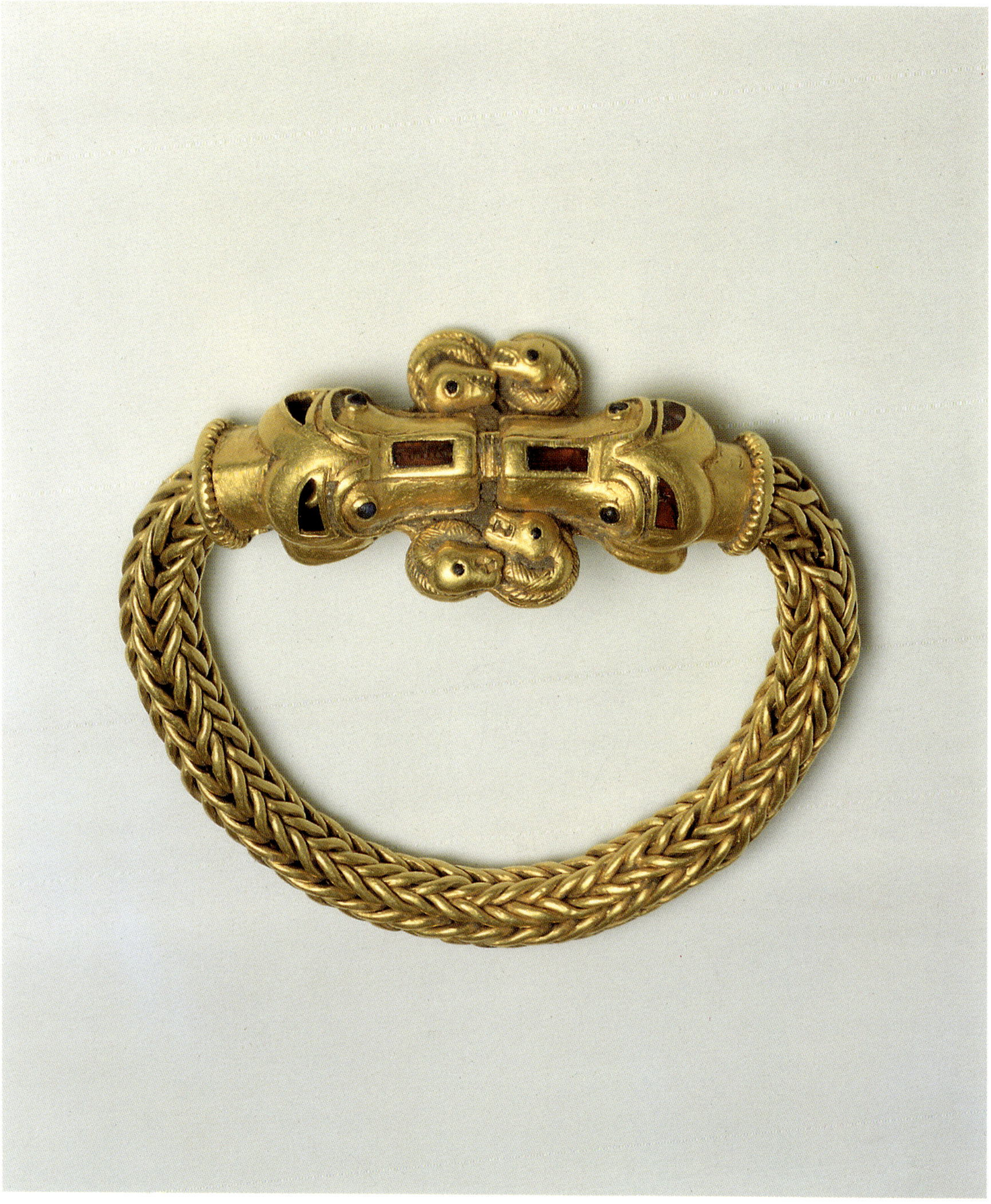

2 Kanne

Konstantinopel, um 400
Silber, getrieben, vergoldet
Höhe 38,5 cm
Inv.-Nr. MZ-1153

Die Wandung dieser vasenförmigen Kanne schmückt ein antikes Motiv: ein breiter Fries mit getriebenen Darstellungen der neun Musen. Klio – die Muse der Geschichtsschreibung – hat in ihren Händen ein aufgeschlagenes Buch. Die Muse der lyrischen Poesie, Euterpe, hält zwei Flöten in den Händen und ist in ein theatralisches Kostüm der spätrömischen Epoche gekleidet. Thalia und Melpomene sind mit den ihnen eigenen Attributen dargestellt, der lachenden und der tragischen Maske; die Muse des Tanzes, Terpsichore, mit der Gitarre und Polyhymnia, die Muse des Gesanges und der Beredsamkeit, mit einer Lyra. Neben der Muse der Liebespoesie, Erato, befindet sich die Beschützerin der Astronomie, Urania, die auf die Himmelssphäre hinweist. Die Muse der Epik, Kalliope, hat eine zusammengebundene Schriftrolle in den Händen. Trotz des Fehlens eines Griffes und sonstiger Unvollständigkeiten wird diese Kanne zu Recht zu den hervorragendsten Beispielen der byzantinischen Goldschmiedekunst gezählt. Das getriebene plastische Relief paßt sich der Form des Gefäßes an und erinnert an die hohe Kunst der antiken Skulptur. Stilistische Eigenarten lassen dieses Objekt mit einer bestimmten Epoche in Verbindung bringen, nämlich der byzantinischen Kunst zur Zeit des Übergangs vom 4. zum 5. Jahrhundert. Beweis hierfür ist der Stempel von Konstantinopel mit der Darstellung der sitzenden Tyche, der auf die Zeit um 400 datierbar ist.
Die Kanne wurde 1918 in einem Schatz entdeckt, der sich unweit von dem des goldenen Armbandes (Kat. 1) befand und mit ihm fast zeitgleich datiert werden kann. Das byzantinische Gefäß wurde zusammen mit anderen wertvollen Gegenständen in dem Grab eines Fürsten aus der Zeit der Völkerwanderung entdeckt. Er hatte nach dem Zerfall des gotischen Stammesverbandes im Jahre 375, des sogenannten Hermanarich-Reiches, in der Waldsteppe des nördlichen Schwarzmeergebietes gelebt.

Literatur: Л. А. Мацулевич, Погребение варварского князя в Восточной Европе. Москва; Ленинград 1934; E. Cruikschank-Dodd, Byzantine Silver Stamps. Washington 1961. P. 236, il. 84; Л. В. Писарская, Памятники византийского искусства V–XV веков в Государственной Оружейной палате. Ленинград; Москва 1964. С. 15, ил. 1–9; P. Angiolini Martinelli, Linea e ritmo nelle figure omane ed animali sugli argenti dell'Ermitage de Leningrado dei secoli V–VII. In: Corsi di cultura sull'arte ravennate e bizantina. Bd. 20. Ravenna 1973. P. 24–26, fig. 2; Idem. Realta' e fantasia negli sfondi paesistici ed architettonici delli argenterie paleobizantine del museo dell'Ermitage di Leningrado. Ibid, P. 58; A. V. Bank, Byzantine Art in the Collections of Soviet Museums. Leningrad 1985. P. 144, il. 2–5. – *Ausst. Kat.:* Искусство Византии в собраниях СССР. Ленинград 1975–1976; Москва 1977, кат.: Москва 1977 Т. 1 N 37.

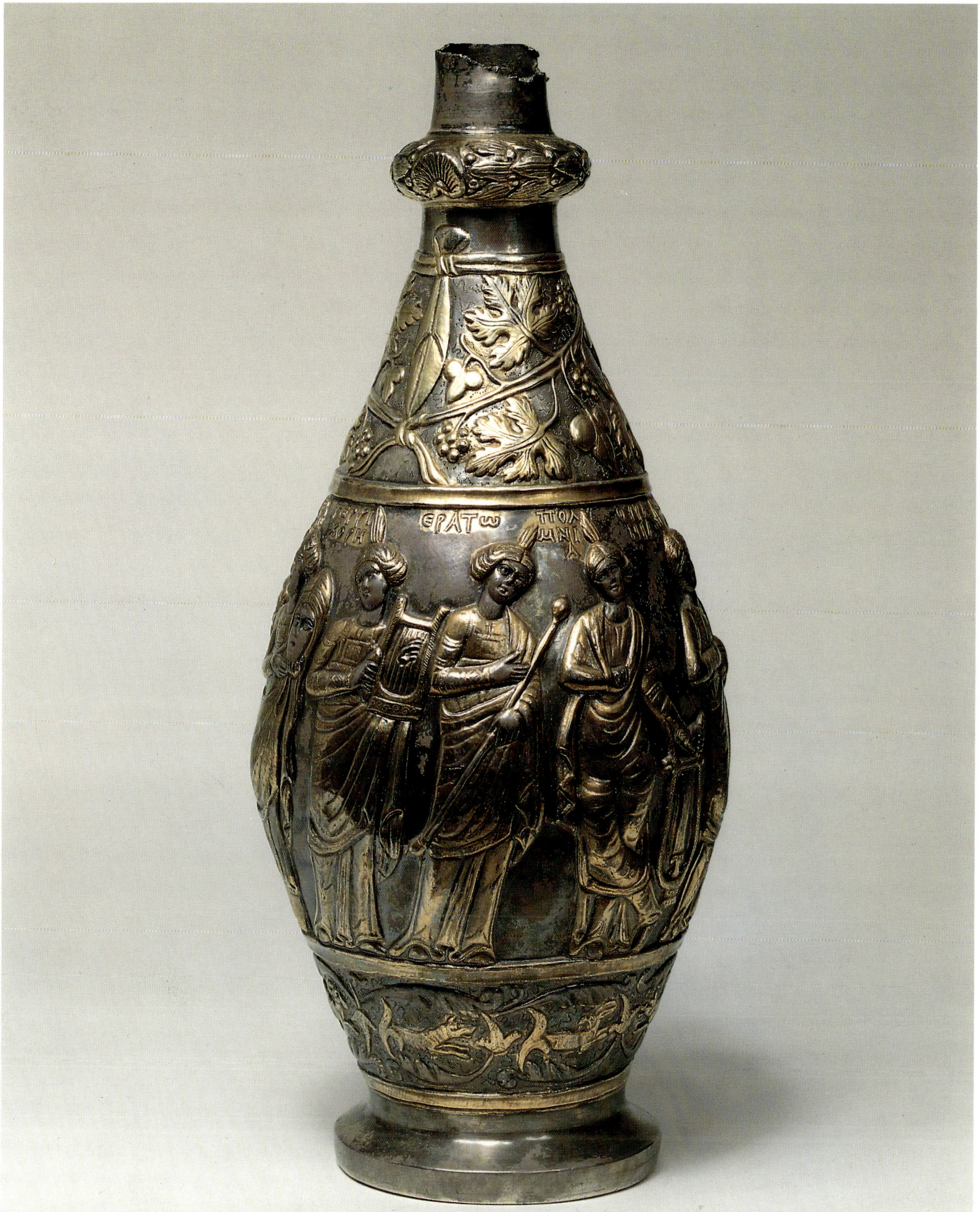
ΕΡΑΤΩ

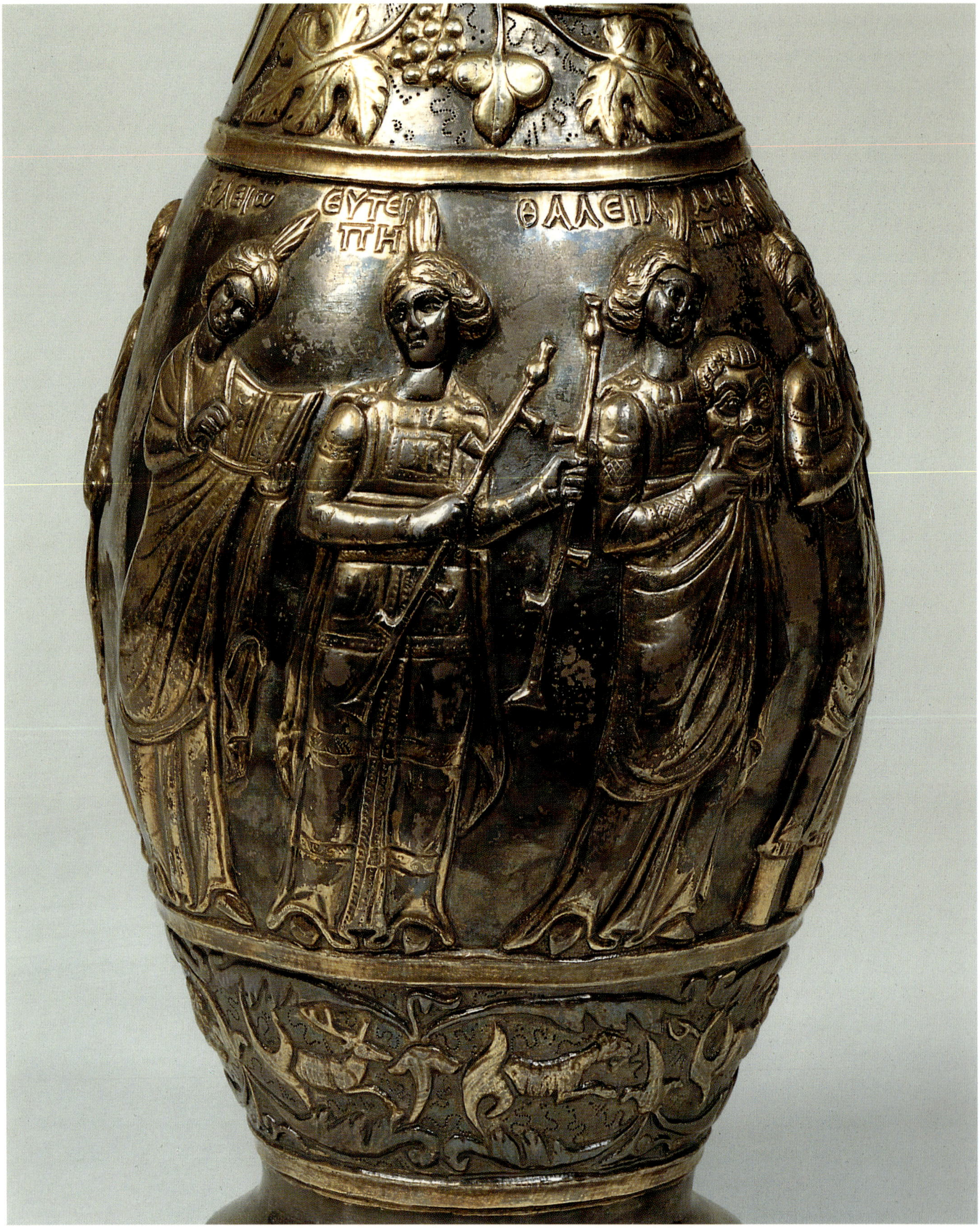
ΕΥΤΕΡ
ΠΗ
ΘΑΛΕΙΑ

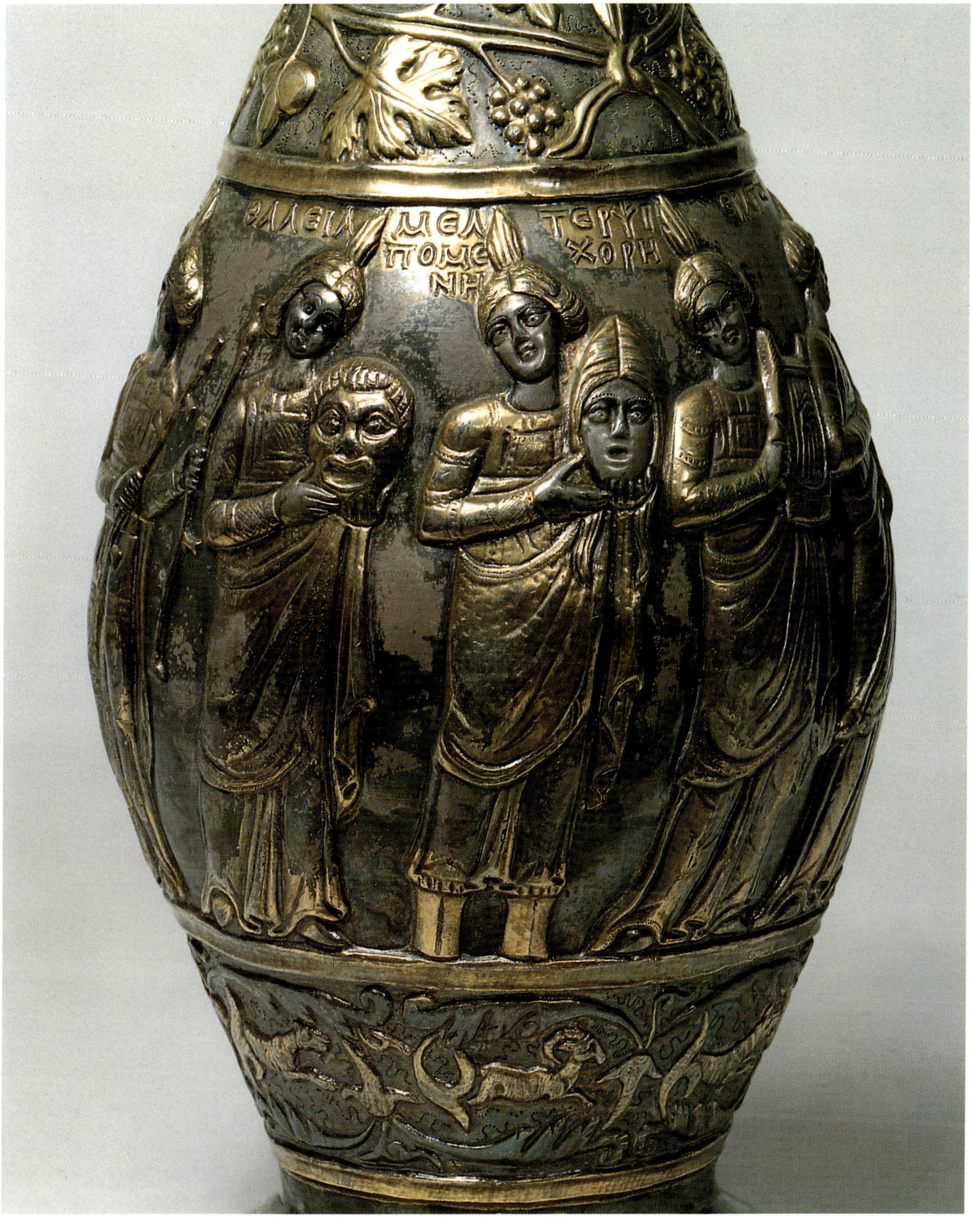
ΘΑΛΕΙΑ
ΜΕΛΠΟΜΕΝΗ
ΤΕΡΨΙΧΟΡΗ

3 Reliefikone mit thronender Gottesmutter

Kamee: Konstantinopel, 12. Jahrhundert
Rahmen: Novgorod, zwischen 1434 und 1458
Lapislazuli, Silber, ziseliert, vergoldet, Filigran, Saphir, Perlen
Höhe 11,5 cm, Breite 7,3 cm
Inv.-Nr. DK-144

Die Fassung aus vergoldetem Silber für dieses nach Größe, Form und künstlerischer Qualität einmalige Lapislazuli-Relief wurde in Novgorod angefertigt, wahrscheinlich in der Werkstatt des erzbischöflichen Hofes. Die eingeritzte Inschrift auf dem Rand der Fassung nennt den Namen des Auftraggebers; »Erzbischof von Velikij Novgorod ... Evfimij.« Auf der Rückseite befinden sich gravierte Darstellungen der Namenspatrone des Erzbischofs, Evfimij der Große und Ioann Bogoslov. Der weltliche Name des Erzbischofs war Ioann gewesen. Evfimij II., eine der bedeutendsten Persönlichkeiten in der Geschichte Novgorods, wurde 1429 zum Haupt der dortigen Kirche gewählt. 1434 wurde er Erzbischof. Zu seiner Zeit erlebte Novgorod eine letzte Phase des Aufblühens seiner Selbständigkeit. Stark entfaltete sich damals die Geschichtsschreibung, entwickelte sich das Interesse an der Geschichte des Gebietes um Novgorod und seinen Heiligen; die Bautätigkeit für Kirchen und für den erzbischöflichen Hof erhielt gewaltigen Auftrieb und brachte wichtige Aufträge zur Ausschmükkung der Kirchen mit Fresken, Ikonen und wertvollem Kirchengerät mit sich. Dies ist auch die Zeit des Aufblühens der Kunst der Stickerei, wobei eines der Zentren die Werkstatt des erzbischöflichen Hofes war. Interessant ist die Entwicklung einer Orientierung nach dem Westen bei der Kunst dieser Zeit, bei der Goldschmiedekunst wie bei der Architektur. Es ist bekannt, daß westeuropäische Meister nach Novgorod angeworben wurden. So ruft Evfimij II. für den Bau der Granovitaja Palata »deutsche Meister aus Übersee« zu sich an seinen Hof.

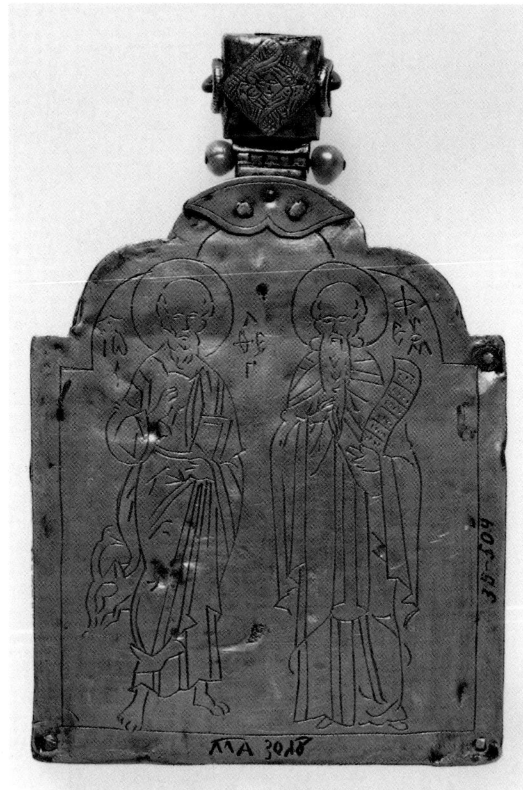
Rückseite der Reliefikone

Die auf der Brust getragene Ikone Evfimijs II. gelangte nach seinem Tode nach Moskau. Dies wird wohl 1476 gewesen sein, als Großfürst Ivan III. nach der Vereinigung Novgorods mit der Moskauer Herrschaft eine bedeutende Anzahl von Kostbarkeiten aus Novgorod zu sich in die Hauptstadt bringen ließ. Möglich ist auch, daß dies unter Ivan dem Schrecklichen nach seinen Feldzügen gegen Novgorod geschah. Sicher ist, daß sich die Ikone am Anfang des 17. Jahrhunderts bereits in der Verkündigungs-Kathedrale, der Hofkirche des Zaren befand.

Literatur: Г.Д. Филимонов, К протоколу XVIII, 7 (11 дек. 1866 г.) // Вестник Общества древнерусского искусства при Московском публичном музее. Москва 1875, NN 6–10. Приложения к протоколам. Официалъный отд. С. 51; Б.А. Рыбаков, Ремесло древней Руси. Москва 1948. С. 625; Л.В. Писарская, Памятники византийского искусства V–XV веков в Государственной Оружейной палате. Ленинград; Москва 1964. С. 22, ил. 32–33; H. Wentzel, Rezension: Ludmilla W. Pisarskaja. Denkmäler Byzantinischer Kunst vom 5.–15. Jahrhundert in der Staatlichen Rüstkammer (=Zenghous). Moskau 1964. In: Kunstchronik, 18. Jg. 12/1965. S. 328–331, Abb. 1a; A.V. Bank, Byzantine Art in the Collections of Soviet Museums. Leningrad 1985, P. 144; Г.Н. Бочаров, Прикладное искусство Новгорода Великого. Москва 1969. С. 52–53. – *Ausst. Kat.:* Искусство Византии в собраниях СССР. Ленинград 1975–1976; Москва 1977, кат.: Москва 1977 Т. 2. N 642.

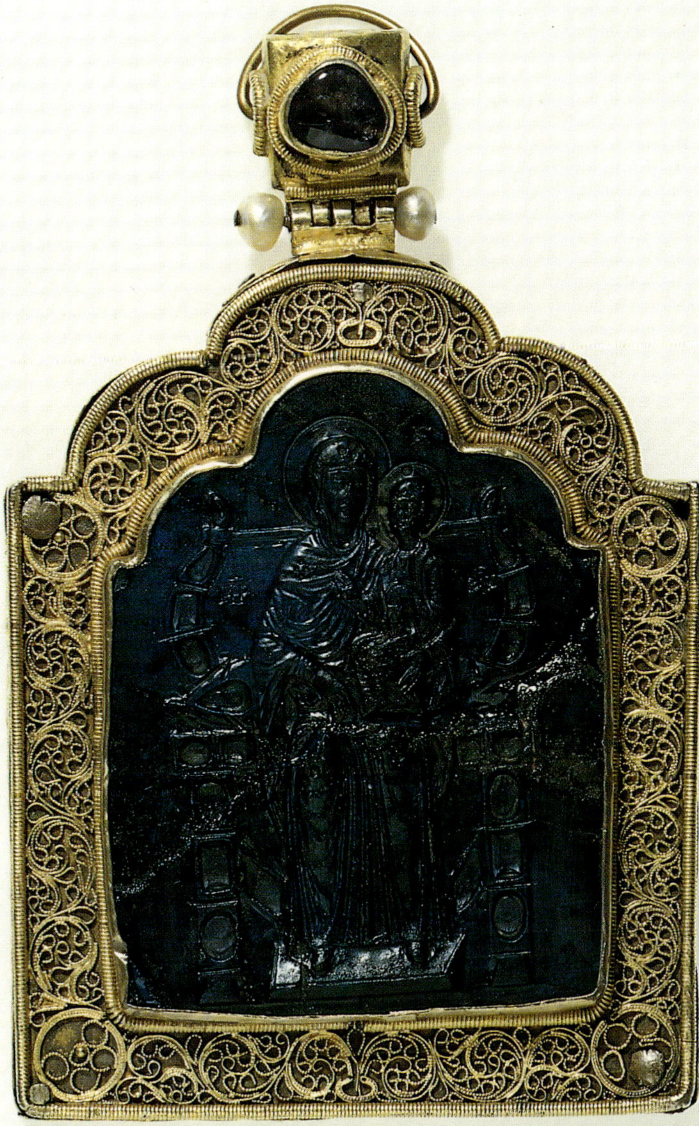

4 Panagia mit Kette

Kamee: Italien, 12. Jahrhundert
Rückseite mit Intaglio; Moskau, 16. Jahrhundert (?)
Rahmen: Werkstatt des Kreml, Moskau, 1589
Onyx, Gold, Silber, ziseliert, granuliert, vergoldet, Filigran, Email, Saphire, Rubine, Perlen
Höhe 15 cm, Breite 8,8 cm
Inv.-Nr. DK-130/1-2

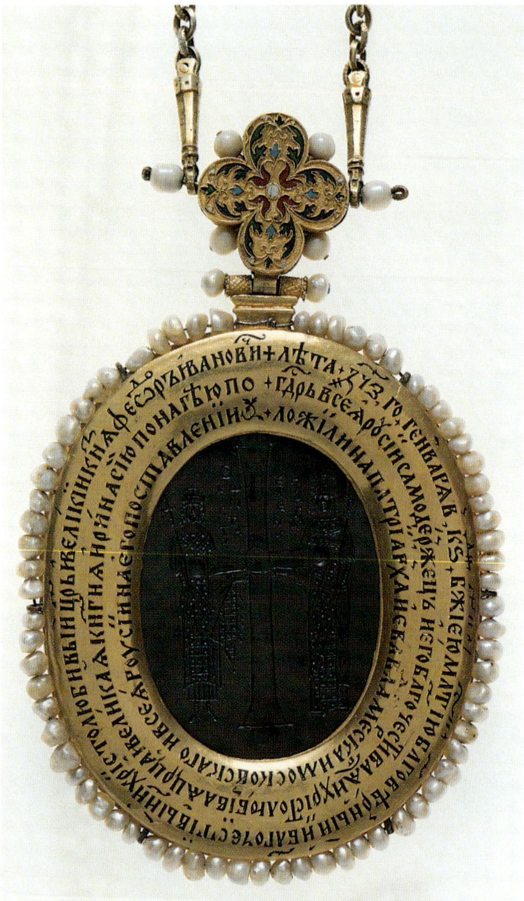

Rückseite der Panagia mit der Intagliodarstellung der hll. Konstantin und Helena, auf der Fassung graviert die 1589 datierte Schenkungsinschrift.

In der Mitte dieser wertvollen Panagia befindet sich eine italienische zweischichtige Onyxgemme mit der Darstellung der Kreuzigung. Die der romanischen Kunst nahestehende Geradlinigkeit der Figuren ist mit der technischen Vollkommenheit der Ausführung gleichwertig. In der Forschung geht man davon aus, daß die Arbeit an der Kamee selbst länger als ein Jahr gedauert haben muß und daß diese überaus kostbare Arbeit nur im Auftrag eines Herrschers angefertigt worden sein kann.

Auch in Rußland wurden alte Steinschnitte ungewöhnlich hoch eingeschätzt, oft verwendete man sie in der Mitte einer Panagia, dem auf der Brust getragenen Ikonenmedaillon der höchsten Geistlichkeit. Die goldene Fassung der Panagia mit überaus dünnem Filigrandekor, ausgefüllt mit Email und feiner Goldgranulation, wurde in der Werkstatt des Moskauer Kreml ausgeführt. Dies wird durch die Geschichte des Objekts bestätigt, von der eine Inschrift auf der Rückseite Zeugnis gibt, wonach die Panagia dem ersten russischen Patriarchen Iov (gest. 1607) am Tage seiner Amtsübernahme, dem 26. Januar 1589, geschenkt wurde. Der Patriarch erhielt sie vom Zaren Fedor Ioannovič (1557–1598, Sohn Ivans des Schrecklichen und der letzte Zar der Rurikiden-Dynastie, Zar seit 1584) und der Zarin Irina (Eheschließung 1580, gest. 1603, eine Schwester von Boris Godunov). Die Intagliogravur auf der Rückseite des Onyx mit der Darstellung des hl. Konstantin und der hl. Helena mit dem Kreuz wurde wahrscheinlich ebenfalls in der Kremlwerkstatt zur gleichen Zeit wie die Fassung angefertigt.

Diese als überaus wertvoll zu erachtende historische Reliquie befand sich in der Patriarchen-Riznica (Schatzkammer) im Kreml. 1918 kam die Panagia aus dem Čudov-Kloster in die Rüstkammer. Das Kloster hatte ursprünglich dem Metropoliten und ab dem 16. Jahrhundert dem Patriarchen unterstanden.

Literatur: Савва, епископ Можайский. Указателъ для обозрения Московской патриаршей (ныне синодалъной) ризницы. Москва 1863. С. 7–8, N 4 ил. 3; А.И. Успенский, Патриаршая ризница // Мир искусства. 1904. N 10. С. 233–264; Л.В. Писарская, Памятники византийского искусства V–XV веков в Государственной Оружейной палате. Ленинград; Москва 1964. С. 22–23, ил. 35–37; И.А. Мишакова, Гемма из панагии патриарха Иова // Древнерусское искусство. Зарубежные связи. Москва 1975. С. 45–54, ил. на с. 46. – *Ausst. Kat.:* Искусство Византии в собраниях СССР. Ленинград 1975–1976; Москва 1977, кат.: Москва 1977. Т. 2. N 649; Tradizioni nella gioielleria Russa e sovietica dal XII al XX secolo. Alessandria 1988. No. 4.

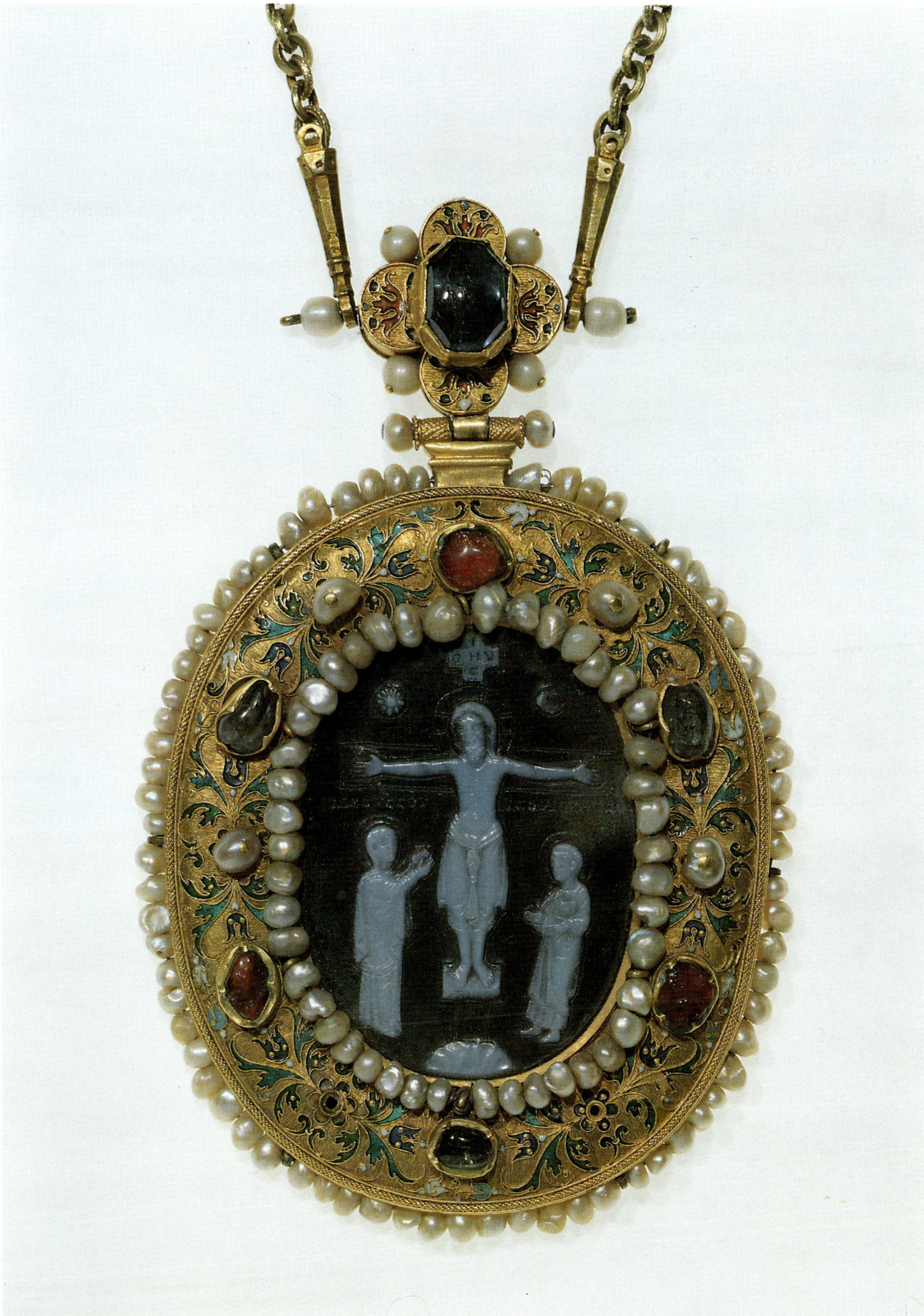

5 Paar Kol'c

Kiev, 12. Jahrhundert
Gold, getrieben, granuliert, Filigran
Höhe 4,3 cm, Breite 4,3 cm
Höhe 4,3 cm, Breite 4 cm
Inv.-Nr. MR-999/1-2

Aufhängbare goldene und silberne Kol'c wurden anscheinend am Kopfschmuck der Frauen befestigt und gehörten zu den am weitesten verbreiteten Schmuckstücken der Goldschmiedekunst im alten Rus'. Als Schmucktypus lassen sie sich der alten slawischen Kultur des 7. bis 8. Jahrhunderts zuordnen. In der heidnischen Kunst hatten derartige Anhänger die Rolle von Amuletten, deren Form und Dekor magische Bedeutung anhaftete. Später verloren sie die mit ihnen verbundene magische Funktion und wurden zu Bestandteilen der Festkleidung, bei deren Anfertigung die Aufmerksamkeit hauptsächlich auf den dekorativen Schmuck gelegt wurde. Außergewöhnlich beliebt waren perlen- oder kugelförmige Kol'c. Die Perlen zeichneten sich bei den einzelnen Kol'c durch viel Phantasie und Geschmack aus. Sie konnten rund und oval, rhombenförmig oder zylindrisch sein. Ein Beispiel ähnelt kleinen durchbrochenen Perlen, die aus glatten und matten Metallfäden zusammengeflochten sind. Andere wurden ganz aus Metall angefertigt und mit geometrischen Reliefmustern aus Granulierung und Filigran geschmückt.

Ausst. Kat.: Treasures from the Kremlin. New York 1979. No. 16; Trésors des Musées du Kremlin. Paris 1979. No. 16; Tradizioni nella gioielleria Russa e sovietica dal XII al XX secolo. Alessandria 1988. No. 1.

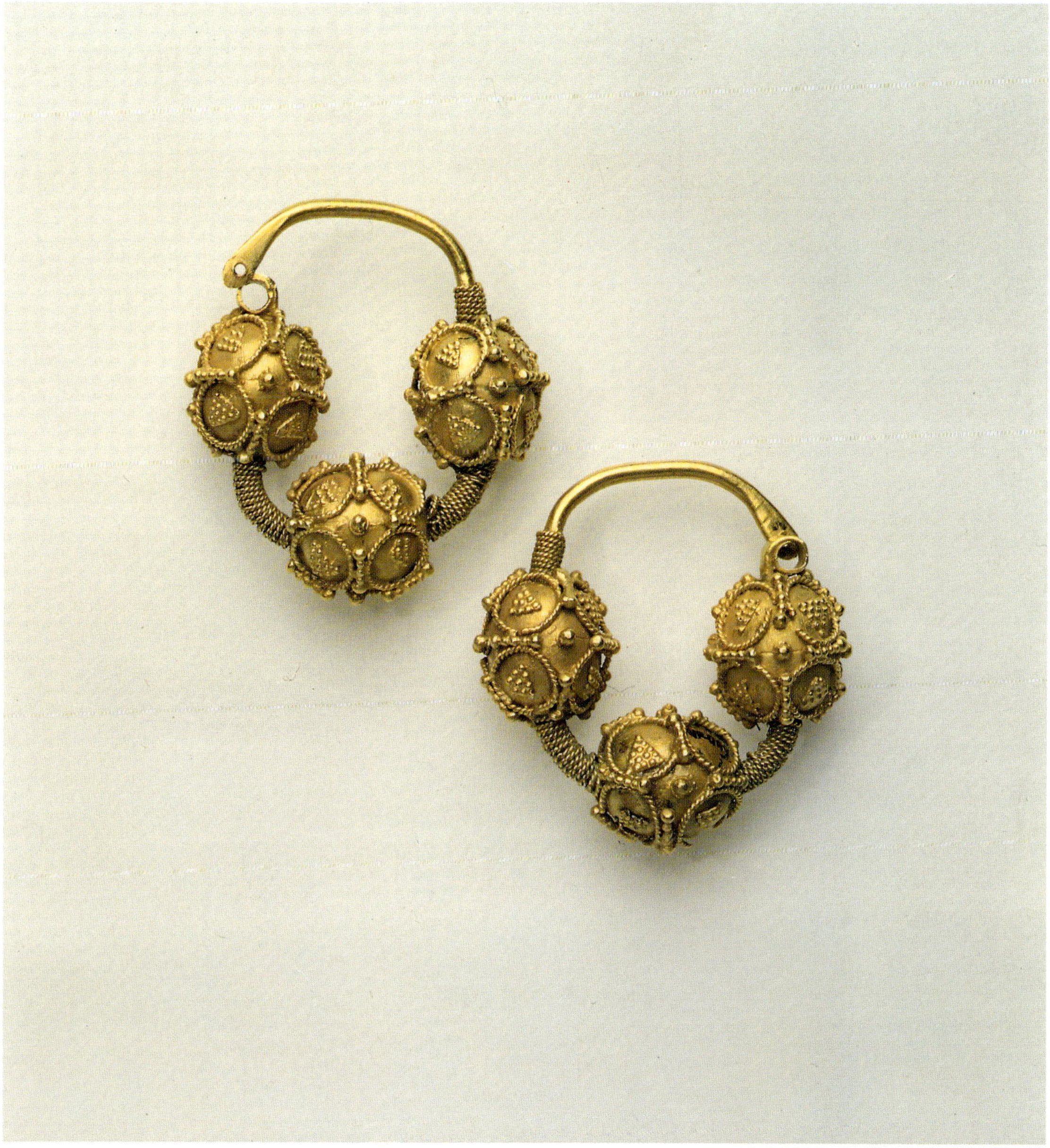

6 Rjasny

Rußland, 12.–13. Jahrhundert
Silber, getrieben, gegossen, granuliert, Filigran
Länge 26,5 cm
Inv.-Nr. MR-1002

Im alten Rus' gehörten zum reichen Kopfschmuck der Frauen lange Anhänger (Rjasny), die bis auf die Schulter herabfielen. Sie lassen sich auf byzantinische Tradition zurückführen. So ist beispielsweise der Kopfschmuck der Kaiserin Theodora auf den aus dem 6. Jahrhundert stammenden Mosaikdarstellungen in San Vitale in Ravenna mit derartigen Perlanhängern ausgestattet. Im alten Rus' war außerdem der Brauch weit verbreitet, die Rjasny an heilbringenden Ikonen aufzuhängen, insbesondere an die Heiligenscheine von Ikonen der Gottesmutter. Die silbernen Rjasny in den Sammlungen der Rüstkammer gehören zu einem Teil des Schatzfundes, der Anfang des 19. Jahrhunderts in der Nähe der alten russischen Stadt Tula gemacht wurde. Sie bestehen aus helmförmigen Anhängern, deren runde Öffnung am Rande mit dünnen Ketten behängt ist. Der altrussische Goldschmied versuchte, die einfache Form der Rjasny auszuschmükken. Jedes Kettchen wird mit runden, gemusterten Medaillons bereichert und an den Kettchen finden sich Plättchen in verlängerter Rhombenform. Die Oberfläche der helmförmigen Bekrönungen wurde mit geometrischen Ornamenten ausgeschmückt, manchmal mit winzigen Tropfen der Granulierung bedeckt. Sogar der zur Aufhängung dienende Ring der Rjasny wurde am Rand mit silbernen Körnern belegt. Der künstlerische Effekt dieses Schmuckes wurde durch einen melodischen Klang vollendet, der sich durch das Aneinanderschlagen der Kettchen ergab.

Literatur: Г. Н. Бочаров, Художественный металл Древней Руси. Москва 1984. С. 185–187. – *Ausst. Kat.:* Tesoros del Kremlin. Mexico 1982. No. 11; Tesori del Cremlino. Roma 1982. Kat. Firenze 1982. No. 11; Treasures from the Museums of the Moscow Kremlin. New Delhi 1988. No. 3.

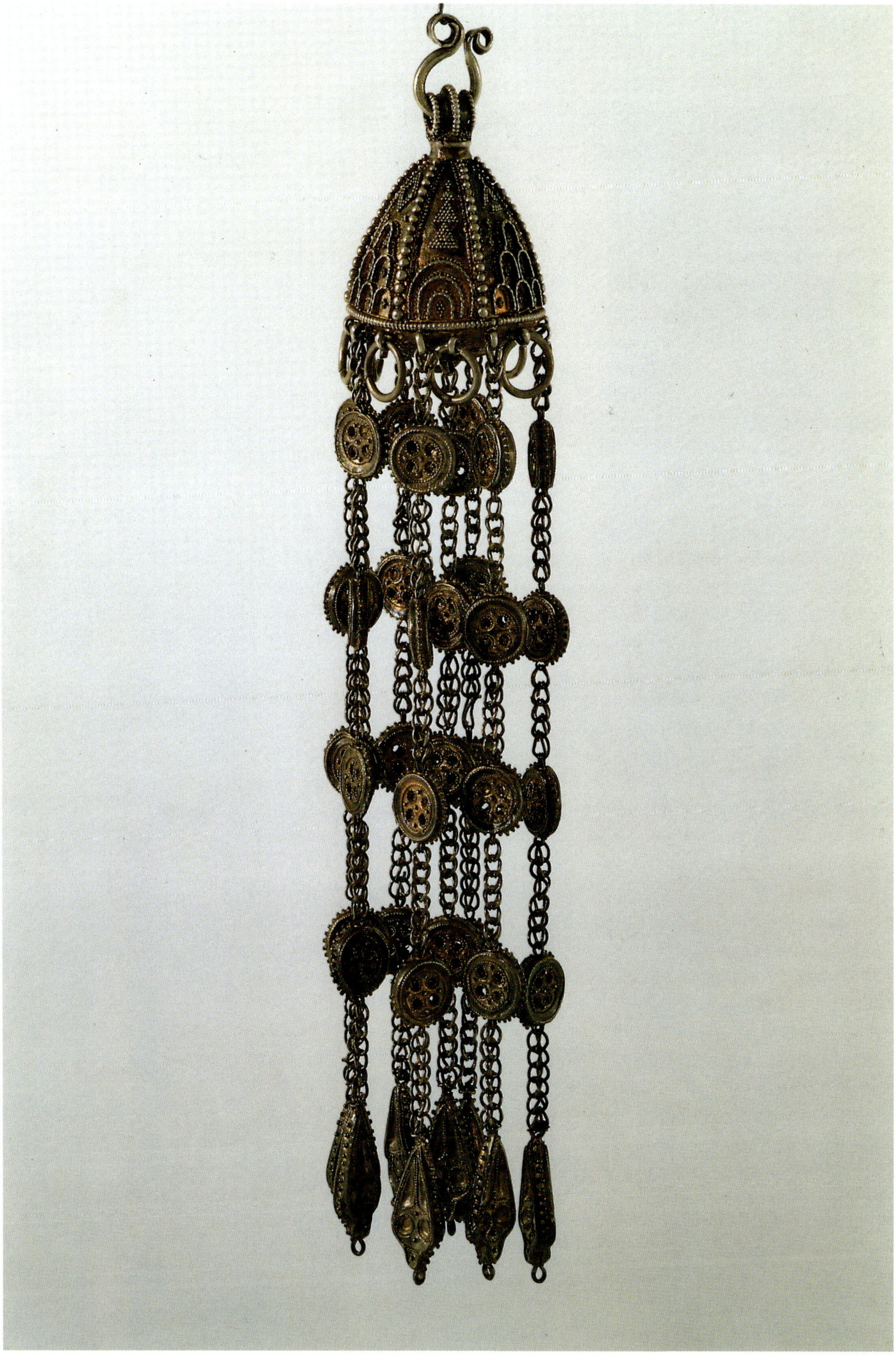

7, 8 Zwei Anhänger

Rjazan', 12.–13. Jahrhundert
Gold, getrieben, granuliert, Filigran, Email
Höhe je 4 cm, Breite je 2,3 cm
Inv.-Nr. MR-981, 982

1822 wurde an der Stelle des alten Rjazan', der ehemaligen Hauptstadt eines Feudalfürstentums, etwa 50 km vom heutigen Rjazan' entfernt gelegen, ein einzigartiger, im Erdboden vergrabener Goldschatz entdeckt, der in einen Lederbeutel eingewickelt war. Die Gegenstände in diesem Schatzfund, unter denen sich schwere, goldene Halsgeschmeide sowie in Form und Größe unterschiedliche Anhänger und Medaillons befanden, gehörten zweifellos einer fürstlichen Familie und waren offenbar vor dem Einfall der tartaro-mongolischen Horden im Jahr 1237 vergraben worden. Später, in sowjetischer Zeit, wurden auf dem Gebiet des Städtchens von Alt-Rjazan' bei systematischen archäologischen Grabungen noch acht andere Gold- und Silberschätze, hauptsächlich mit Frauenschmuck, entdeckt. Die technische wie künstlerische Vollkommenheit der gefundenen Gegenstände, die mit Cloisonné-Email, Niello und spitzenartigem Filigran geschmückt sind, zeugen davon, daß Alt-Rjazan' ein bedeutendes Zentrum der Goldschmiedekunst im vormongolischen Rußland war. Die grausame Zerstörung Rjazan's durch die mongolischen Horden bedeutete den Untergang der Stadt.
Anscheinend wurden alle Gegenstände des Schatzfundes, darunter auch die Schmuckanhänger in dieser Ausstellung, von in fürstlichem Dienst stehenden Meistern ausgeführt. Durch die würfelartige Form, den mit Bögen versehenen Seitenwänden und der Kuppelbekrönung erinnern sie an die Kirchenarchitektur. Gegenstände in der Form von Kirchengebäuden sind in der altrussischen Goldschmiedekunst nicht selten zu finden. Auf den Seiten der Anhänger ist die fragmentarisch erhaltene Halbfigur eines Heiligen erkennbar, die in der Technik des Cloisonné-Emails ausgeführt ist. Es ist nicht ausgeschlossen, daß diesen Darstellungen – ähnlich alten heidnischen Symbolen – auf weltlichen Gegenständen eine Schutzfunktion zugeschrieben wurde. Die Miniaturanhänger aus dem Schatz von Rjazan' sind aufgrund der Ringe am oberen und unteren Teil wohl Bestandteil eines größeren Schmuckes vom Typus der Rjasny.

Literatur: А. Н. Оленин, Рязанские русские древности или известия о старинных и богатых великокняжеских или царских убранствах, найденных в 1822 г. близ села Старая Рязанъ. СПб., 1831; Н. П. Кондаков, Русские клады. Т. 1. СПб. 1896. С. 83–96; Г. Н. Бочаров, Художественный металл Древней Руси. Москва 1984. С. 177, 179.

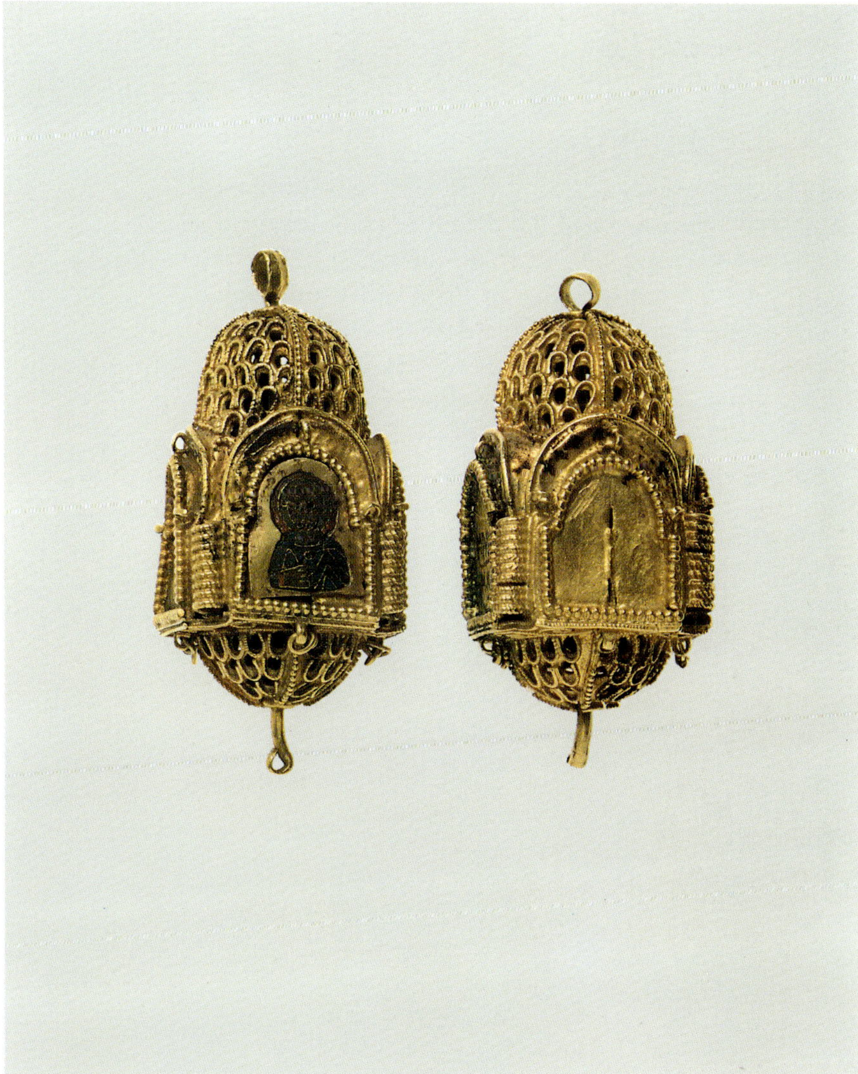

9 Armreif

Rjazan', Ende 12.–Anfang 13. Jahrhundert
Gold, getrieben, punziert, Filigran
Durchmesser 6,3 cm, Höhe 2,1 cm
Inv.-Nr. MR-996

Dieser Armreif gehört ebenfalls zu dem Schatzfund von Alt-Rjazan'. Die Schönheit dieses Schmuckstückes beruht auf der simplen Abfolge sich symmetrisch wiederholender Voluten, die aus gebogenem Golddraht angefertigt sind. Durch die ungewöhnliche Ausführung als schmaler durchbrochener Reif unterscheidet sich dieser Armschmuck von den traditionellen altrussischen Armreifen, die die Form massiv gearbeiteter Reife hatten. Ähnliche Reife spielten eine eigentümliche Rolle als Armschmuck, der das Handgelenk am Ende des langen Ärmels der Frauenkleidung zierte. Die Form dieser Armreife, die einstmals ritual-magische Bedeutung hatten, geht zurück auf die heidnisch-slawische Kultur. Die Leichtigkeit in der Konstruktion des Armreifes aus dem Alt-Rjazan'er Schatz und das Miniaturformat lassen vermuten, daß er unmittelbar auf dem Handgelenk getragen wurde.

Literatur: А. Н. Оленин, Рязанские русские древности или известия о старинных и богатых великокняжеских или царских убранствах, найденных в 1822 г. близ села Старая Рязанъ. СПб. 1831; Н. П. Кондаков, Русские клады. Т. 1. СПб. 1896. С. 83–96. – *Ausst. Kat.:* Tradizioni nella gioielleria Russa e sovietica dal XII al XX secolo. Alessandria 1988. No. 2.

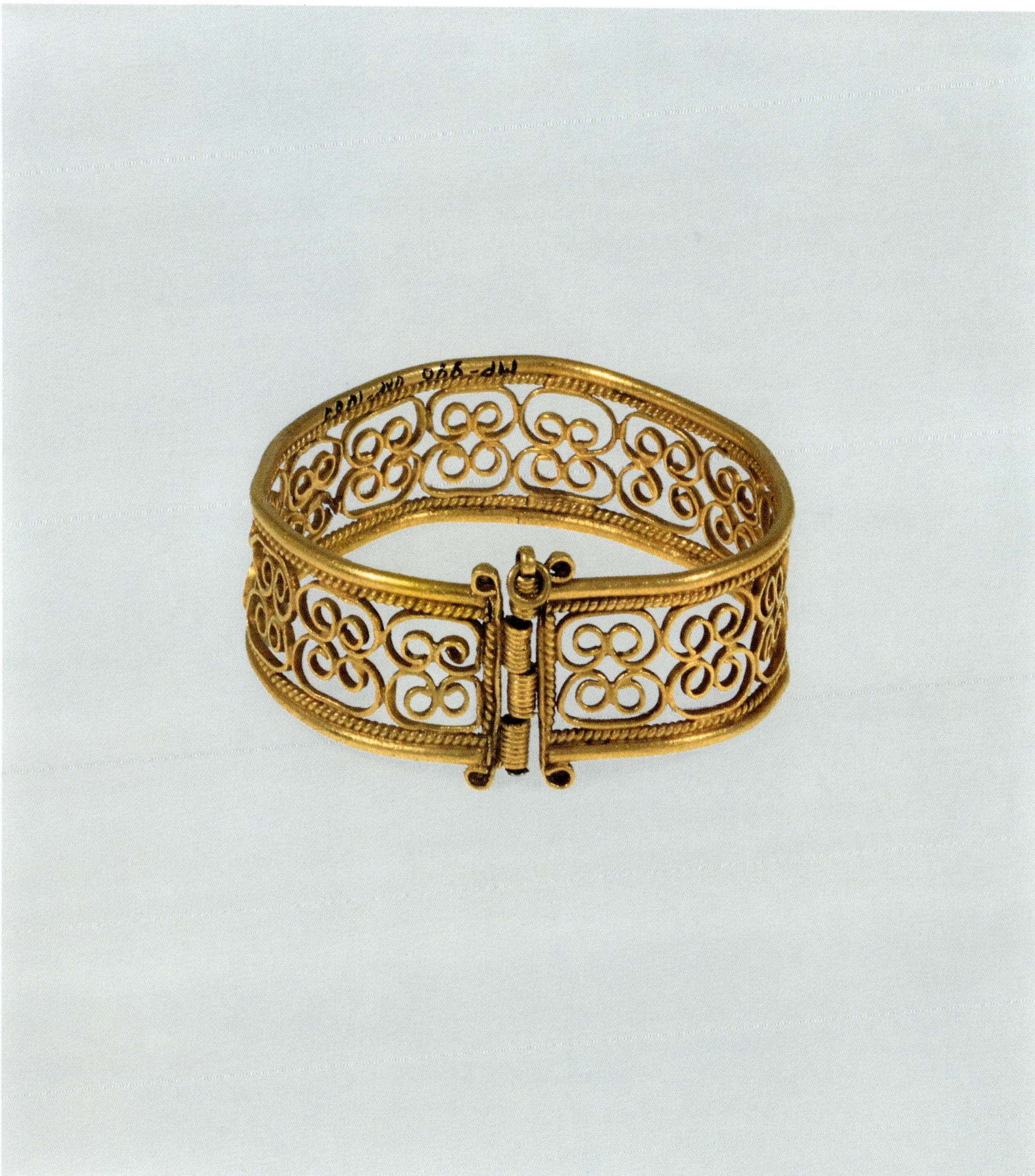

10 Brustkreuz-Reliquiar

Vladimir-Suzdal', 13. Jahrhundert
Gold, Silber, getrieben, gegossen, punziert, granuliert, vergoldet, Filigran
Höhe 13 cm, Breite 9 cm
Inv.-Nr. MR-1033

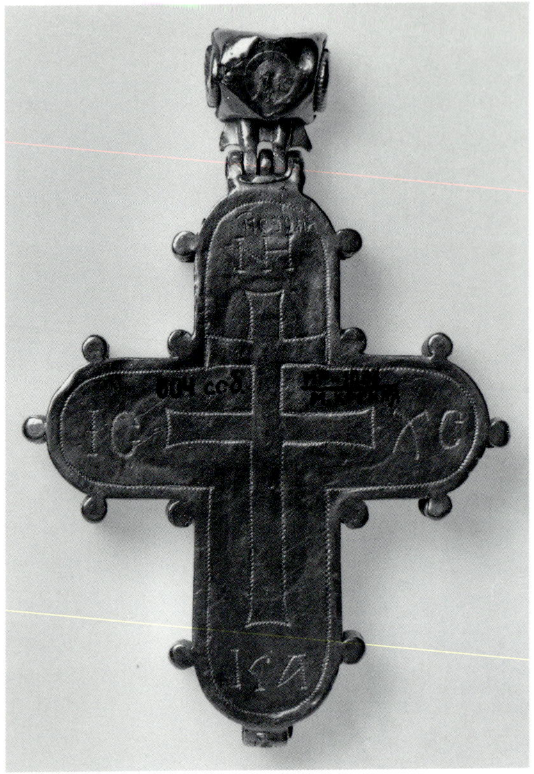
Rückseite des Brustkreuz-Reliquiars

Das Kreuz gehört zum Typus des Enkolpions und war für die Aufnahme von Reliquien vorgesehen. Im Unterschied zu westeuropäischen Reliquiaren waren russische geschlossen und besaßen an den Seiten keine Öffnungen, durch die man Teile der Reliquien hätte sehen können.

Die Form des Kreuzes mit abgerundeten Enden ist nachweisbar anhand anderer Gegenstände der russischen Metallkunst des 13. Jahrhunderts. Die Vorderseite mit der traditionellen gravierten Darstellung des Kreuzes ist in Silber ausgeführt, die Rückseite in Gold. Die Ausschmückung besitzt keine Parallelen zu russischen Goldschmiedeobjekten des 13. Jahrhunderts. Das äußere Ornament aus dickem, gewundenem Goldfiligran ist mit größeren Goldperlen besetzt. Der stark plastische Filigranschmuck ähnelt dem der westeuropäischen Romanik.

Das Kreuz befand sich in der Verkündigungs-Kathedrale des Kreml. Eines der Hauptmotive für die Ausschmückung dieser Palastkirche war die Darstellung der Erbansprüche auf die Herrschaft über Rußland seitens der Moskauer Herrscher, die sie von den Fürsten von Vladimir ableiteten. Dieses Motiv findet sich auf Fresken der Kirche, auf Ikonen sowie auf einer Vielzahl von Gegenständen der angewandten Kunst. Über Jahrhunderte hatten sich in dieser Kathedrale wertvolle historische Reliquien aus verschiedenen russischen Fürstentümern angesammelt, Arbeiten der besten Meister aus allen Teilen des russischen Reiches und aus dem Ausland. Auf verschiedenen Wegen kamen diese Objekte in die Palastkirche, die auch unschätzbare byzantinische Gegenstände, Arbeiten aus Novgorod und wertvolle Reliquien aus Suzdal' und Novgorod enthielt. Unter diesen befand sich auch das hier gezeigte Kreuz, das 1922 in die Rüstkammer gelangte.

Ausst. Kat.: Treasures from the Kremlin. New York 1979. No. 18; Trésors des Musées du Kremlin, Paris 1979. No. 18; 1000-летие русской художественной култъуры. Москва 1988 / 1000 Jahre russische Kunst. Schleswig-Holstein/Wiesbaden 1988/89. Nr. 286.

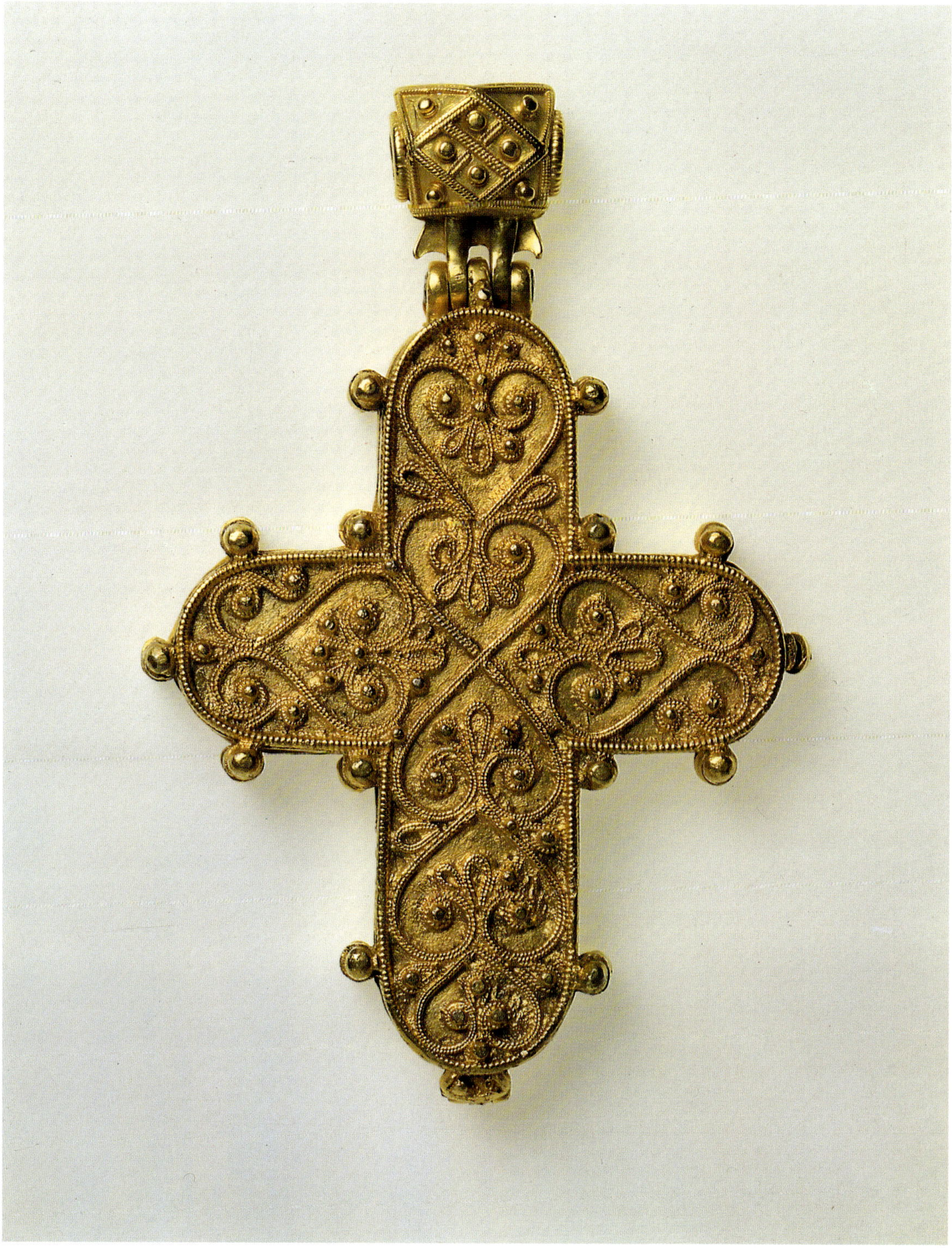

11 Kelch

Novgorod, 1329
Jaspis, Silber, getrieben, ziseliert, vergoldet, Filigran, Almandine, Amethyste, Saphir, Perlen
Höhe 23,2 cm, Breite 12,8 cm
Inv.-Nr. DK-17

Die uns erhaltenen Gegenstände der Goldschmiedekunst Novgorods aus der Zeit der zweiten Hälfte des 13. bis ins 14. Jahrhundert zeichnen sich durch die Strenge der künstlerischen Formgebung aus. Unter ihnen zeigt der Kelch aus dem Jahr 1329 jedoch einen gewissen Reichtum in der Dekoration, in der Verwendung des prachtvollen tiefroten Jaspis, der Vergoldung des Silbers, der Farbigkeit der Edelsteine sowie der Anwendung verschiedener Goldschmiedetechniken von der Ziselierung bis zum Filigran. In der Vereinigung von Edelmetall und Halbedelstein in einem Objekt lassen sich Traditionen der romanischen Kunst aufzeigen. Eine bestimmte Verwandtschaft mit westeuropäischem Kirchengerät des 12. Jahrhunderts ergibt sich ebenfalls durch die Form des Kelches und seine Proportionen. Darüber hinaus findet sich in der Ausschmückung dieses Gegenstandes ein typisch novgorodischer Zug. Für den einheimischen Künstler ist beim Filigran die Verwendung von S-förmigen Motiven, von denen Ranken ausgehen, charakteristisch. Die gravierten Darstellungen der Heiligen am oberen Rand des Kelches lassen den Einfluß der Malerei Novgorods aus der Zeit des 13. bis 14. Jahrhunderts erkennen. Eine ihrer Stilrichtungen ist gekennzeichnet durch eine gewisse Primitivisierung. Diese äußert sich vor allem in dem archaischen Typus der Gesichter der Heiligen. Der Künstler des Kelches war auch mit der damaligen Buchkunst vertraut. Die Medaillons mit den Heiligenfiguren schmückte er reich mit Rankenornamenten aus, die direkte Parallelen im sogenannten Vjaz'-Flechtwerk der Initialen und Endvignetten der Handschriften im Novgorod des 14. Jahrhunderts haben. Nach einer Inschrift auf der Einfassung wurde dieser Kelch im Auftrag des Novgoroder Erzbischofs Moisej angefertigt. Als Anhänger Moskaus konnte der Erzbischof einen derart wertvollen Kelch in Zusammenhang mit dem Besuch des Moskauer Großfürsten Ivan Kalita in Novgorod 1329 in Auftrag geben.

Literatur: Г. Н. Бочаров, Прикладное искусство Новгорода Великого. Москва 1969. С. 42–43, ил. 30; Государственная Оружейная палата. Москва 1988. С. 41, ил. 19.

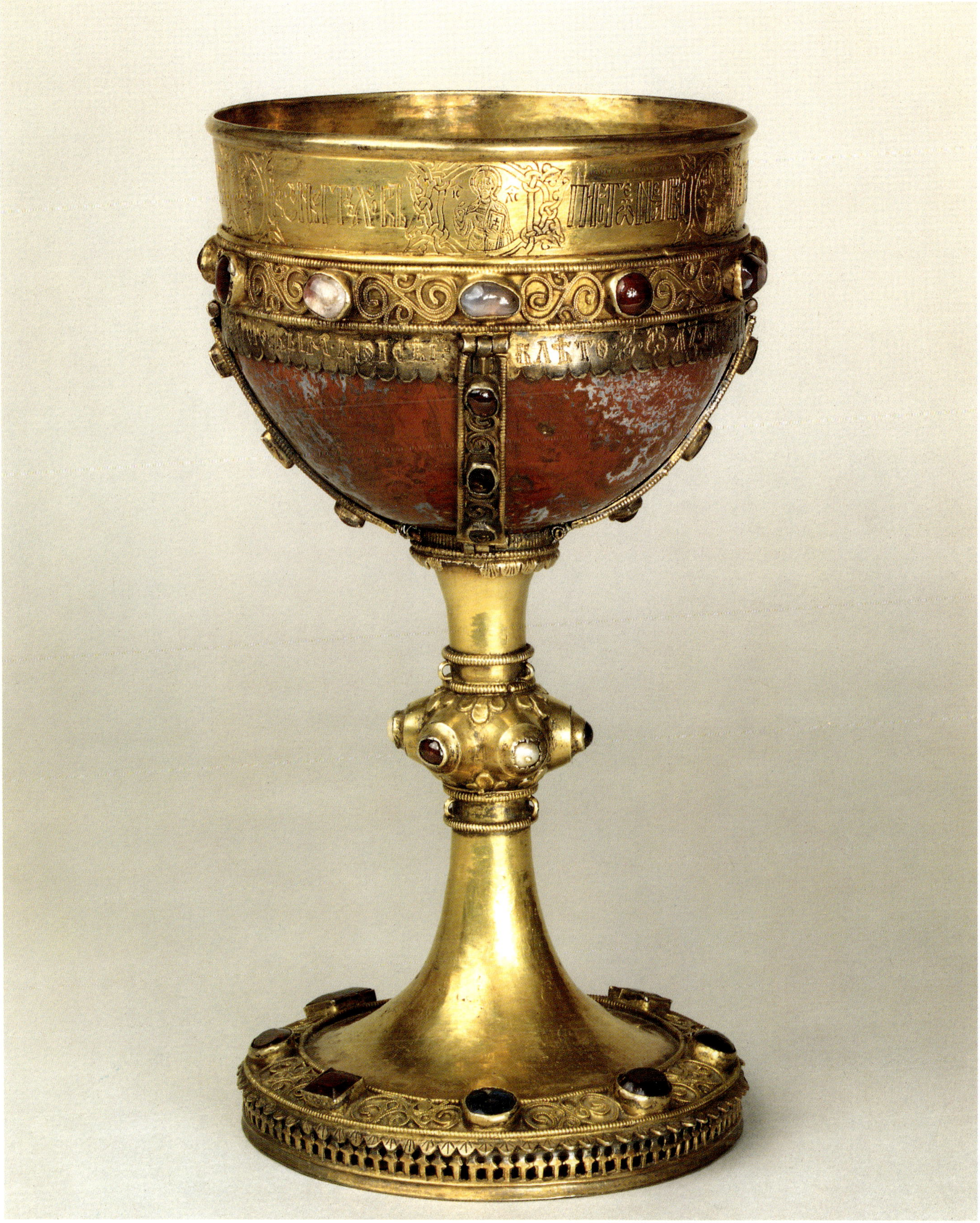

12 Bekrönung vom Oklad der Ikone der »Gottesmutter Bogoljubskaja«

Moskau, Ende 14.–Anfang 15. Jahrhundert
Gold, getrieben, granuliert, Filigran, Saphire, Almandine, Turmaline, Smaragde, Türkis, Perlen
Höhe 11,5 cm, Länge 8 cm
Inv.-Nr. MR-1040

Diese Krone schmückte die Ikone der »Gottesmutter Bogoljubskaja«, die zu den besonders verehrten Ikonen der Verkündigungs-Kathedrale des Moskauer Kreml gehörte. Seit der Besetzung Moskaus durch die Napoleonische Armee ist die Ikone spurlos verschwunden. Einzelteile ihres reichen Oklads blieben jedoch durch Zufall erhalten, darunter auch die prächtige goldene Krone, die aus fünf Tafeln mit oben dreifach gewölbtem Abschluß besteht. Ähnlich geformte Kronen finden sich auch im 15. Jahrhundert, beispielsweise bei dem Filigran-Oklad der berühmten Ikone der »Gottesmutter von Vladimir«, die im Auftrag von Metropolit Fotij angefertigt wurde. Die dekorative Ausführung der Krone ist bemerkenswert. Sie wird geschmückt von Filigranwerk mit spiralförmig gedrehten Ranken, die in Granulationsperlen enden. Die Edelsteine befinden sich in hohen Bogenfassungen und sind am Rand von Wellenbändern umgeben. Die Art der Fassung und Ausschmückung der Edelsteine läßt sich mit Objekten des 12. Jahrhunderts vergleichen, insbesondere mit Gegenständen eines einzigartigen Schatzes, der Anfang des 19. Jahrhunderts an der Stelle der alten Stadt Rjazan' gefunden wurde, wo er vor dem Mongoleneinfall vergraben worden war. Die Ausrichtung auf die Kunst der vormongolischen Zeit ist wiederum typisch für die Kunst Moskaus in der Zeit um 1400.

Literatur: М. В. Мартынова, Оклад иконы «Богоматеръ Млекопитателъница» из собрания Музеев Московского Кремля // Древнерусское искусство XIV–XV веков. Москва 1984. С. 101–112; Государственная Оружейная палата. Москва 1988. С. 46, ил. 22.

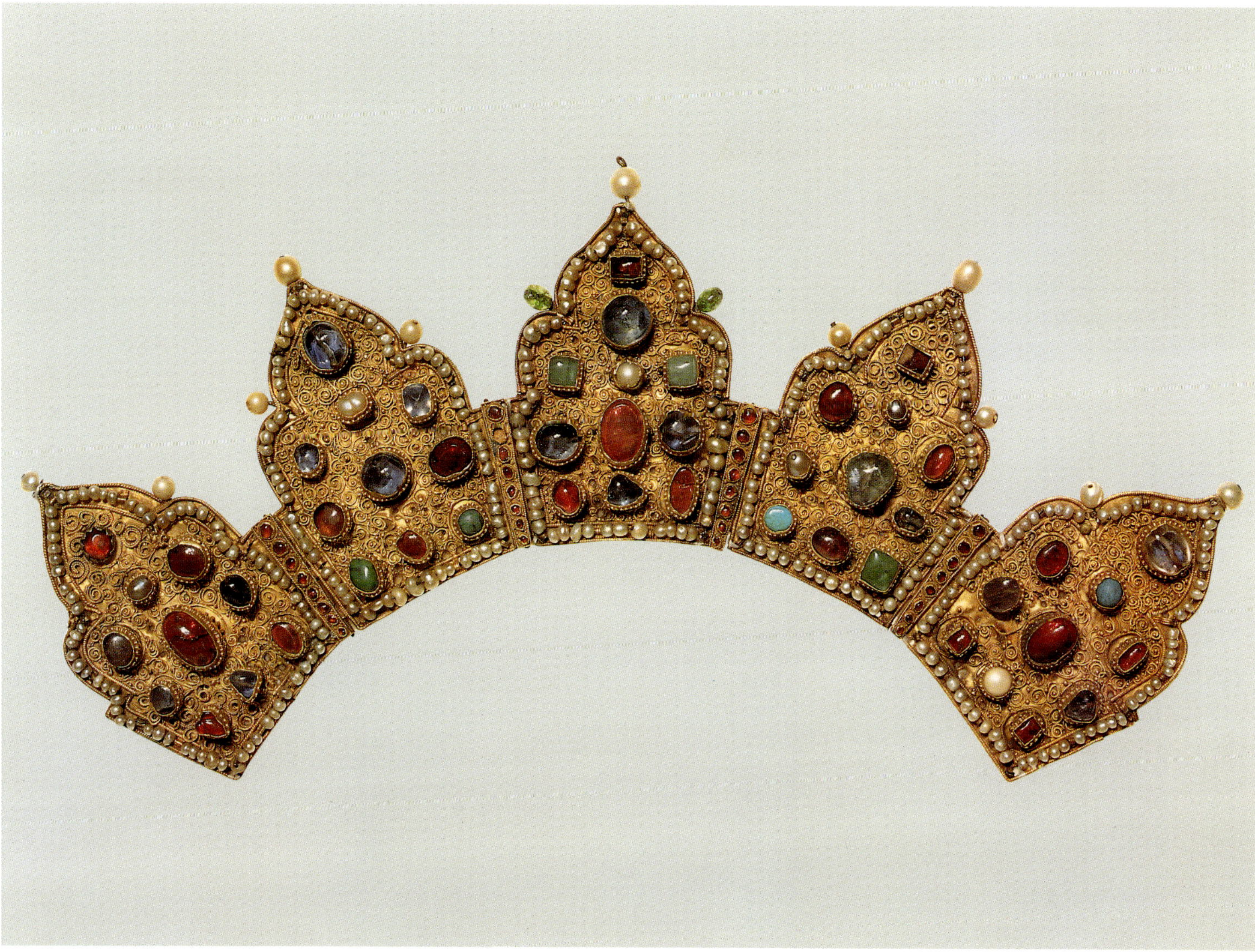

13 Cata mit drei Anhängern

Moskau, Ende 14.–Anfang 15. Jahrhundert
Gold, getrieben, Filigran, Saphire, Turmaline, Almandine, Perlen, Perlmutt
Zierkragen: Höhe 7,5 cm
Anhänger: Länge 4,5 cm
Inv.-Nr. MR-3683

Diese halbmondförmige Cata, der Zierkragen einer Ikone mit drei Anhängern, ist eines der wenigen erhaltenen Kleinodien aus dem großfürstlichen Moskau. Sie gehörte zum Schmuck des Oklads der Ikone der »Gottesmutter Bogoljubskaja«. Auffallend bei der Ausschmückung ist die Verwendung von kegelförmigen Filigranperlen, die zwischen Steinfassungen verteilt sind. Diese sind ihrerseits mit Wellenbändern versehen, was auf die stilistische Nähe zur russischen Kunst aus der Zeit vor dem Mongoleneinfall hindeutet. Die am Rand erhaltenen Ösen dienten wohl zur Aufhängung von Perlen. Die Verwendung von Edelsteinen im Cabochonschliff zusammen mit Perlen ergab eine im alten Rußland überaus geschätzte Farbigkeit.
Die Cata ist in Einzelheiten in allen Inventaren der Verkündigungs-Kathedrale erwähnt. Sie kam nach 1920 von dort in die Rüstkammer.

Literatur: С. Я. Коварская, И. Д. Костина, Е. В. Шакурова, Русское золото XIV – начала XX века из фондов Государственных музеев Московского Кремля. Москва 1987. С. 10. – *Ausst. Kat.:* Tradizioni nella gioielleria Russa e sovietica dal XII al XX secolo. Alessandria 1988. No. 3.

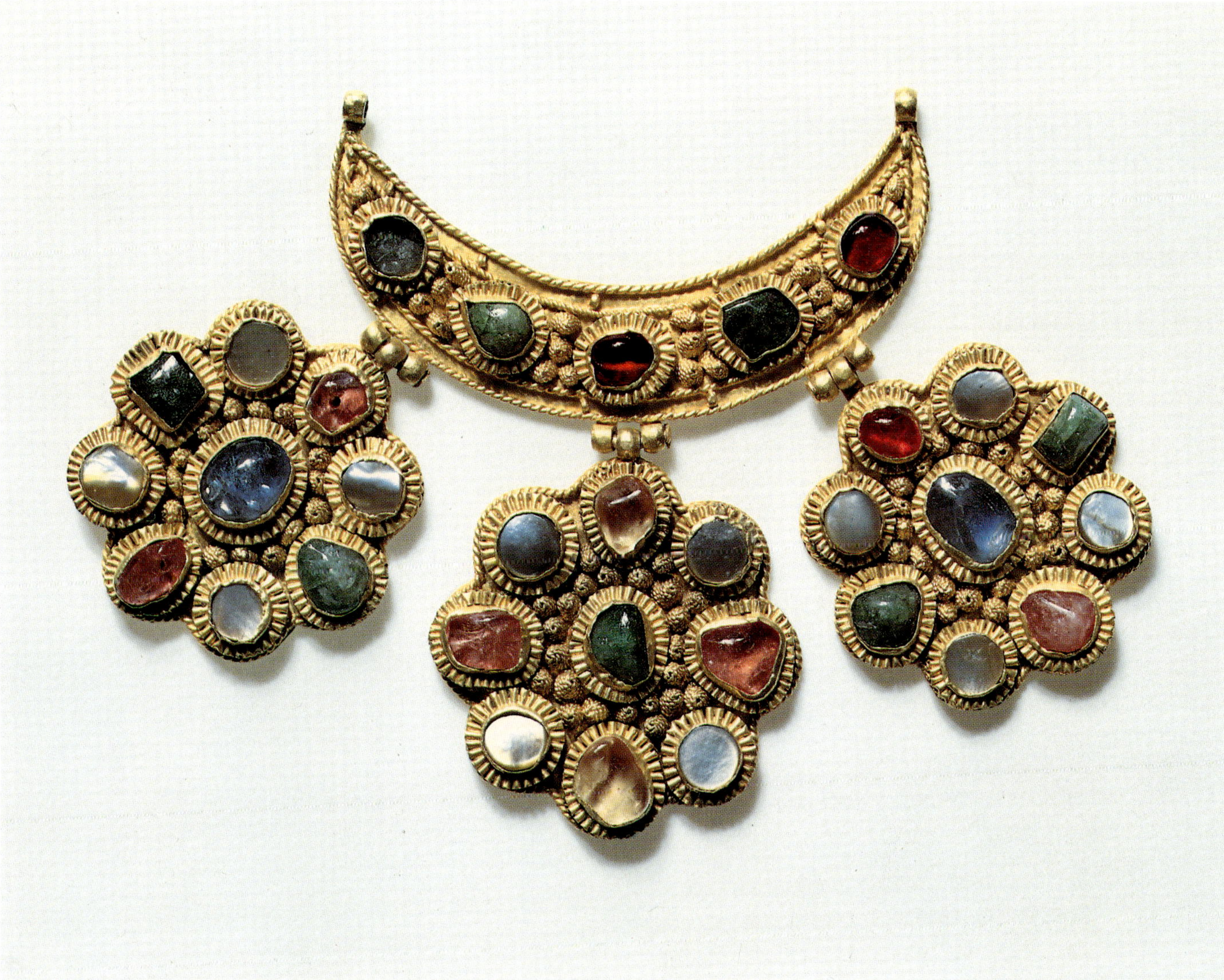

14 Skladen'-Ikone (Diptychon) mit Darstellung »Lob der Gottesmutter«

Moskau (?), 2. Hälfte 15. Jahrhundert
Holz, geschnitzt, Gold, Silber, getrieben, Filigran, Smaragd, Saphire, Almandine, Amethyste, Chalcedon, Perlen
Höhe 13,7 cm, Breite 9,2 cm
Inv.-Nr. DK-7

Der in Holz geschnitzte Skalden'-Anhänger gehört zu den hervorragendsten Beispielen der russischen Kleinplastik. Im mittelalterlichen Rußland hatte diese Form der Skulptur im Gegensatz zu Westeuropa eine weitere Verbreitung als die Monumentalplastik. Miniaturikonen, Brustkreuze und -anhänger mit in Holz, Bein oder Stein geschnitzten Darstellungen fanden in unterschiedlichen Schichten der russischen Gesellschaft Verwendung. Gegenstände für den fürstlichen Hof oder den der Metropoliten sowie für die vornehmen Bojarenfamilien wurden von überaus kunstfertigen Handwerkern geschaffen. Die besten Goldschmiede stellten die wertvollen Fassungen für die Reliefs aus Silber und aus Gold her, die auch mit Perlen und Halbedelsteinen versehen wurden. Einzelne Beispiele wurden zur Erinnerung eines bestimmten Ereignisses im Leben des Auftraggebers angefertigt, der manchmal auch die Darstellung und künstlerische Ausführung des Stückes bestimmte.
Zu diesen auf Bestellung angefertigten Miniaturanhängern gehört auch der Skladen' mit der Darstellung »Lob der Gottesmutter«. Er wird wohl für ein Mitglied der Moskauer Großfürstenfamilie hergestellt worden sein. Hierfür spricht die meisterhafte Schnitz- und Goldschmiedearbeit, der Wert der Materialien sowie die Geschichte des Diptychons, das zu einer der kostbarsten Reliquien der großfürstlichen Hofkirche, der Verkündigungs-Kathedrale, gehörte. Auf den Innenseiten der Diptychonflügel befinden sich Reliefdarstellungen der Propheten sowie kirchlicher Feste. Die Rückseite des Skladen' ist mit einer vergoldeten Silberplatte bedeckt, die gravierte Darstellungen des hl. Joann Zlatoust, hl. Vasilij Velikij, hl. Grigorij Bogoslov sowie der Moskauer Heiligen Leontij von Rostov, Metropolit Peter, Metropolit Alexej und Sergej von Radonež zeigt. Diese Heiligen wurden als die Beschützer der russischen Herrscher und als Patrone Moskaus verehrt.

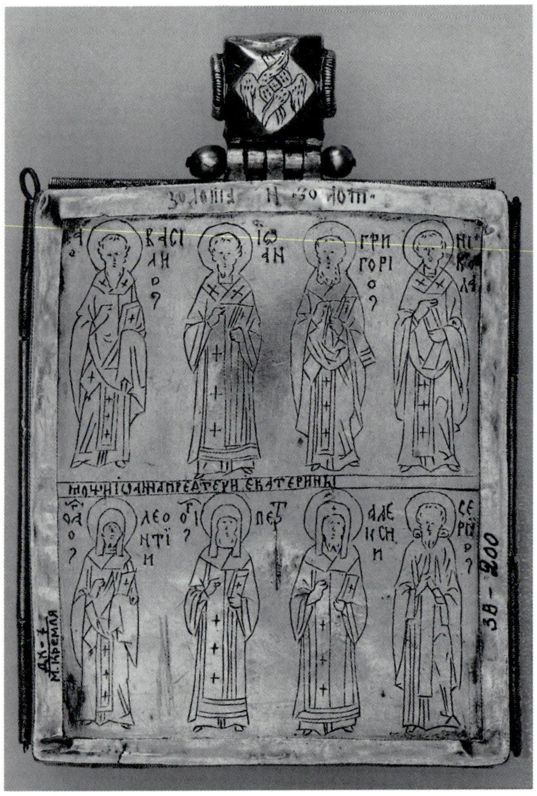
Rückseite des Skladen' mit gravierten Darstellungen von acht Heiligen, die als Beschützer der russischen Herrscher und als Patrone Moskaus verehrt wurden.

Literatur: Г.Д. Филимонов, К протоколу XVIII, 7 (11 дек. 1866 г.) // Вестник Общества древнерусского искусства при Московском публичном музее. Москва 1875. NN 6–10. Приложения к протоколам. Официалъный отд. С. 51; А.С. Орлов, Библиография русских надписей XI – XV вв. Москва; Ленинград 1952. С. 159, N 281; Т.В. Николаева, Икона-складенъ XV в. и поход Ивана III на Новгород // Кулътура средневековой Руси. Москва 1974. С. 172–177; А.В. Рындина, Древнерусская мелкая пластика. Москва 1978. С. 104–105 – *Ausst. Kat.:* L'URSS et la France. Les grands moments d'une Tradition. Paris 1974. No. 552.

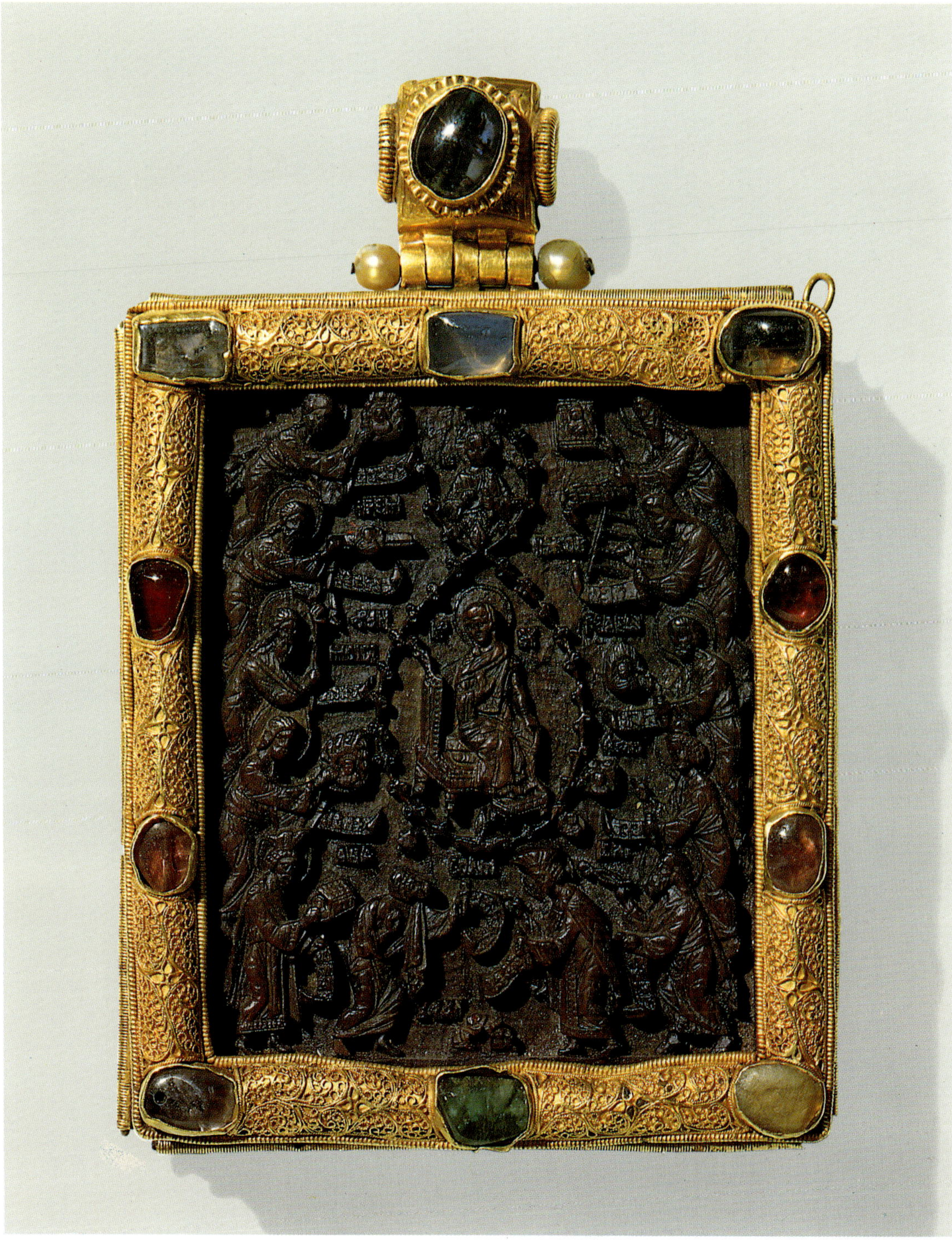

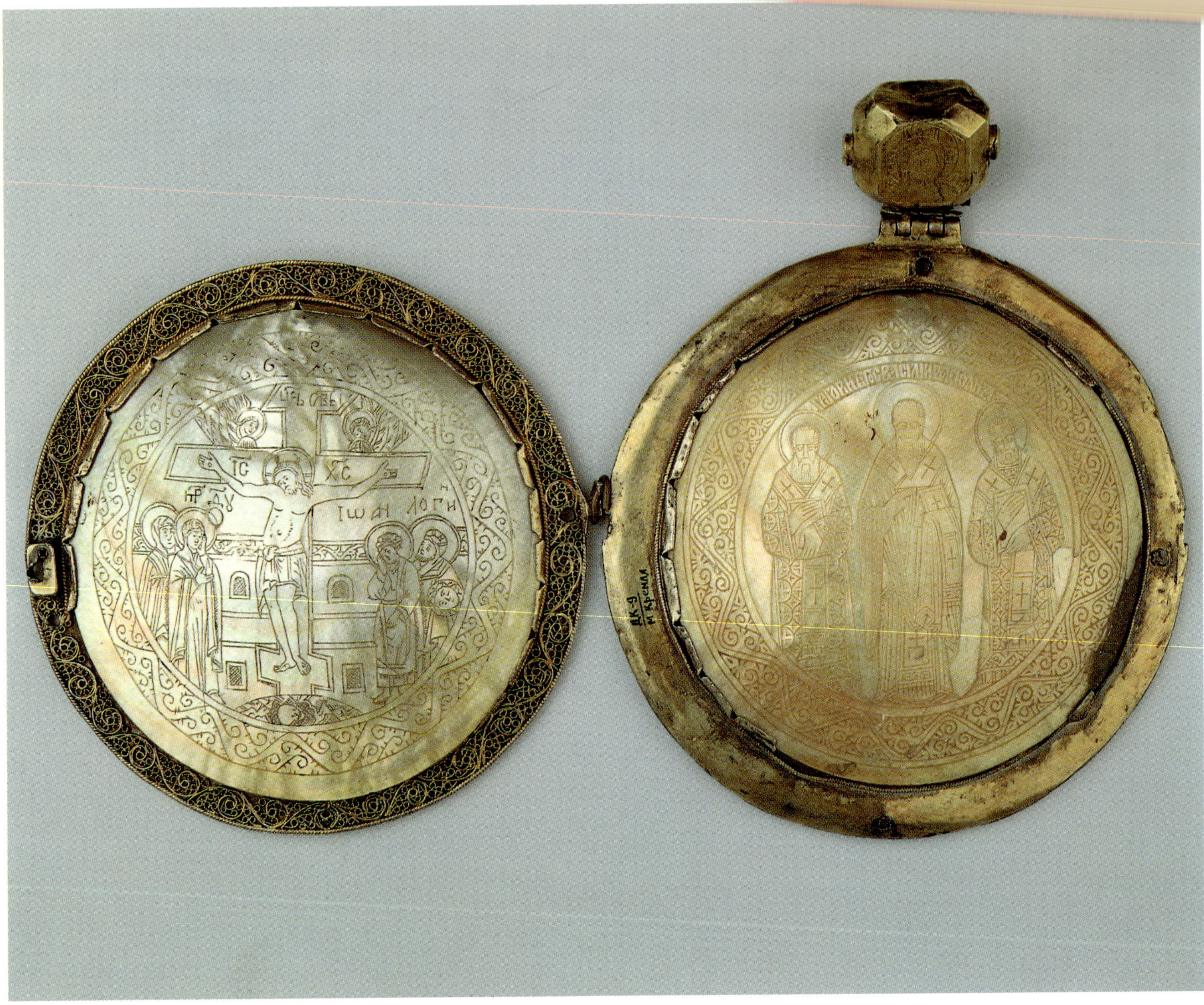

15 Panagia

Moskau (?), 1. Hälfte 15. Jahrhundert
Perlmutt, geschnitzt, Silber, getrieben, vergoldet, Filigran
Höhe 18 cm, Breite 15 cm
Inv.-Nr. DK-9

Die runde, beidseitig bearbeitete Panagia gehört zu den am weitesten verbreiteten Beispielen der russischen Kleinplastik des 15. und 16. Jahrhunderts. Ihr häufiges Vorkommen hängt mit dem kirchlichen Brauch der Verwendung als Behältnis für die zu Ehren der Gottesmutter geweihten Prosphoren zusammen. Aufgrund der symbolischen Zusammenhänge wurden traditionellerweise auf den Innenseiten die Gottesmutter des Zeichens sowie die alttestament-

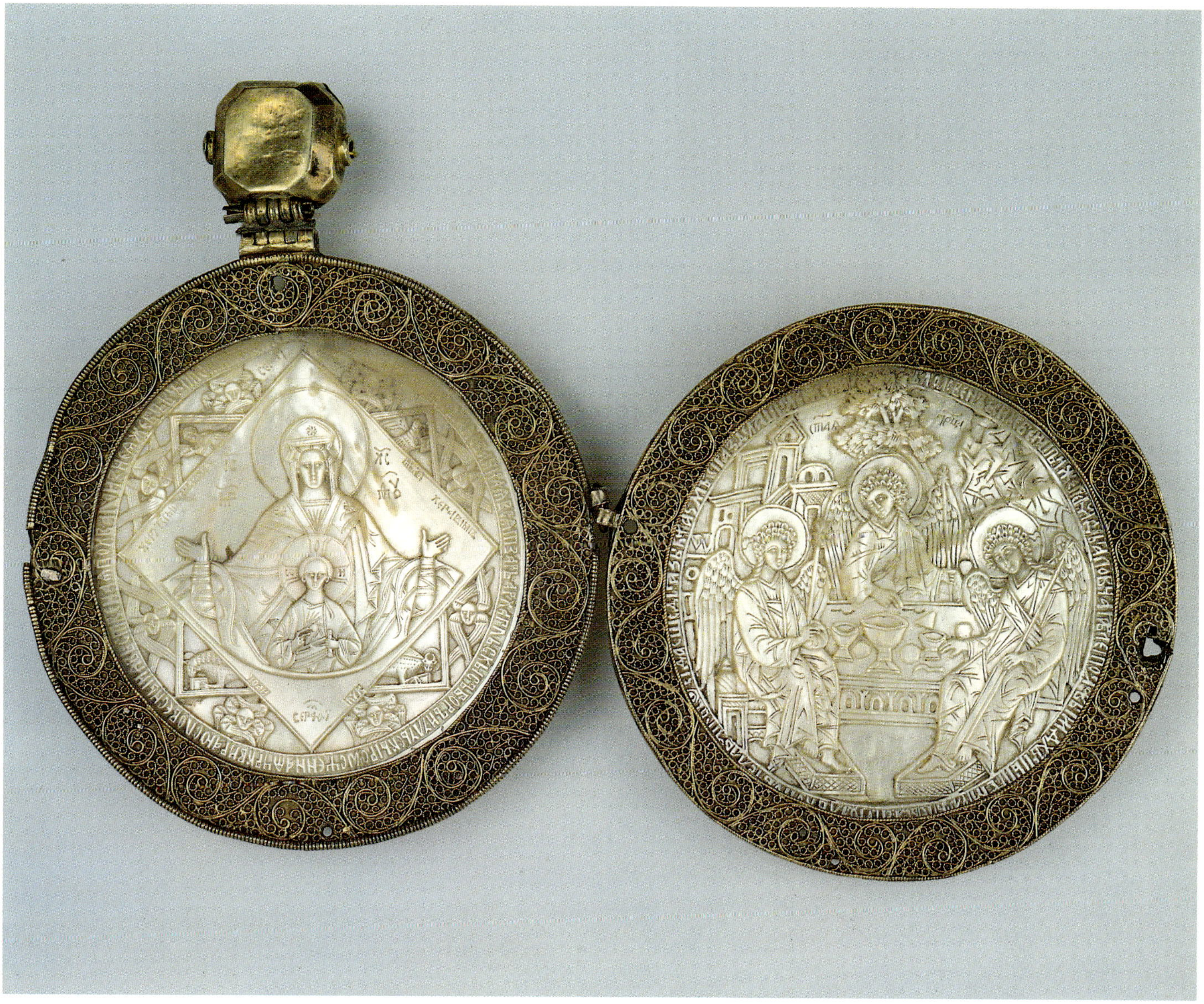

liche Dreifaltigkeit dargestellt. Manchmal nahm man kleinere Stücke des geweihten Brotes mit sich auf die Reise, worauf der Typus der sogenannten Reise-Panagia zurückgeht – ein kleineres, rundes zweiteiliges Behältnis, das dem hier gezeigten nahesteht. Später hatte sich diese Art Panagia offensichtlich in die Form einer auf der Brust zu tragenden Ikone entwickelt, die dann zu einem Würdezeichen der höchsten Geistlichkeit wurde.

Die große Panagia ist angefertigt aus einem Material, das für die russische Kunst dieser Zeit äußerst selten war, nämlich aus einer großen Perlmuttmuschel. Die Gottesmutter des Zeichens in flachem Relief ist von Darstellungen der Evangelistensymbole sowie Cherubim und Seraphim umgeben. Die Komposition der Dreifaltigkeit läßt sich mit der berühmten Ikone Andrej Rublevs vergleichen, wobei jedoch das Übermaß an ausgemalten Details fehlt, was typisch für die russische Kunst dieses Zeitalters war. Auf den Außenseiten sind gravierte Darstellungen der Kreuzigung sowie der Kirchenväter: Joann Zlatoust (Johannes Chrysostomos), Grigorij Bogoslov (Gregor von Nazianz) und Vasilij Velikij (Basileios von Kaisareia).

Die Panagia entstammt der Verkündigungs-Kathedrale. Die Inventare dieser Kirche aus dem 17. Jahrhundert enthalten interessante Zeugnisse über ihren Gebrauch bei Zeremonien des Zarenhofs im Zusammenhang mit Gedenkgottesdiensten.

16 Čarka

Moskau, 1515
Gold, getrieben, ziseliert, Niello, Email, Perlen
Länge (mit Griff) 16,5 cm, Höhe 3,2 cm
Inv.-Nr. MR-1155

Čarki und Čary sind niedrige, runde Trinkgefäße, deren Form seit altersher in Rußland bekannt ist. Von den Čarki des 16. Jahrhunderts im Besitz der Rüstkammer stammt die älteste aus dem Jahr 1515. Die glattwandige Čarka zeigt in der Mitte der flachen Schale die Darstellung eines Doppeladlers, der mit dünnen Niellolinien ausgeführt ist, auf dem geschweiften Griff Rankenmotive in schwarzem Email.

Die Čarka gehörte Großfürst Vasilij III., dem Vater Ivan des Schrecklichen; er wird als Besitzer in der Randumschrift genannt. Auf der Rückseite des Griffs befindet sich noch eine zusätzliche gravierte Inschrift, die besagt, daß diese Čarka von der Mutter des Zaren Michael Fedorovič Romanov, der Nonne Martha, erworben und diesem zum Osterfest 1616 geschenkt wurde. Unbekannt ist, bei wem die Čarka gekauft wurde, auch scheint es unmöglich festzustellen, wann und auf welche Weise sie das erste Mal aus der Hofschatzkammer entnommen worden war. Wahrscheinlich ist, daß dies zu Anfang des 17. Jahrhunderts während der sogenannten Zeit der Wirren

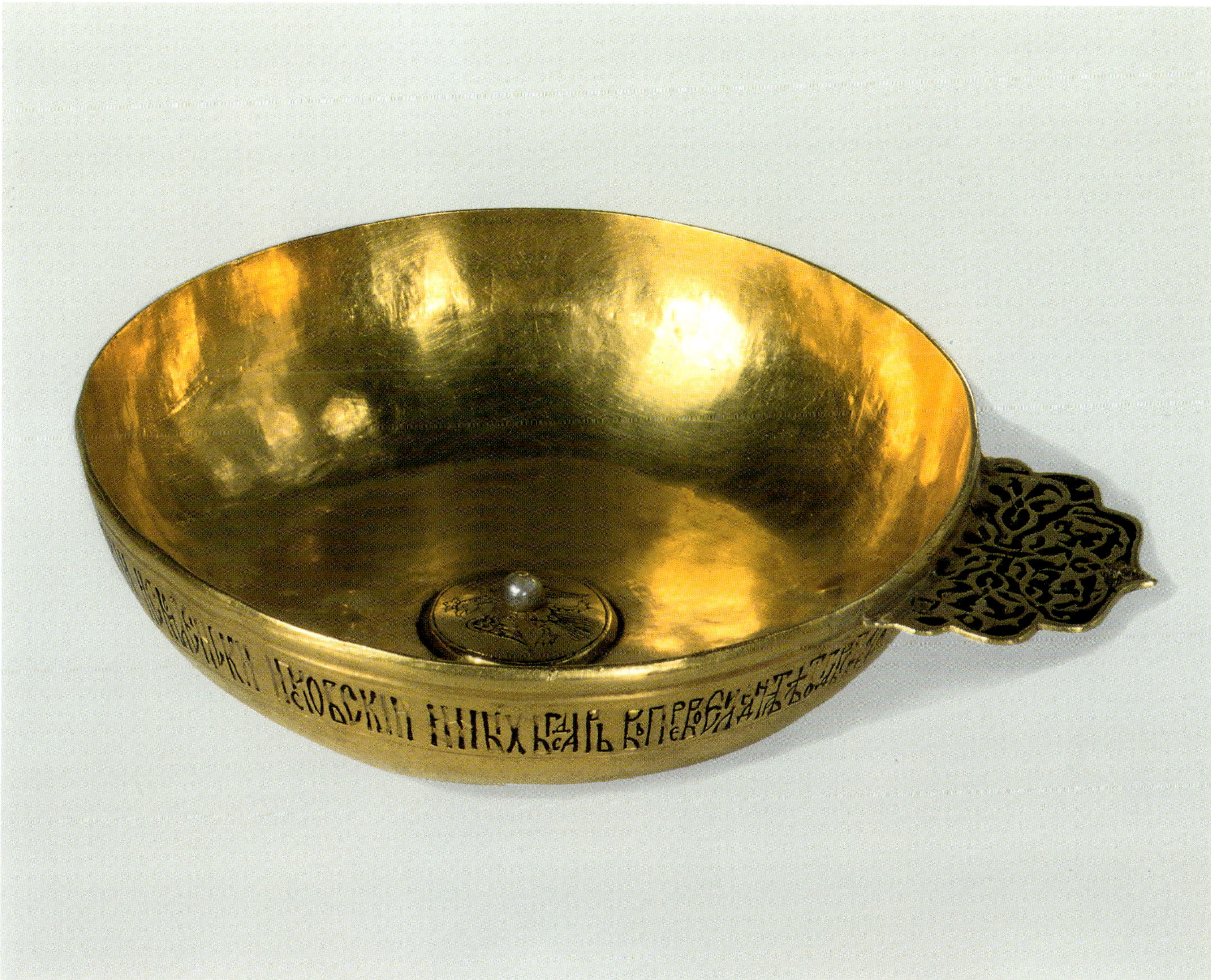

geschah, als Moskau besetzt und die Zarenschatzkammer ausgeraubt wurde. Archivdokumente geben in bunten Details Zeugnis von der großen Anzahl der spurlos verschwundenen Kostbarkeiten, die entweder eingeschmolzen oder verkauft wurden. Die Čarka gehört zu den seltenen Stücken, die nach den »Wirren« wieder in den Zarenschatz zurückkehrten.

Literatur: Савва, епископ Можайский Указателъ Московской патриаршей ризницы. Москва 1863. С. 46, ил. 13; М. М. Постникова-Лосева, Золотые и серебряные изделия мастеров Оружейной палаты XVI–XVII веков Государственная Оружейная палата Московского Кремля. Москва 1954. С. 164–166, ил. 11.

17 Panagia

Moskau, Werkstätten des Kreml, 16. Jahrhundert
Sardonyx, Gold, Silber, ziseliert, Email, Niello, Diamanten, Rubine, Turmaline, Perlen
Höhe (mit Aufhänger) 16 cm, Breite 12 cm
Inv.-Nr. DK-131

In der Mitte dieser goldenen Panagia, die mit Edelsteinen, Perlen und Filigran-Email dekoriert ist, befindet sich ein ovaler dreischichtiger Sardonyx mit der Darstellung Johannes des Täufers. Unter den Gegenständen der Steinschneidekunst, die bis heute erhalten sind, nimmt diese Kamee aufgrund ihrer Größe und der Qualität des Steinschnitts einen hervorragenden Platz ein. Die eigenartige Struktur des Sardonyxes, die ovale Form mit dem charakteristischen abgeschrägten, dunklen Rand weist auf die Herkunft aus Italien hin, das mit Rußland im 16. Jahrhundert auch lebhafte Handelsbeziehungen unterhielt. Bezüglich der in den Stein geschnittenen Darstellung läßt sich aufgrund der Linienführung jedoch kein Zusammenhang mit westeuropäischen Steinschneidekünstlern feststellen.
Johannes der Täufer ist hier als »Engel in der Wüste« ganzfigurig, frontal, mit lang vom Rücken herabfallenden Flügeln dargestellt. In seiner linken Hand hält er einen Stab mit Kreuzbekrönung sowie eine Schale mit seinem abgeschlagenen Haupt, dem Symbol seines Märtyrertodes. Ähnliche Ikonen des Heiligen waren allgemein typisch für die orthodoxe Kunst und fanden eine weite Verbreitung durch die Kunst von Byzanz in den Balkanländern und in Rußland. Offensichtlich hatte eine dieser Ikonen des geflügelten Heiligen dem Steinschneider als Vorbild gedient. Johannes der Täufer war der Namensheilige des Zaren Ivan der Schreckliche, und anscheinend war die prächtige, in Gold gefaßte Kamee speziell für ihn angefertigt worden. Die Rückseite der Panagia ist mit Emaildekor und gravierten Inschriften mit Bezeichnungen der enthaltenen Reliquien versehen. Zweimal verschwand die wertvolle Panagia aus dem Zarenschatz, kam jedoch durch glückliche Umstände wieder zurück in den Besitz des Moskauer Kreml. Das erste Mal geschah dies während der schwedisch-polnischen Intervention zu Beginn des 17. Jahrhunderts. Das zweite Mal verschwand sie zu Beginn des 20. Jahrhunderts aus dem Winterpalais in St. Petersburg, wohin sie schon im 18. Jahrhundert aus Moskau gelangt war. Im Juli 1927 wurde die Panagia aus dem Magazin der Moskauer Juwelier-Vereinigung der Rüstkammer übergeben. Sie zählt mit Recht zu den Hauptstücken des Museums.

Literatur: М. М. Постникова-Лосева, Золотые и серебряные изделия мастеров Оружейной палаты XVI–XVII веков Государственная Оружейная палата Московского Кремля. Москва 1954. С. 136, ил. 34; М. М. Постникова-Лосева, Три камеи Государственной Оружейной палаты // Памятники культуры. Новые открытия. Ежегодник 1975 г. Москва 1976. С. 220–233. – *Ausst. Kat.:* L'URSS et la France. Les grands moments d'une Tradition. Paris 1974. No. 543.

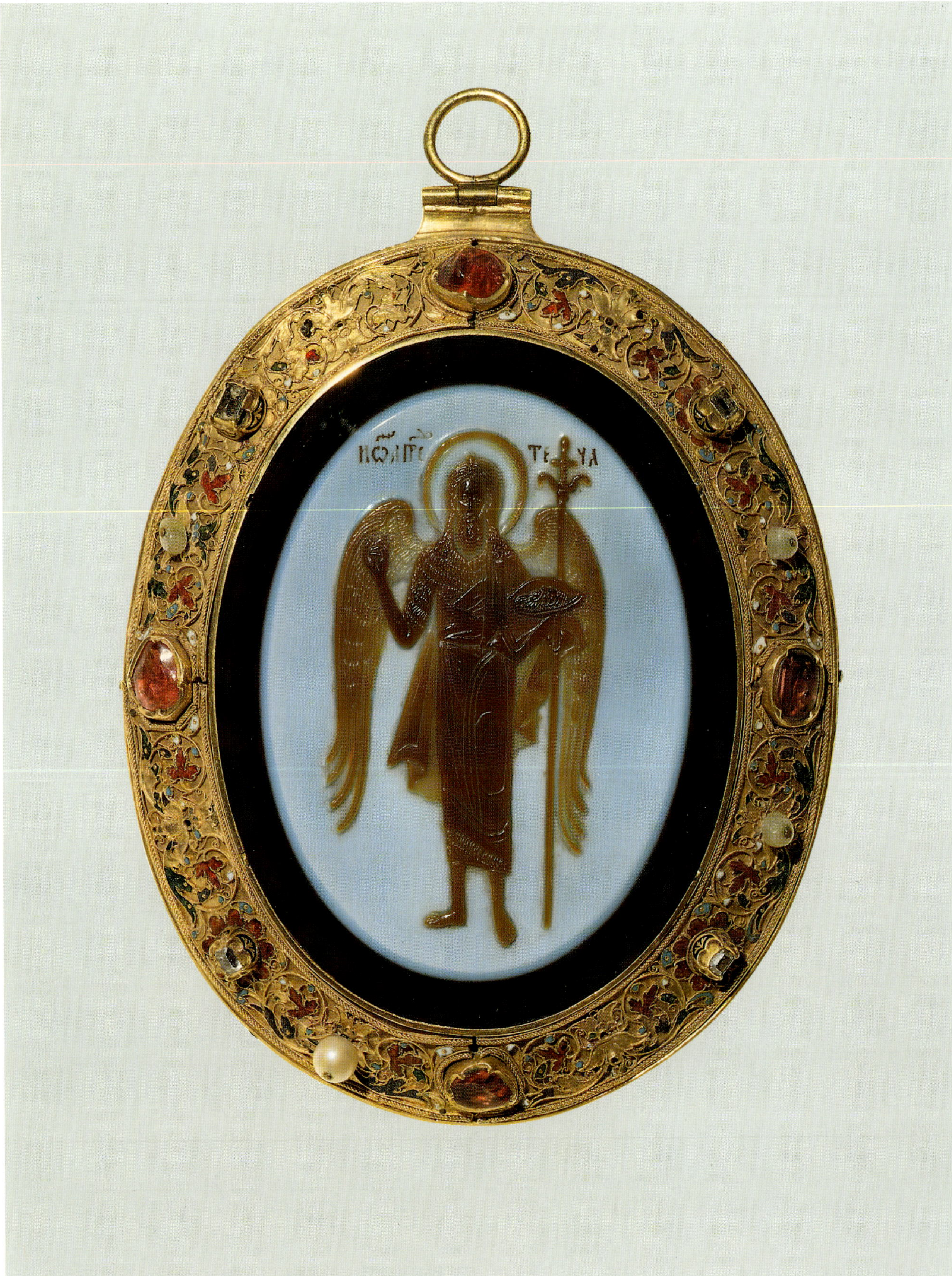

Kat. 17 Vorderseite

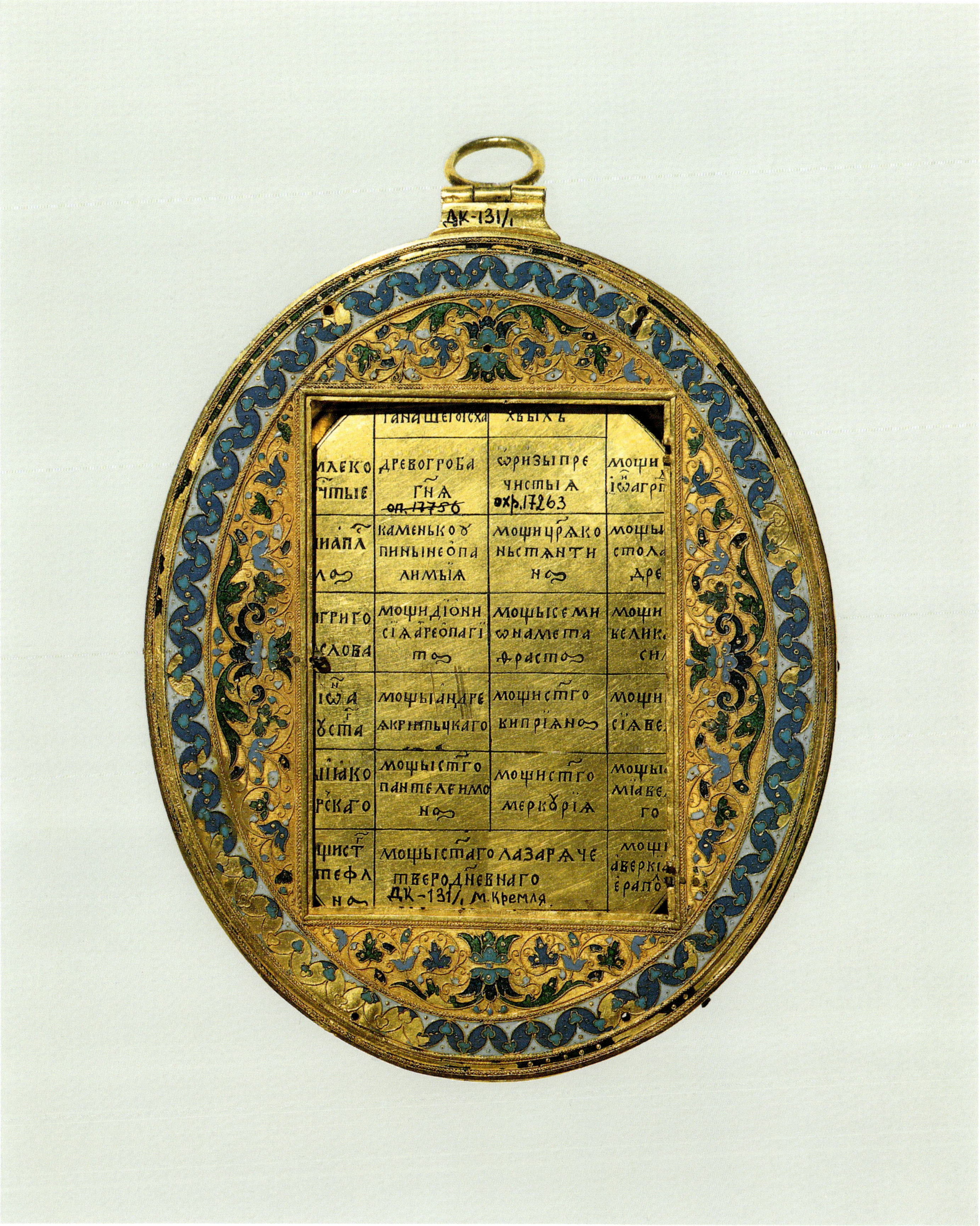

Kat. 17 Rückseite

18 Ikonen-Triptychon mit Deesis

Moskau, Werkstätten des Kreml (?), Ende 16. Jahrhundert
Silber, getrieben, vergoldet, Filigran, Email, Holz, Gewebe, Eitempera
Höhe 12 cm, Breite 17,5 cm; Gesamtbreite 52,5 cm
Inv.-Nr. SH-1748/1-4

Die Deesis, die sich als Teil in der kanonischen Reihe der Heiligen versteht, verkörpert die Idee der hierarchischen Ordnung der Menschen vor Christus. Sie ist als geistiges Zentrum der mit mehreren Reihen von Ikonen versehenen Ikonostase zu verstehen, die den Altarraum von der Kirchengemeinde trennt. Neben der Hauptikonostase konnten sich auch noch kleinere Ikonostasen in einer Kirche befinden, die an den Wänden oder um die zentralen Säulen verteilt waren. Auch dieses Triptychon gehörte wohl zu einer der kleineren Ikonostasen.

Der Filigranschmuck der Fassung dieser Ikone läßt sich aufgrund der Komposition und einzelner Elemente mit einer Wiederbelebung der Ornamentierungsfreudigkeit, insbesondere mit Emailschmuck, in Zusammenhang bringen. Die Farbpalette läßt sich verschiedenen Zentren der russischen Goldschmiedekunst zuschreiben. Hier jedoch findet sich eine starke Ähnlichkeit des Filigranschmuckes mit einer Reihe von genau datierten Objekten, die in Moskau gegen Ende des 16. Jahrhunderts angefertigt wurden, insbesondere Kreuzen aus den Jahren 1594 und 1599, Auftragsarbeiten für Zar Boris Godunov. Dies legt die Vermutung nahe, daß das Triptychon in den Werkstätten des Moskauer Kreml angefertigt wurde.

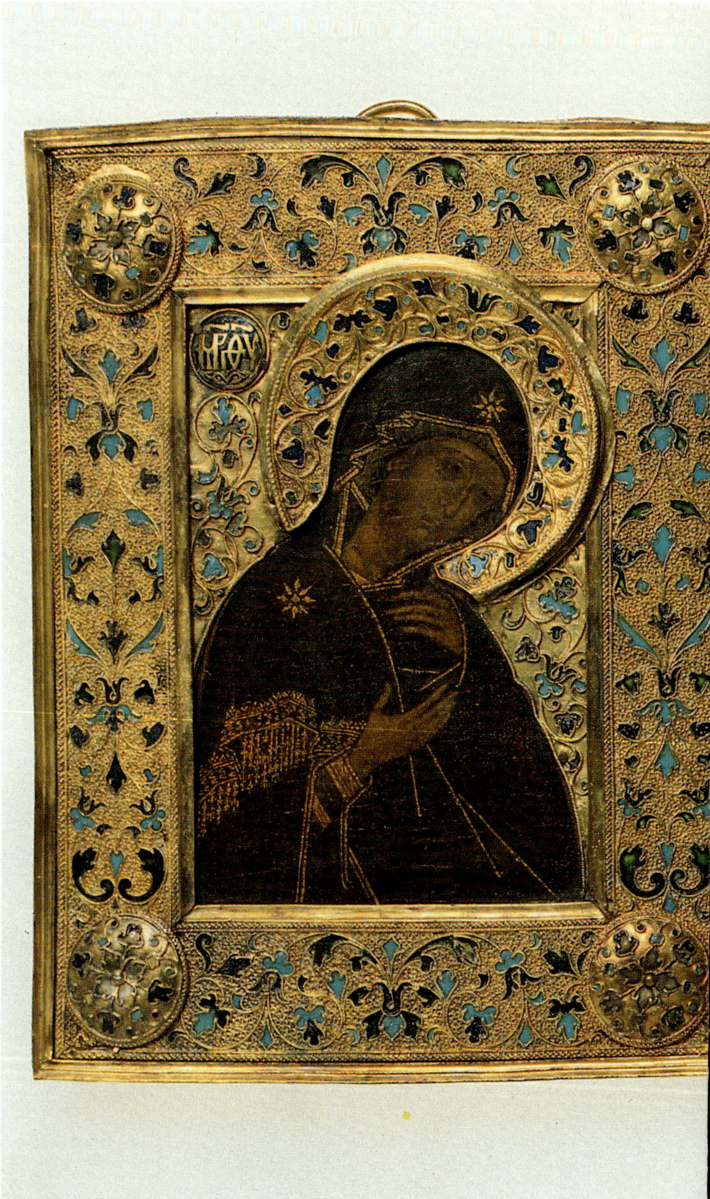

...M ÜBERSEE-
...USEUM BREMEN

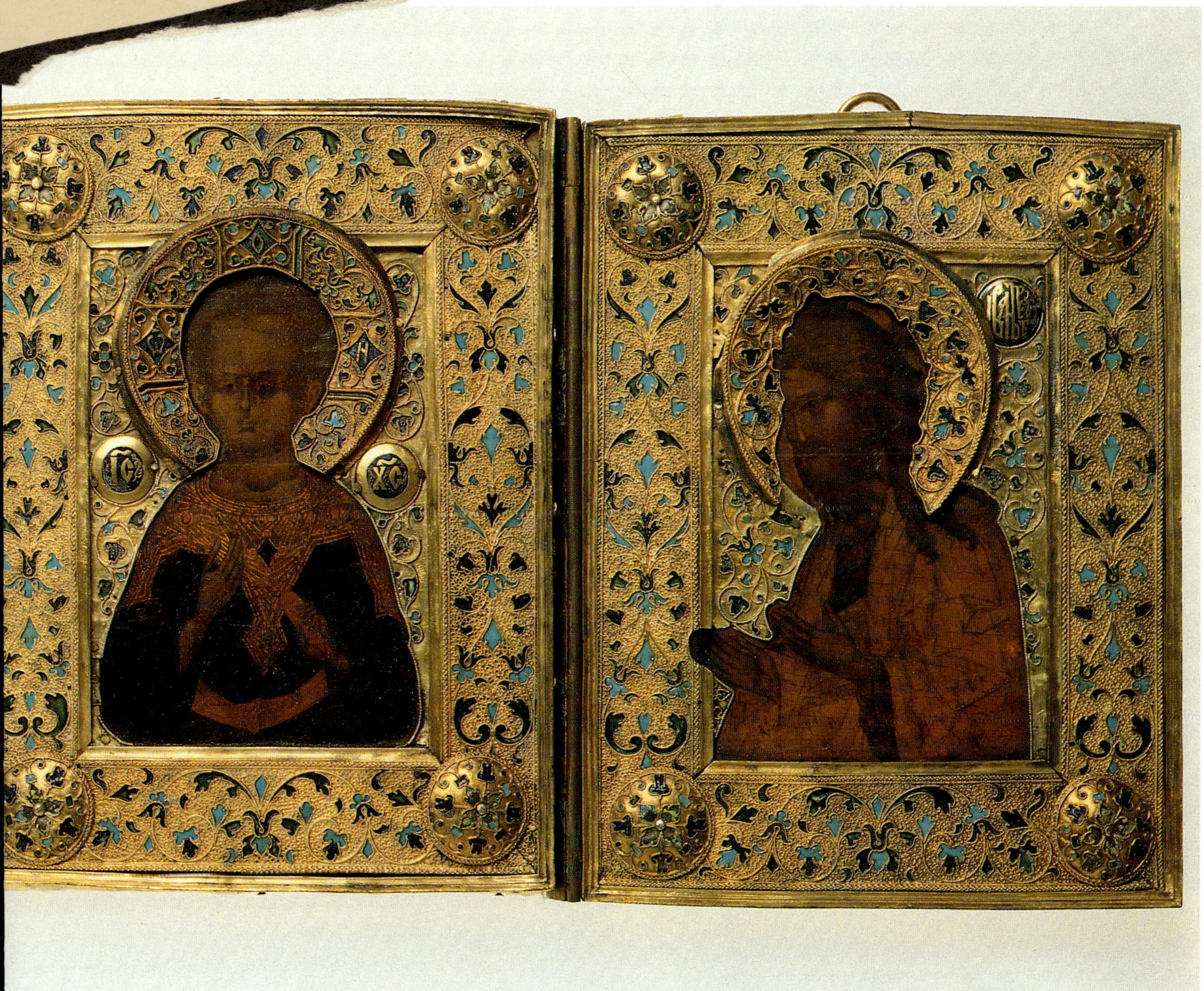

19 Brustkreuz

Moskau, Werkstätten des Kreml, 2. Hälfte 16. Jahrhundert
Gold, Silber, getrieben, ziseliert, granuliert, Filigran, Email, Saphir, Rubin, Perlen
Höhe 8,5 cm, Breite 5,5 cm
Inv.-Nr. DK-129

Die Form dieses Miniaturkreuzes ist ungewöhnlich für die russische Kunst des 16. Jahrhunderts. Der hellblaue, mit der Kreuzigung in Relief geschnittene Saphir, an dessen Seiten sich eine griechische Inschrift befindet, hat auf der Rückseite eine offene Fassung, um das Licht durchscheinen zu lassen. Ähnlich gearbeitete Steine sind in der Goldschmiedekunst Rußlands nicht bekannt. Trotzdem ist das Kreuz in der goldenen Fassung mit dem typischen Filigran-Email und winzigen goldenen Perlgranulierungen zweifellos während der zweiten Hälfte des 16. Jahrhunderts in den Werkstätten des Moskauer Kreml ausgeführt worden. Es hatte anfangs wohl dem Zaren Ivan dem Schrecklichen gehört. Bekannt ist, daß das Kreuz im Jahre 1627 von der Zarin Evdokija Lukjanovna, der Gemahlin des ersten Zaren der Romanov-Dynastie Michail Fedorovič, ihrer Tochter, der Carevna (Prinzessin) Irina Michajlovna, bei ihrer Geburt oder Taufe geschenkt wurde. Eines der Archivdokumente gibt davon Nachricht, daß die Zarin das Kreuz »von ihrem Halsschmuck« abgenommen hatte.
Das Kreuz wurde in der Schatzkammer der Prinzessin Irina Michajlovna aufbewahrt, im 18. Jahrhundert kam es an die Riznica des Patriarchen, später an das kaiserliche Kabinett des Kremlpalastes, von wo es 1810 in die Rüstkammer übernommen wurde, in der es sich immer als Teil der Staatsregalien befand.

Literatur: Древности Российского государства. Москва 1849. Отд. 2. ил. 47; Опись Московской Оружейной палаты. Москва 1884. Ч. 1, кн. 1 С. 47–48, N 79, ил. 25; М.М. Постникова-Лосева, Золотые и серебряные изделия мастеров Оружейной палаты XVI–XVII веков // Государственная Оружейная палата Московского Кремля. Москва 1954. С. 196.

DAS GOLD
EM KREML
JUNI BIS 13. A

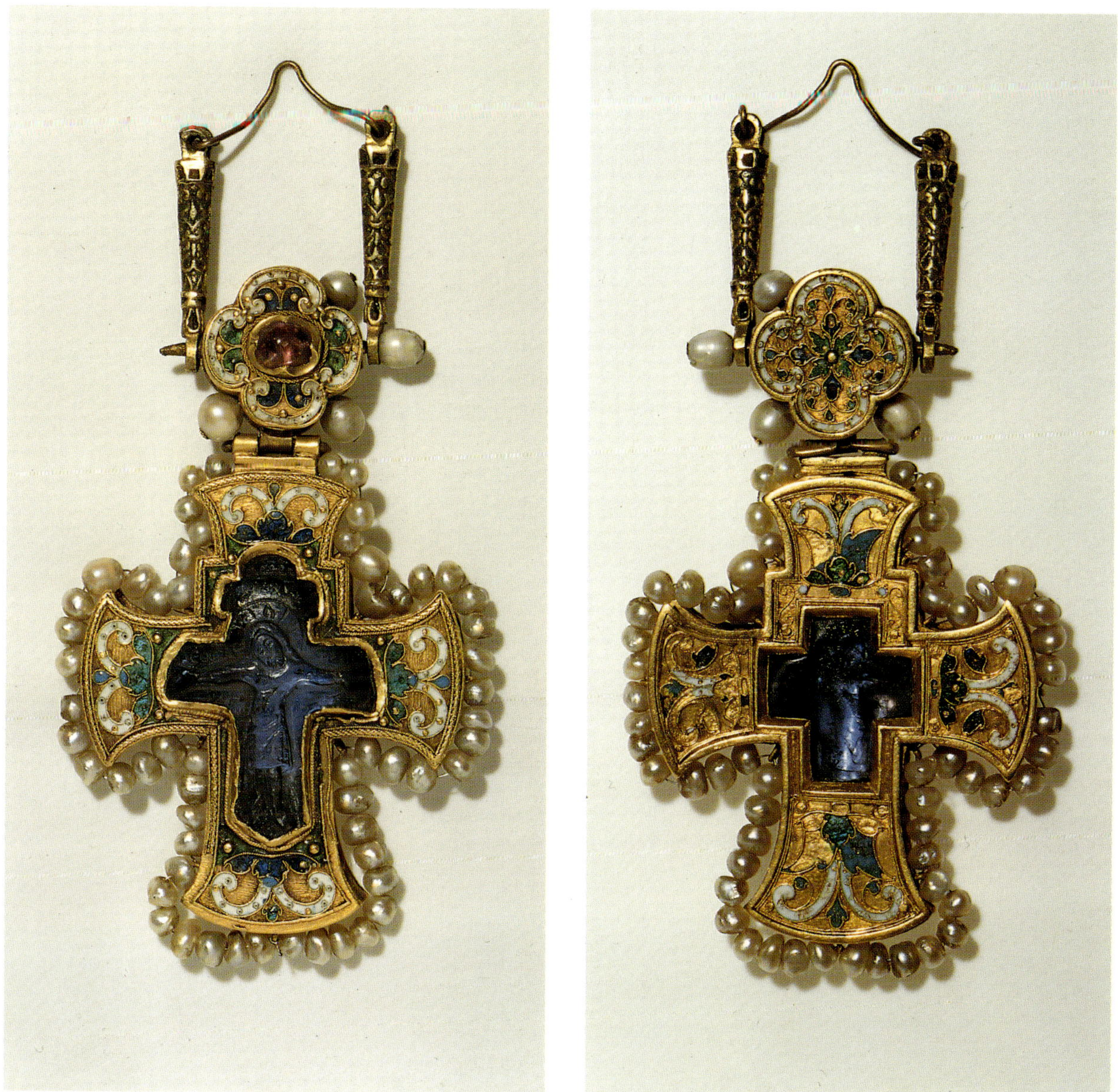

20 Kovš

Moskau, Werkstätten des Kreml, Ende 16. Jahrhundert
Gold, getrieben, ziseliert, Niello
Länge (mit Griff) 18,5 cm, Höhe 5,5 cm
Inv.-Nr. MR-1128

Dieser Gold-Kovš stammt aus dem Besitz Boris Godunovs und zeichnet sich durch seine Schlichtheit aus. Er ist von kleinem Format und gehört zum Typus der Trink-Kovš. Am äußeren Rand der niedrigen Wandung befinden sich zwei längliche und zwei runde Medaillons mit niellierten Inschriften, die den Namen und Titel des Zaren angeben. Es handelt sich um den einzigen erhaltenen Kovš aus dem Besitz Boris Godunovs, obwohl es aufgrund einer Auflistung seines Privatbesitzes ehemals eine bedeutende Anzahl von ihnen gegeben hat.
Im alten Rußland wurden wertvolle Gegenstände häufig in der Familie weitergegeben oder vererbt. So zählte im 17. Jahrhundert der Vetter des Zaren Michail Fedorovič, der Bojar Nikita Ivanovič Romanov, zu den späteren Besitzern des kleinen Kovš. Möglich ist, daß ihn der Bojar für irgendwelche Verdienste aus dem Hofbesitz erhalten hatte oder auch, daß er ihn als Verwandter des Zaren zum Geschenk erhielt. Nach dem Tod des kinderlosen Nikita Ivanovič im Jahr 1654 kehrte der goldene Kovš wieder in die Zarenschatzkammer zurück.

Literatur: Древности Российского государства. Москва 1853. Отд. 5. ил. 28; М. М. Постникова-Лосева, Золотые и серебряные изделия мастеров Оружейной палаты XVI–XVII веков // Государственная Оружейная палата Московского Кремля. Москва 1954. С. 170, ил. 11.

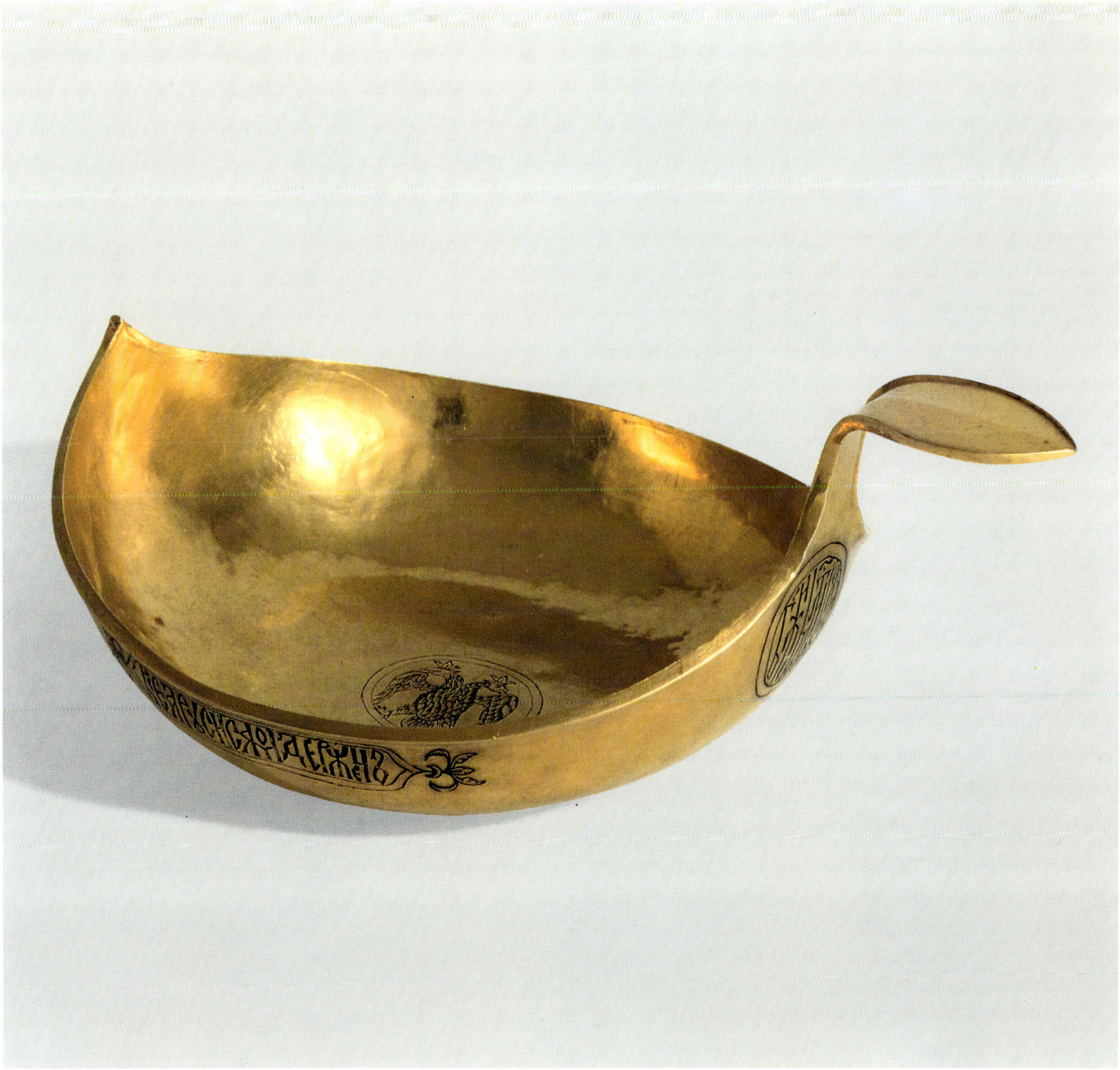

21 Panagia mit Kette

Moskau, Werkstätten des Kreml, Ende 16.–Anfang 17. Jahrhundert
Gold, Silber, getrieben, ziseliert, Niello, Topas, Smaragde, Turmaline, Saphire, Perlen
Höhe 10,5 cm, Breite 5,9 cm
Inv.-Nr. MR-1160/1-2

In der Mitte dieser goldenen Panagia mit silberner Kette befindet sich ein Rauchtopas mit der Reliefdarstellung des hl. Nikolaus. Die Gemme wird wohl als Arbeit eines russischen Meisters angesehen werden können. Ihre kostbare Fassung, geschmückt mit Perlen und Edelsteinen, hat ein Moskauer Goldschmied angefertigt. Auf der Rückseite der Panagia finden sich niellierte Darstellungen der hll. Boris und Gleb, der ersten nationalrussischen Heiligen, die im Jahr 1072 von der Kirche kanonisiert wurden. In der Moskauer Kunst des ausgehenden 16. Jahrhunderts finden sich diese Heiligen häufig dargestellt, nachdem der hl. Boris der Patron des Zaren Boris Godunov (1552–1605) war. Dieser führte praktisch schon zur Zeit des Zaren Fedor Ioannovič (regierte 1584–1598), der mit der Schwester Godunovs, Irina, verheiratet war, die Staatsgeschäfte. Zu der großen Zahl der höchsten Titel, die Boris Godunov führte, gehörte auch der des Statthalters »der großen Herrschaften – des Reiches Kazan und Astrachan«, kurz nachdem sie von Ivan dem Schrecklichen an Rußland angegliedert worden waren. Auf persönlichen Befehl von Boris baute man in Astrachan – dem südlichsten Vorposten des Reiches – eine mächtige Steinfestung, eine der stärksten des Landes. 1602 wurde das Erzbistum von Astrachan begründet. Zu ehrender Erinnerung dieses bedeutenden Ereignisses wird die wertvolle Panagia höchstwahrscheinlich für den ersten Erzbischof von Astrachan angefertigt worden sein. Sie gelangte 1923 aus Astrachan in die Rüstkammer. Die Darstellung der Namensheiligen von Boris Gudonov legen die Vermutung nahe, daß dieser der Auftraggeber dieses hervorragenden Werkes der Goldschmiedekunst gewesen ist.

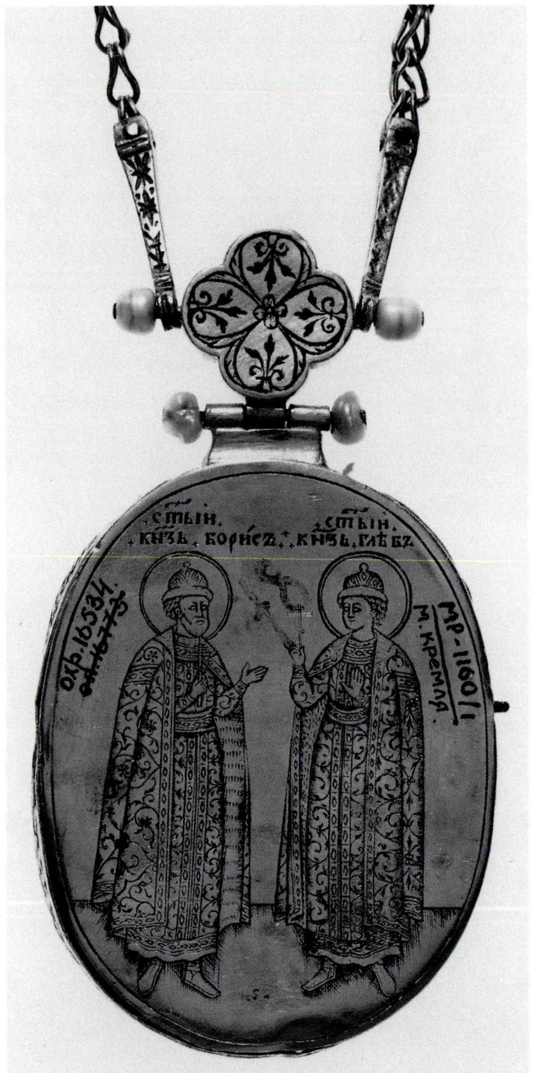

Rückseite der Panagia mit niellierten Darstellungen der hll. Fürsten Boris und Gleb.

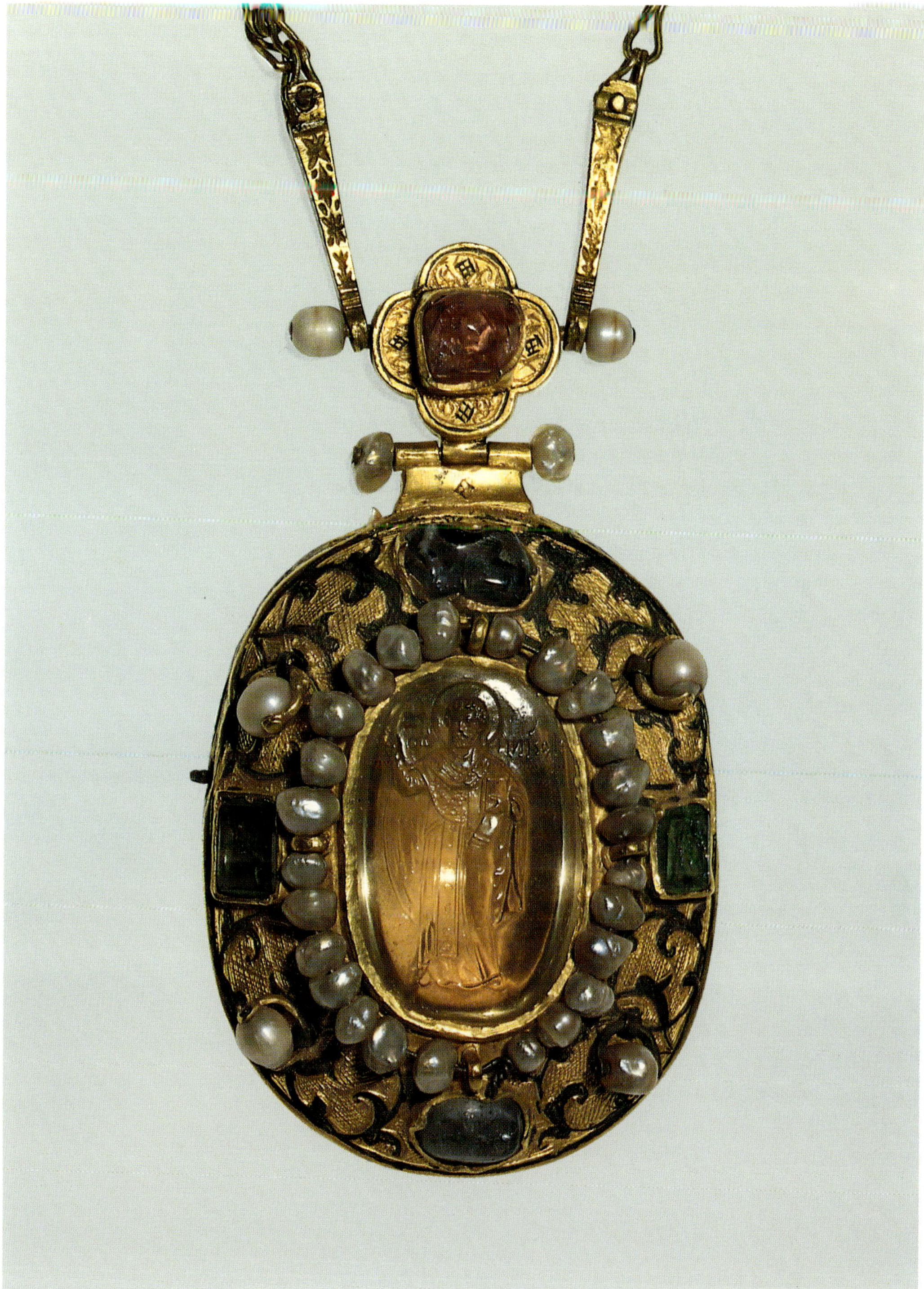

22 Ikone mit dem hl. Nikolaus dem Wundertäter, mit Oklad

Moskau, Werkstätten des Kreml, 2. Hälfte 16. Jahrhundert
Gold, getrieben, ziseliert, Niello, Saphire, Turmaline, Perlen, Holz
Höhe 24 cm, Breite 15,5 cm
Inv.-Nr. Z-563/1-2

Der hl. Nikolaus der Wundertäter war als Helfer und Verteidiger der Armen, Beschützer der Seefahrer und Reisenden in Rußland äußerst volkstümlich. Er wurde sowohl von breiten Schichten des Volkes als auch in Hofkreisen verehrt. Diese Ikone wurde offenbar für eine hochgestellte Persönlichkeit angefertigt, wofür der goldene Oklad spricht, der streng und gleichzeitig äußerst wirkungsvoll ist. Die Ausschmückung mit feinen niellierten Ornamenten ist typisch für die Arbeit eines Goldschmiedes aus den Kremlwerkstätten des 16. Jahrhunderts und zeigt auch den starken Einfluß östlichen Arabesken- und Rankenwerks, welches die russischen Goldschmiede sowohl von dem Stil der Renaissance als auch unmittelbar aus dem Osten übernahmen. Die von dem Meister verwendete Dekoration für den Hintergrund, die auch typisch ist für persische und türkische Arbeiten, bringt um die Hauptmotive herum winziges ziseliertes Rankenwerk. Die auf dem Oklad angebrachten runden Medaillons zeigen in Niellotechnik Darstellungen von fünf Figuren der Deesis-Reihe einer Ikonostase und der Kirchenväter Grigorij Bogoslov, Joann Zlatoust und Vasilij Kessarijskij. Sie spiegeln die hohe Qualität der figürlichen Niellokunst des 16. Jahrhunderts wider, die in der zweiten Hälfte des Jahrhunderts eine besonders starke Beeinflussung seitens der Druckgraphik erhält, nicht nur von der russischen, sondern auch von der westlichen, von der die russischen Künstler, insbesondere die Meister der Buchmalerei, schon seit dem Ende des 15. Jahrhunderts Kenntnis hatten. Bei den figürlichen Darstellungen in der Niellotechnik zeigte sich die Einwirkung hauptsächlich in technischer Hinsicht, im Bestreben der inhaltlichen Wiedergabe sowie der Erweiterung der Kompositionen, die in der damaligen Zeit zweifellos in bezug auf die Ikonographie und den Stil starke Beziehungen zur Malerei hatten.

Literatur: Государственная Оружейная палата. Москва 1988. С. 64, ил. 35.

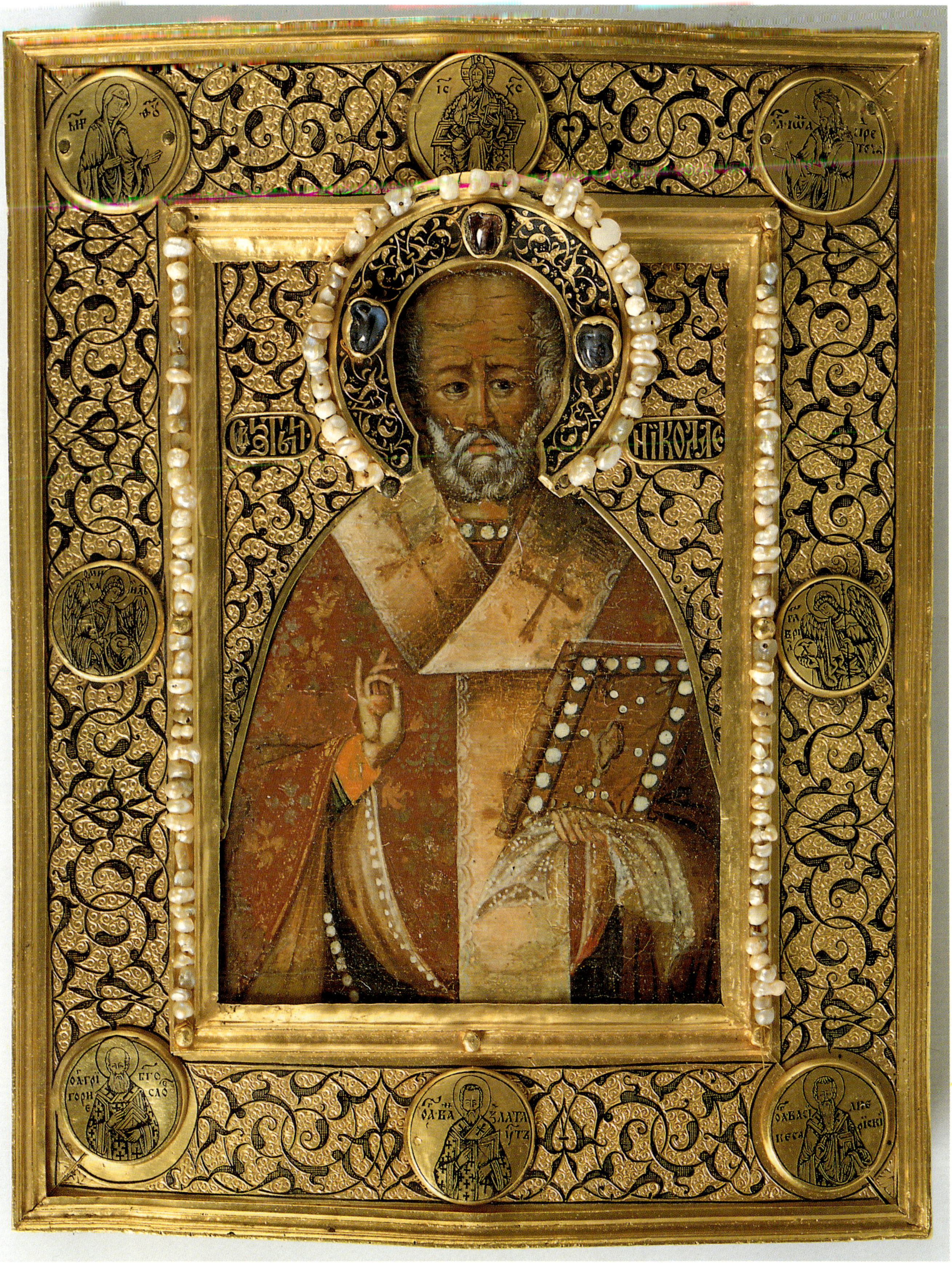

23 Brustkreuz-Reliquiar

Novgorod (?), 2. Hälfte 15.–Anfang 16. Jahrhundert
Silber, getrieben, ziseliert, vergoldet, Filigran
Höhe 13 cm, Breite 8 cm
Inv.-Nr. MR-1162

Dieses kreuzförmige Reliquiar besteht aus zwei Teilen, zwischen denen die Reliquien aufbewahrt wurden. Ähnliche Kreuze wurden als wertvolle Familien-Reliquiare angesehen, denen man eine überaus starke Schutzbedeutung zumaß. Sie wurden in der Familie vererbt und konnten auch häufiger in Zusammenhang mit einem bedeutenden Ereignis im Leben eines Familienmitgliedes an eine Kirche oder ein Kloster gestiftet werden.
Dies ist offensichtlich auch der historische Hintergrund des silbernen Kreuzes mit der getriebenen Darstellung der Kreuzigung. Auf der Rückseite befindet sich eine gravierte Inschrift, die über den Besitzer der Reliquie Auskunft gibt: »Kreuz des Kirilov-Klosters – geschenkt von Nikifor Šipulin.« Das Kirilov-Kloster, eines der bedeutendsten Klöster im Norden Rußlands, das im Jahre 1391 gegründet wurde, nannte sich auch Kirillo-Belozerskij. Der Name des Schenkers ist aus Dokumenten der Mitte des 17. Jahrhunderts bekannt, die auch seine Stellung angeben. Er wurde als Djakon bezeichnet, was ein bedeutender Rang am Hofe war.
Die Form des Kreuzes sowie die Verbindung des getriebenen Reliefs mit dem Filigrandekor lassen eine Datierung auf die Zeit um 1500 zu. Es ist möglich, daß der Meister dieses Kreuzes einer der Goldschmiede aus Novgorod gewesen war, für deren Arbeiten ein Filigranschmuck mit herzförmigen Motiven und kleinen Ringen typisch ist. Die Halterung am oberen Ende wurde sicherlich im 17. Jahrhundert angefertigt.

Literatur: М. М. Постникова-Лосева, Русская золотая и серебряная скань. Москва 1981. ил. 32.

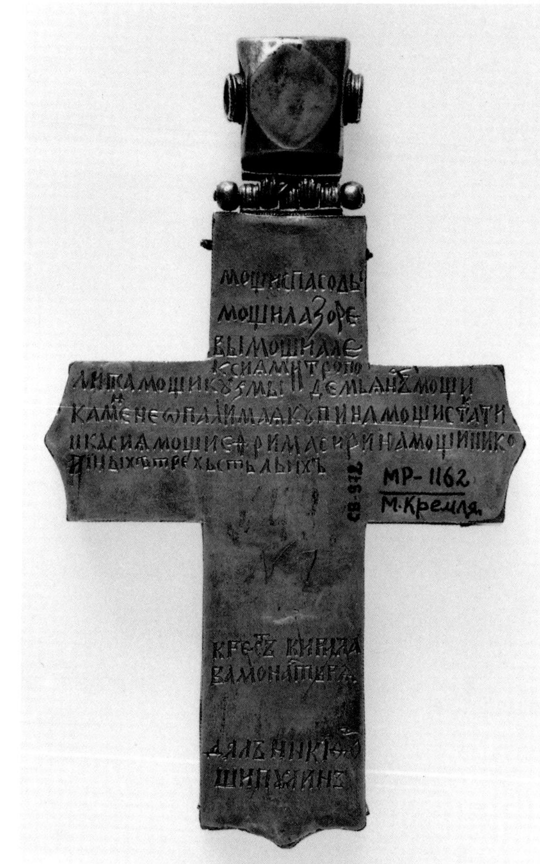

Rückseite des Brustkreuz-Reliquiars, oben graviert mit den Namen der Heiligen, deren Reliquien sich im Kreuz befanden, darunter die Besitzerangabe »Kreuz des Kirilov Klosters« und der Name des Schenkers.

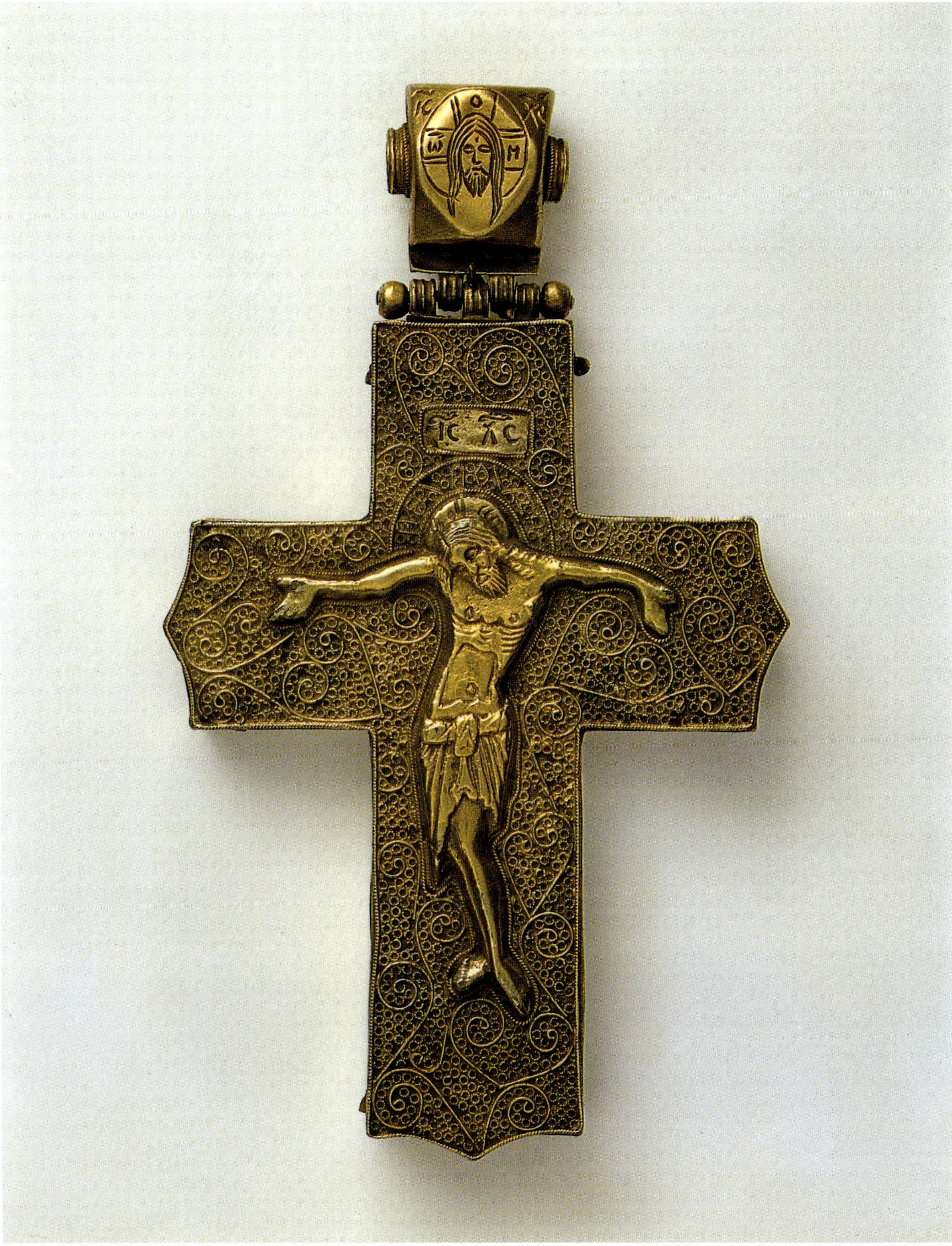
IC XC

24 Altarkreuz

Novgorod, 1553
Silber, vergoldet, getrieben, ziseliert, gegossen, Filigran, Niello, Saphire, Almandine, Turmaline, Türkis, Perlen, Glas
Länge 47 cm
Inv.-Nr. MR-1193

Die vergoldete Silberfassung des großen Altarkreuzes ist auf beiden Seiten mit Filigranornamenten aus herzförmigen Kringeln und kleinen Filigranringen geschmückt. Die dekorative Ausstattung des Kreuzes wird durch die Perlenumrahmung und durch die ebenfalls von Perlen umgebenen Edelsteine ergänzt. Nach einer Inschrift auf der Rückseite des Kreuzes wurde dieses 1553 in Novgorod angefertigt.
Unter den erhaltenen Gegenständen der Goldschmiedekunst Novgorods aus dem 16.Jahrhundert findet sich eine Reihe von Kirchengerät, das in der Ornamentierung und Technik des Filigrans sowie der hohen Qualität der Ausführung große Ähnlichkeit mit dem Altarkreuz hat. Es läßt sich vermuten, daß alle diese Arbeiten in derselben Meisterwerkstatt ausgeführt wurden, und daß sich diese Werkstatt am Hof des Erzbischofs von Novgorod befand. Mit Hilfe von datierbaren Stücken läßt sich der Beginn der Tätigkeit dieser Werkstatt auf das erste Viertel des 16. Jahrhunderts bestimmen, ihr Ende auf die Zeit um 1600. Es ist nicht auszuschließen, daß die Werkstatt auf Initiative des Erzbischofs Makarij eingerichtet wurde, der ab 1526 in Novgorod weilte. Mit dem Namen des Erzbischofs ist eine gewisse Aktivierung der Bautätigkeit in Novgorod verbunden, wo während der Zeit seiner Amtszeit bis 1542 neun Kirchen errichtet wurden, sechs aus Stein und drei aus Holz. Die Arbeiten im Bereich der Goldschmiedekunst entstanden wohl aus dem Bedürfnis nach Ausschmückung der neun Kirchen. 1542 wurde Erzbischof Makarij zum Metropoliten gewählt. Er war ein überzeugter Vertreter der Autokratie und zeigte sich als neues Haupt der russischen Kirche als begeisterter Initiator einer bedeutenden politischen Handlung, der Krönung Ivan IV. im Jahre 1547.

Literatur: Г. И. Бочаров, Н. П. Горина, Об одной группе новгородских изделий конца XV и XVI века // Древнерусское искусство. Москва 1977. С. 305–306.

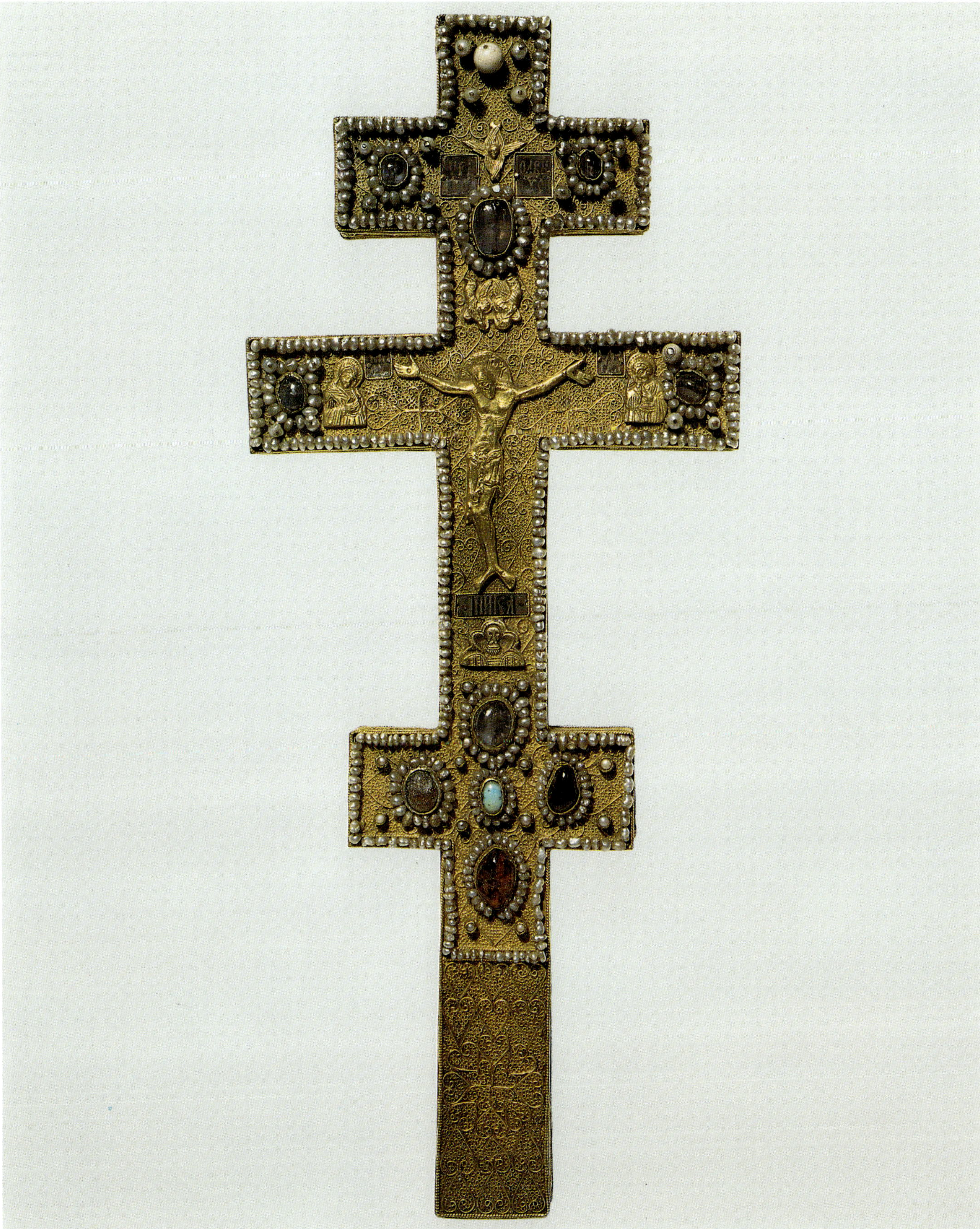

25 Evangeliar

Einband-Vorderseite: Novgorod, 16. Jahrhundert
Einband-Rückseite: 18. Jahrhundert
Druck des Evangeliar-Textes: 1763
Silber, getrieben, ziseliert, gegossen, vergoldet, Filigran, Email, Halbedelsteine, Samt, Holz, Papier, Glas
Höhe 36,5 cm, Breite 23 cm
Inv.-Nr. KN-43/1-2

In der Goldschmiedekunst Novgorods des 16. Jahrhunderts ergeben sich aus den ihr typischen Techniken sowie den Eigenheiten der Ornamentierung genügend deutliche Anhaltspunkte für die Datierung. Auf dem Einband des Evangeliars befinden sich keine Inschriften, die Bezug auf den Ort und die Zeit seiner Anfertigung nehmen. Der Filigrandekor mit Motiven in der Form des Buchstabens Omega, die aus drei Drähten (einem runden zwischen zwei gebogenen) angefertigt sind, hat große Ähnlichkeit mit dem anderer Gegenstände der Goldschmiedekunst Novgorods aus der zweiten Hälfte des 16. Jahrhunderts, was die Vermutung zuläßt, der Einband sei ebenfalls eine Arbeit der Goldschmiede Novgorods aus diesem Zeitraum. Der Filigranschmuck des Einbands ist überzogen mit einem für Novgorod typischen Fond aus winzigen silbernen Ringen, die das wirkungsvolle Lichtspiel der dekorativen Ornamentik noch verstärken.
In der Forschung wird vermutet, daß der Einband des Evangeliars wie das Kreuz von 1553 (Kat. 24) in den Werkstätten des erzbischöflichen Hofes von Novgorod angefertigt wurde.
Das Evangeliar stammt aus dem Kloster von Soloveck, das im ersten Viertel des 15. Jahrhunderts auf einer der Inseln des Weißen Meeres gegründet wurde. Schon seit dem Beginn seines Bestehens erfreute sich das Kloster eines starken Schutzes seitens des Staates und der Kirche, die es als Hauptstütze der russischen Herrschaft im nördlichen Raume ansahen, als Vorposten der geistigen Kultur im russischen Küstengebiet. Mit der Zeit wurde Soloveck zu einem religiöspolitischen Zentrum des Landes und gleichzeitig zu einem der reichsten russischen Klöster. Das Klostervermögen umfaßte Hunderte von Ikonen, Handschriften und frühe Buchdrucke, Stickereien sowie wertvolles Kirchengerät, von denen die einen in den beim Kloster bestehenden Werkstätten angefertigt, die anderen als Opfergaben von reichen Gläubigen geschenkt wurden.

Literatur: Г.И. Бочаров, Н.П. Горина, Об одной группе новгородских изделий конца XV и XVI века // Древнерусское искусство. Москва 1977. С. 314, ил. на с. 313; Государственная Оружейная палата. Москва 1988. С. 94, ил. 60.

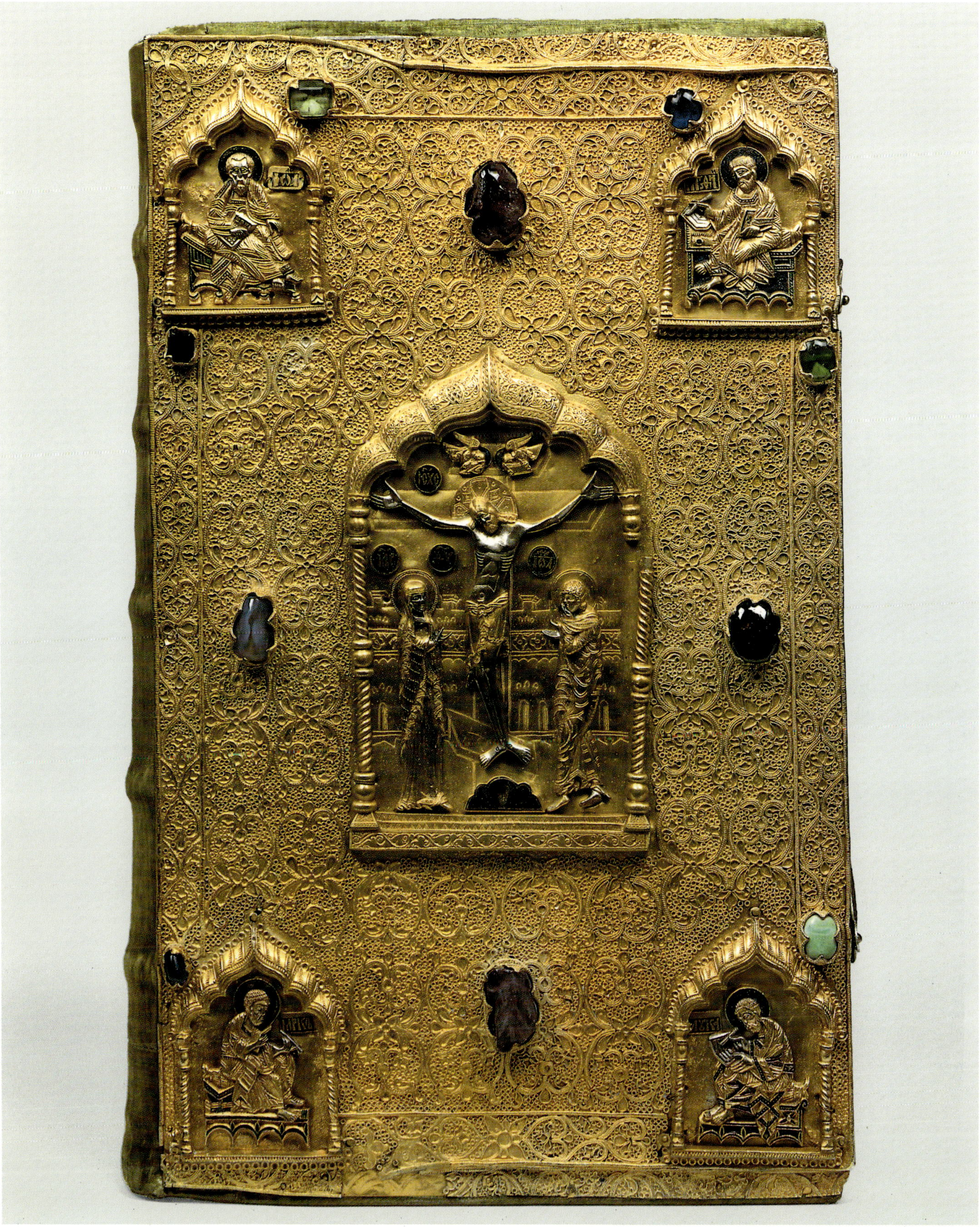

26 Brustkreuz-Reliquiar

Moskau, zwischen 1619 und 1633
Gold, getrieben, ziseliert, Niello, Saphire, Turmaline, Smaragd, Perlen
Höhe 12 cm, Breite 8 cm
Inv.-Nr. MR-2696

Dieses Kreuzreliquiar ist mit Perlen, großen Saphiren und Turmalinen ausgeschmückt. Ähnliche Kreuzformen sind schon aus dem 16. Jahrhundert bekannt. Die hier angewandte Farbigkeit, die bedeutende Rolle der großen Perlen sowie der Edelsteine beim Gesamtentwurf des Kreuzes erscheint jedoch typisch für das 17. Jahrhundert. Die oktogonale Form der Edelsteine sowie deren Fassung in hoher, glatter Kastenform läßt das Kreuz mit anderen Arbeiten von Moskauer Goldschmieden der ersten Hälfte des 17. Jahrhunderts in Verbindung bringen.
Die niellierte Inschrift auf der Rückseite erklärt den Reliquieninhalt sowie die Geschichte des Kreuzes: mit ihm war Zar Michail Fedorovič Romanov (regierte 1613–1645) von seinem Vater, dem Patriarchen Filaret, gesegnet worden. Dieser war eine bedeutende politische Persönlichkeit im Rußland der ersten Hälfte des 17. Jahrhunderts. Im Laufe seiner Patriarchatszeit 1619–1633 hatte er praktisch die Regierung des Landes in der Hand.
Während des 18. und 19. Jahrhunderts befand sich das Kreuz, das als wertvolle historische Reliquie und als Familienheiligtum der regierenden Dynastie, mit deren erstem Herrscher es zusammenhing, angesehen wurde, am Hof in St. Petersburg. Bekannt ist, daß das Kreuz um 1800 aus den Räumen des Zaren Paul I. in die Kirche des Winterpalastes gelangte. 1915 wurde es auf der »Ausstellung kirchlicher Altertümer« in Petrograd gezeigt. Nach der Oktoberrevolution kam es in das Staatliche Depot von Wertgegenständen, von dort 1926 in die Rüstkammer, wo es heute ausgestellt ist.

Literatur: Н. Макаренко, Выставка церковной старины // Старые годы 1915. Июль – август. С. 30, 76, ил. между с. 54 и 55. – *Ausst. Kat.:* Treasures from the Kremlin. New York 1979. No. 31; Trésors des Musées du Kremlin. Paris 1979. No. 31; Tesoros del Kremlin. Mexico 1982. No. 28; Tesori del Cremlino. Roma 1982. Kat. Firenze 1982. No. 28.

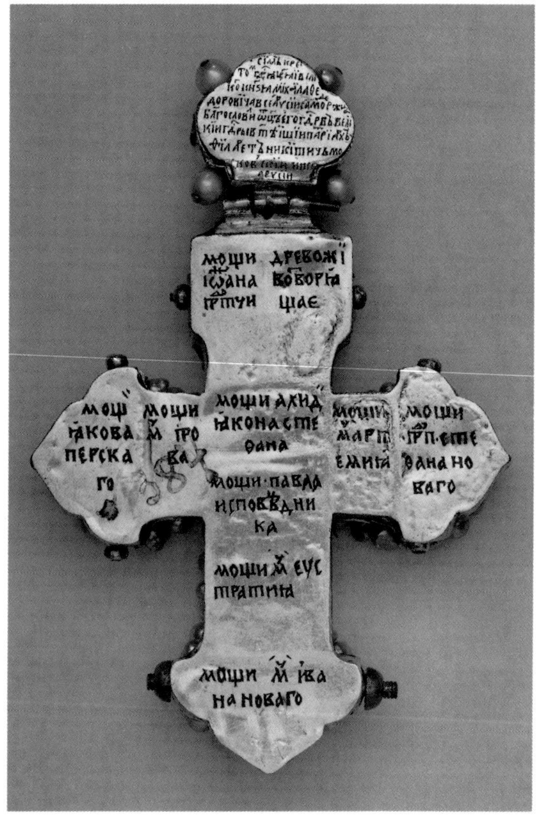

Rückseite des Kreuzes mit der Bezeichnung der Reliquien, auf der beweglich angebrachten Aufhängevorrichtung eine Inschrift, die besagt, daß mit diesem Kreuz Zar Michail Fedorovič von seinem Vater, Patriarch Filaret, gesegnet wurde.

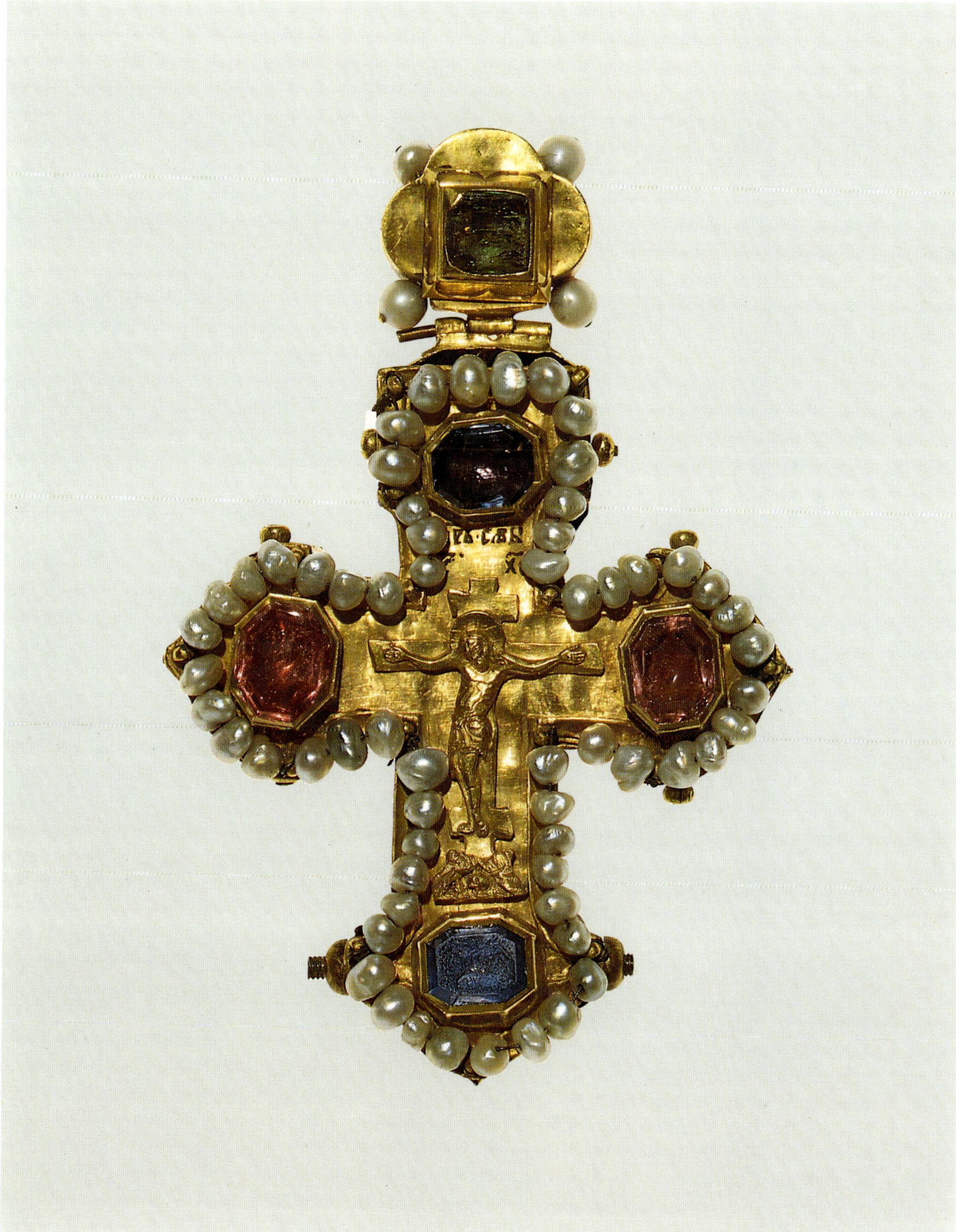

27 Weihrauchfaß

Moskau, Werkstätten des Kreml, 1616
Meister Tret'jak Pestrikov und Daniil Osipov
Gold, getrieben, ziseliert, punziert, Niello
Höhe (mit Kreuz) 31,5 cm, Breite 11 cm
Inv.-Nr. MR-1074

Die im Gottesdienst häufig verwendeten Weihrauchgefäße gab es in Rußland in verschiedenen Formen. Eine von ihnen aus dem Zeitraum vom 15. bis 17. Jahrhundert stellt eine altrussische Kirche in Miniaturformat dar.
Das Weihrauchfaß aus dem Jahr 1616 ist eines dieser späteren Beispiele dieses Formentypus. Es wurde im Auftrag des Zaren Michail Fedorovič Romanov angefertigt und von ihm dem bedeutenden Troice-Sergiev-Kloster geschenkt. Hierüber gibt eine niellierte Inschrift auf dem Sockel Auskunft, die in Vjaz'-Form – einer nur schwer zu entziffernden Schriftform mit ineinandergeflochtenen Buchstaben – ausgeführt ist. Das Kloster war 1345 von Sergej von Radonež und seinem Bruder Stefan gegründet worden. Es spielte immer eine bedeutende Rolle in der russischen Geschichte als wichtigstes geistiges Zentrum des Landes. Im Laufe der Jahrhunderte war dort eine unschätzbare Sammlung russischer Kunst entstanden. Viele der Gegenstände waren als Opfergaben von vornehmen und reichen Familien, Mitgliedern der großfürstlichen und Zarenfamilien an das Kloster geschenkt worden. Eines der schönsten Stücke der Klosterschatzkammer war das Weihrauchfaß der Hofgoldschmiede Tret'jak Pestrikov und Daniil Osipov, deren Arbeiten, darunter auch dieses Weihrauchfaß, in Inventaren erwähnt sind. Es kam 1925 in die Rüstkammer.

Literatur: М. М. Постникова-Лосева, Золотые и серебряные изделия мастеров Оружейной палаты XVI–XVII веков // Государственная Оружейная палата Московского Кремля. Москва 1954. С. 202, ил. 42. – *Ausst. Kat.:* Treasures from the Kremlin. New York 1979. No. 28; Trésors des Musées du Kremlin. Paris 1979. No. 28; Tesoros del Kremlin. Mexico 1982. No. 22; Tesori del Cremlino. Roma 1982. Kat. Firenze 1982. No. 22; Tesoros de los Museos del Kremlin de Moscú. Habana 1987/88. No. 14; Treasures from the Museums of the Moscow Kremlin. New Delhi 1988. No. 10.

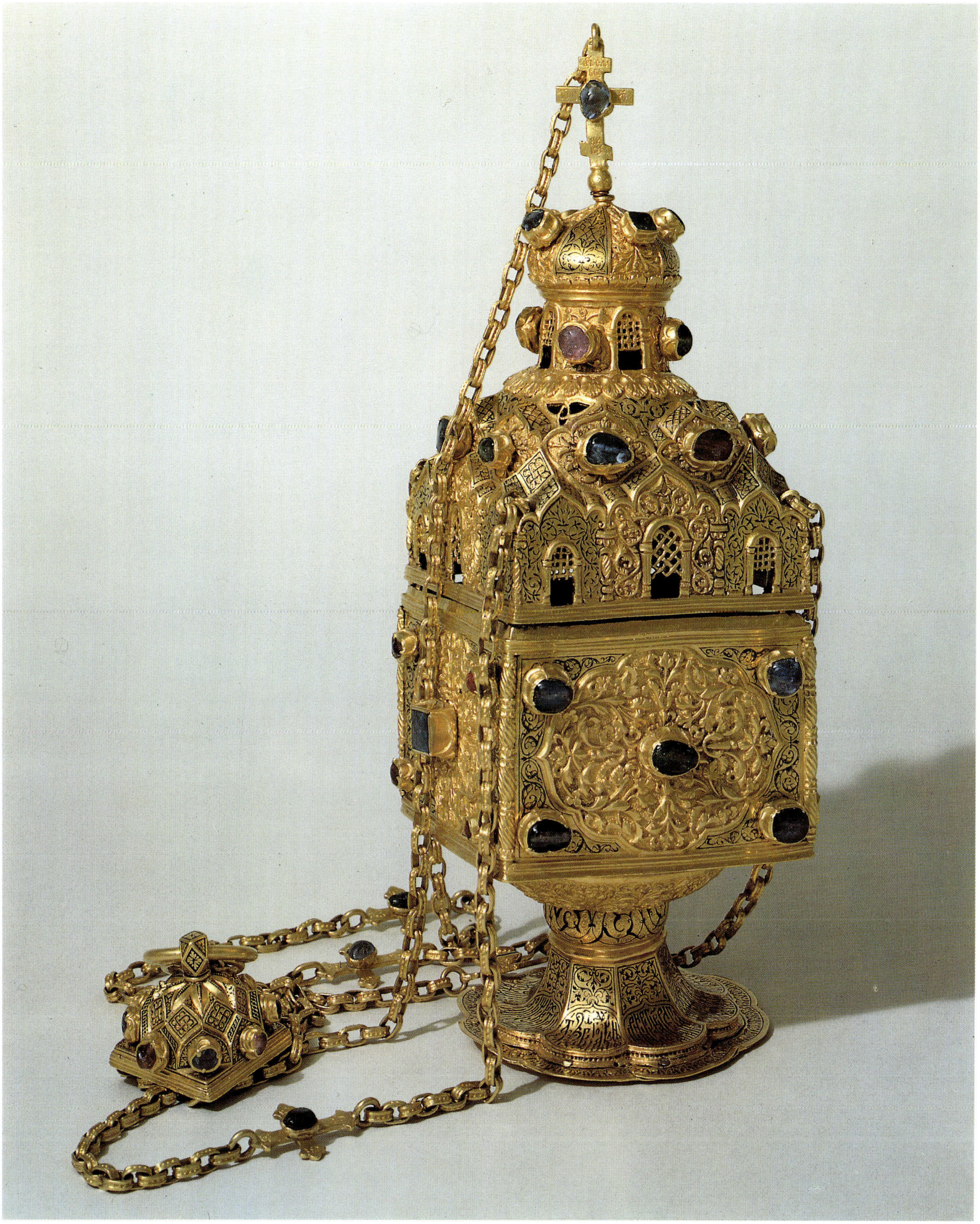

28 Kelch

Moskau, Werkstätten des Kreml, 1637
Gold, getrieben, ziseliert, graviert, Niello, Diamanten, Turmaline, Saphire
Höhe 26 cm, Durchmesser 17,5 cm
Inv.-Nr. MR-1075

Auf dem Fuße des Kelches aus dem Jahr 1637 befinden sich – wie auch sonst typisch für die Ausschmückung der Kelche des 16. Jahrhunderts – zwölf runde Medaillons mit halbfigurigen Darstellungen der Apostel. Am oberen Rand ist, ebenfalls in Medaillons, die Deesis dargestellt.
Der Auftraggeber dieses Kelches war der vierte Moskauer Patriarch Ioasaf, der den Kelch dem Kloster von Soloveck schenkte, worüber die niellierte Inschrift auf dem Fuße des Kelches Auskunft gibt. Er war eines der vielen Geschenke des Patriarchen Ioasaf an das Kloster, in dem er selbst als Mönch zu Beginn seiner Laufbahn gelebt hatte. Mit ihm wollte er seine freundschaftliche Beziehung zum Kloster sowie seine Einflußnahme auf dieses erhalten.

Literatur: М. М. Постникова-Лосева, Золотые и серебряные изделия мастеров Оружейной палаты XVI–XVII веков // Государственная Оружейная палата Московского Кремля. Москва 1954. С. 202, ил. 43.

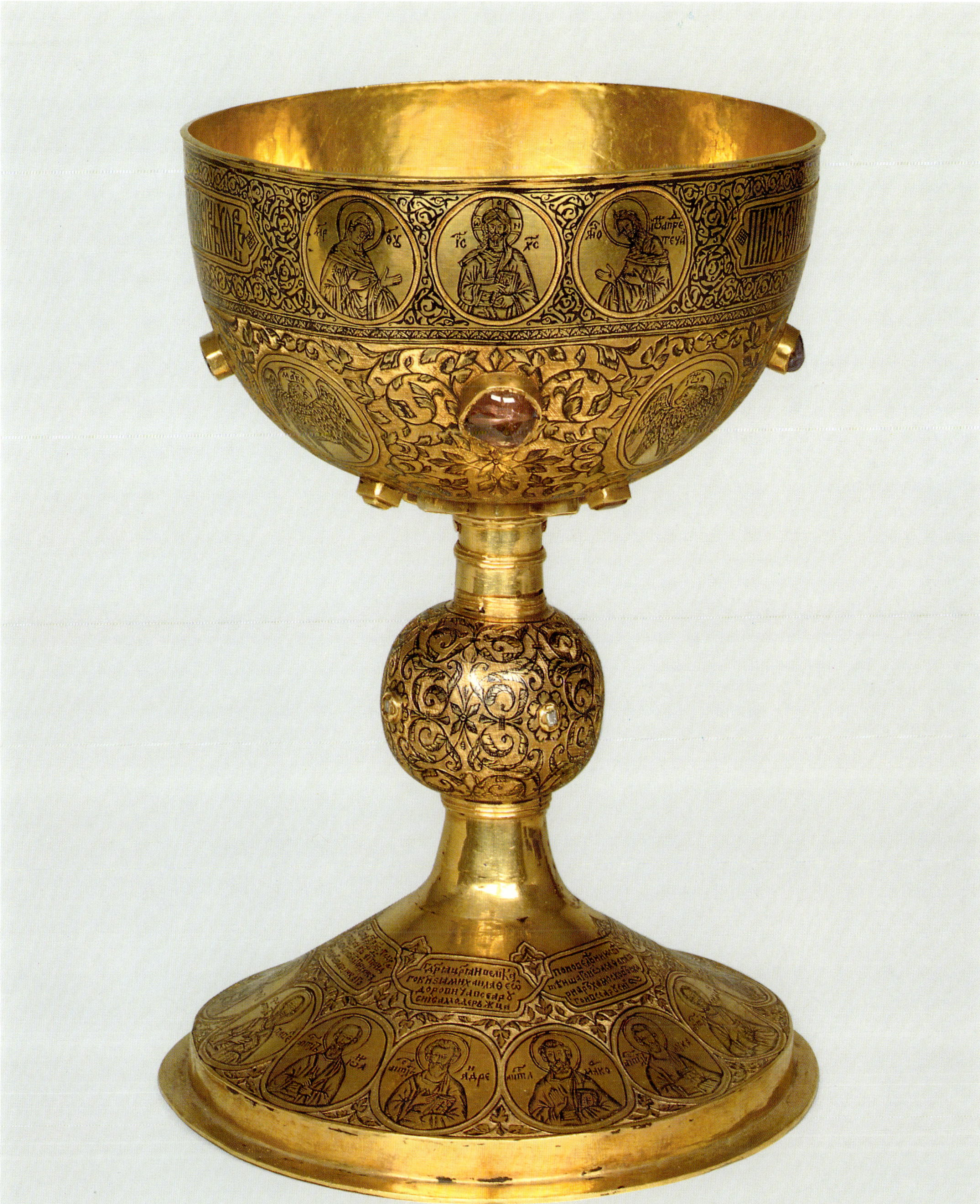

29 Skladen' mit der Ikone der »Gottesmutter von Jerusalem«

Moskau (?), 1. Drittel 17. Jahrhundert
Gold, Silber, getrieben, ziseliert, vergoldet, Edelsteine, Perlen, Stoff
Höhe 26,3 cm, Breite (geöffnet) 36 cm
Inv.-Nr. Z-564/1-3

In der Skladen'-Fassung befindet sich die Ikone der Gottesmutter Jerusalimskaja, eine Variante der Gottesmutter Hodigitria, eines byzantinischen Typus' der Ikonographie der Gottesmutter mit dem Kind, das auf ihrer Hand sitzt und eine segnende Gebärde zeigt. Dieser Skladen' stammt aus der Erzengel-Kathedrale des Moskauer Kreml, der Beisetzungsstätte der russischen Großfürsten und Zaren. Hier befand sich wertvolles Kirchengerät, das die Moskauer Herrscher zu Ehren ihrer Vorfahren gestiftet hatten.
Außerdem gab es dort auch eine überaus reiche Sammlung von Ikonen, die in der Regel äußerst wertvolle, mit Edelsteinen und Perlen ausgeschmückte Oklade besaßen. Nach althergebrachtem, russischem Brauch legte man auf die Gräber der Verstorbenen Ikonen, die auch dort verblieben. Sie stellten oft Familienheiligtümer dar, die von den Eltern oder Großeltern gesegnet und manchmal von Generation zu Generation weitergegeben worden waren.
Die Ikone der Gottesmutter von Jerusalem in der silbernen Skladen'-Fassung befand sich laut Inventar der Erzengel-Kathedrale auf einem Pult in der Nähe der Sarkophage des Zaren Alexej Michajlovič und seines ältesten Sohnes, des Zaren Fedor Alexeevič. Wahrscheinlich war sie anläßlich der Beisetzung eines der beiden in die Kathedrale gekommen.
Auf den Flügeln der Skladen'-Fassung befinden sich gravierte Darstellungen von Erzengeln und oben die der neutestamentlichen Dreifaltigkeit. So wie die Ikone, deren Goldoklad mit Perlen, Edelsteinen sowie kleinen Niellotafeln mit Darstellungen aus dem Leben der Gottesmutter geschmückt ist, gehört auch der Skladen' aufgrund der typischen dekorativen Ausschmückung sowie des Stils der Darstellungen dem ersten Drittel des 17. Jahrhunderts an.

Ausst. Kat.: Tesoros de los Museos del Kremlin de Moscú. Habana 1987/88. No. 18; Treasures from the Museums of the Moscow Kremlin. New Delhi 1988. No. 15.

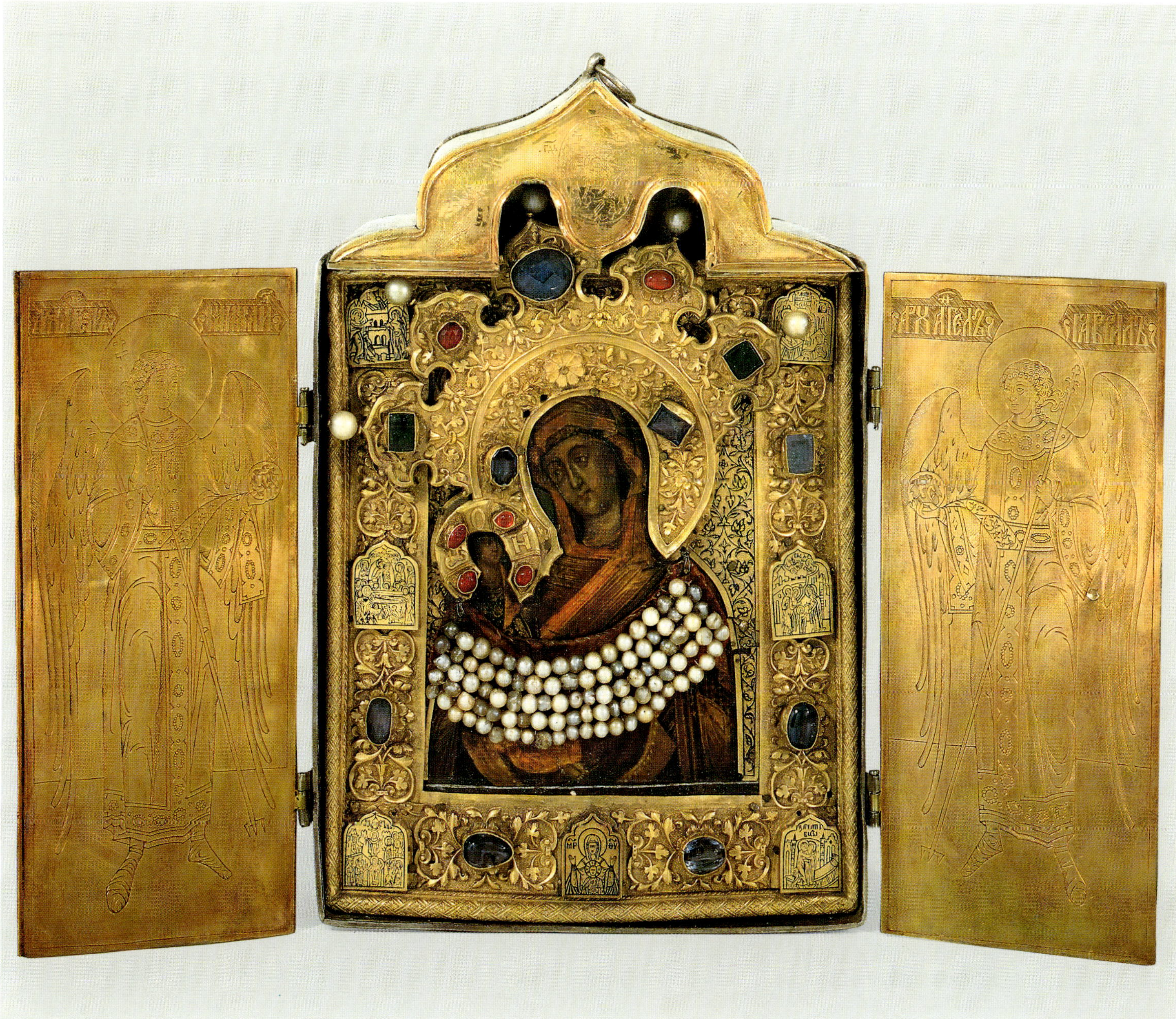

30 Grabbedeckung des Carevič Ivan Michajlovič

Moskau, Werkstätten
des Kreml, 1639
Schriftentwurf von Ivan Gomulin
Damaststoff: Italien,
Ende 16. Jahrhundert
Samt: Rußland (?),
18.–19. Jahrhundert
Gold, getrieben, graviert, Niello,
Rubine, Smaragde, Perlen
Länge 162 cm, Breite 90 cm
Inv.-Nr. TK-2157

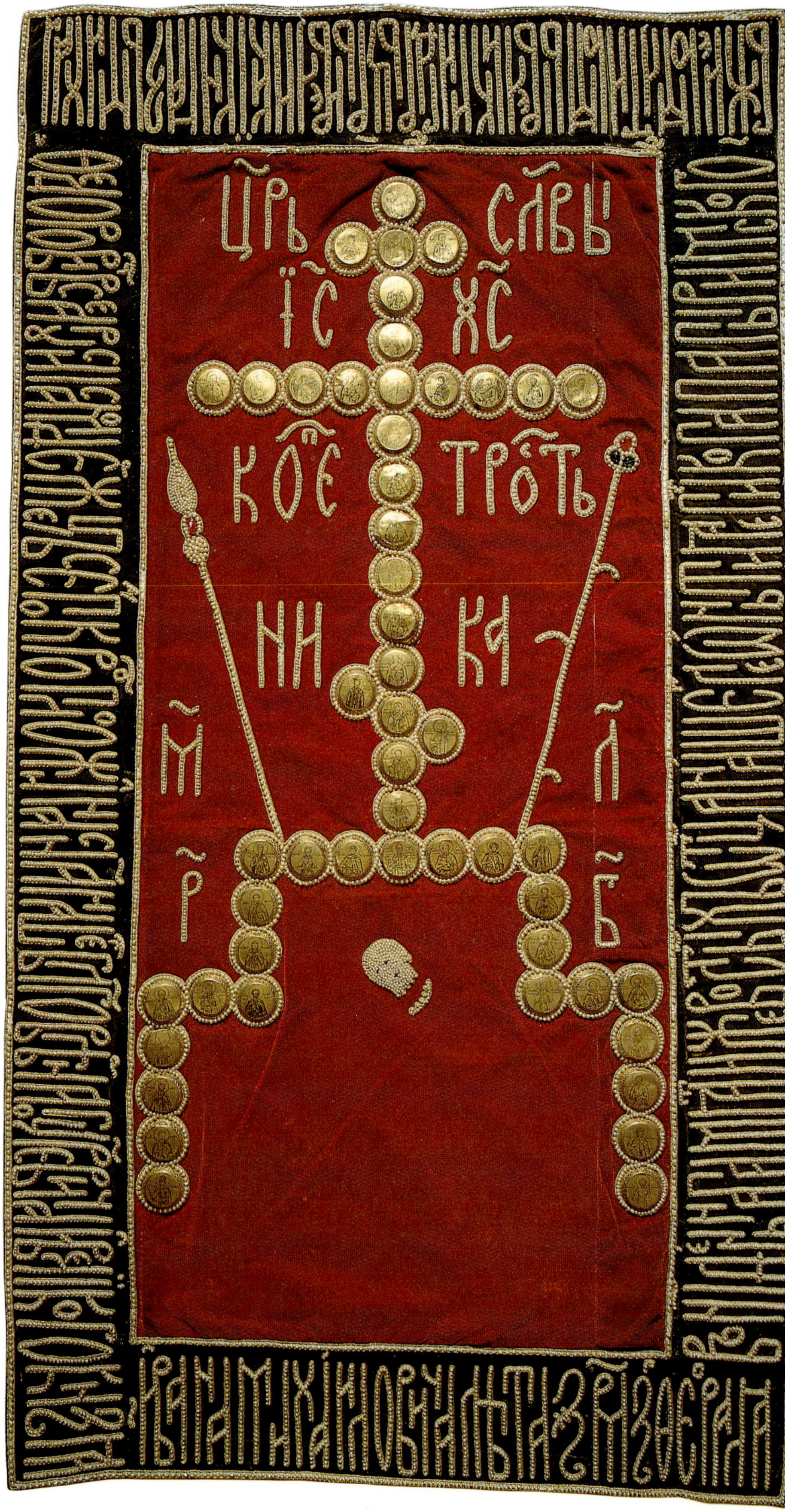

Die Mitte der Grabbedeckung nimmt ein aus 51 runden Medaillons zusammengesetztes Golgatha-Kreuz ein. Die Medaillons zeigen Darstellungen von Heiligen und Kirchenfesttagen, die am Rand von Flechtwerk umgeben sind. Die Lanze, der Hysop-Stab, der Schädel Adams sowie die jeweiligen Aufschriften sind mit Perlen ausgeführt. Die Enden der Lanze und des Stabes sind mit Smaragden und Rubinen geschmückt. Auf der Bordüre befindet sich die mit Perlen aufgestickte Inschrift: »...Zar und Großfürst Michail Fedorovič legte diese Grabdecke auf seinen Sohn... den Carevič und Großfürsten Ivan Michajlovič im Jahre 7147 (1639), am 18. Tage des Februars...«
Die für die Ausstattung einer russisch-orthodoxen Kirche übliche Grabbedeckung trug immer eine Darstellung des Golgatha-Kreuzes, das Symbol des Leidens, des Todes und des Lebens nach dem Tod. Gewöhnlich wurde das Kreuz gestickt, bei Grabdecken für Mitglieder der Zarenfamilie ist es aus auf den Stoff genähten goldenen oder silbernen Medaillons mit Darstellungen von Kirchen-

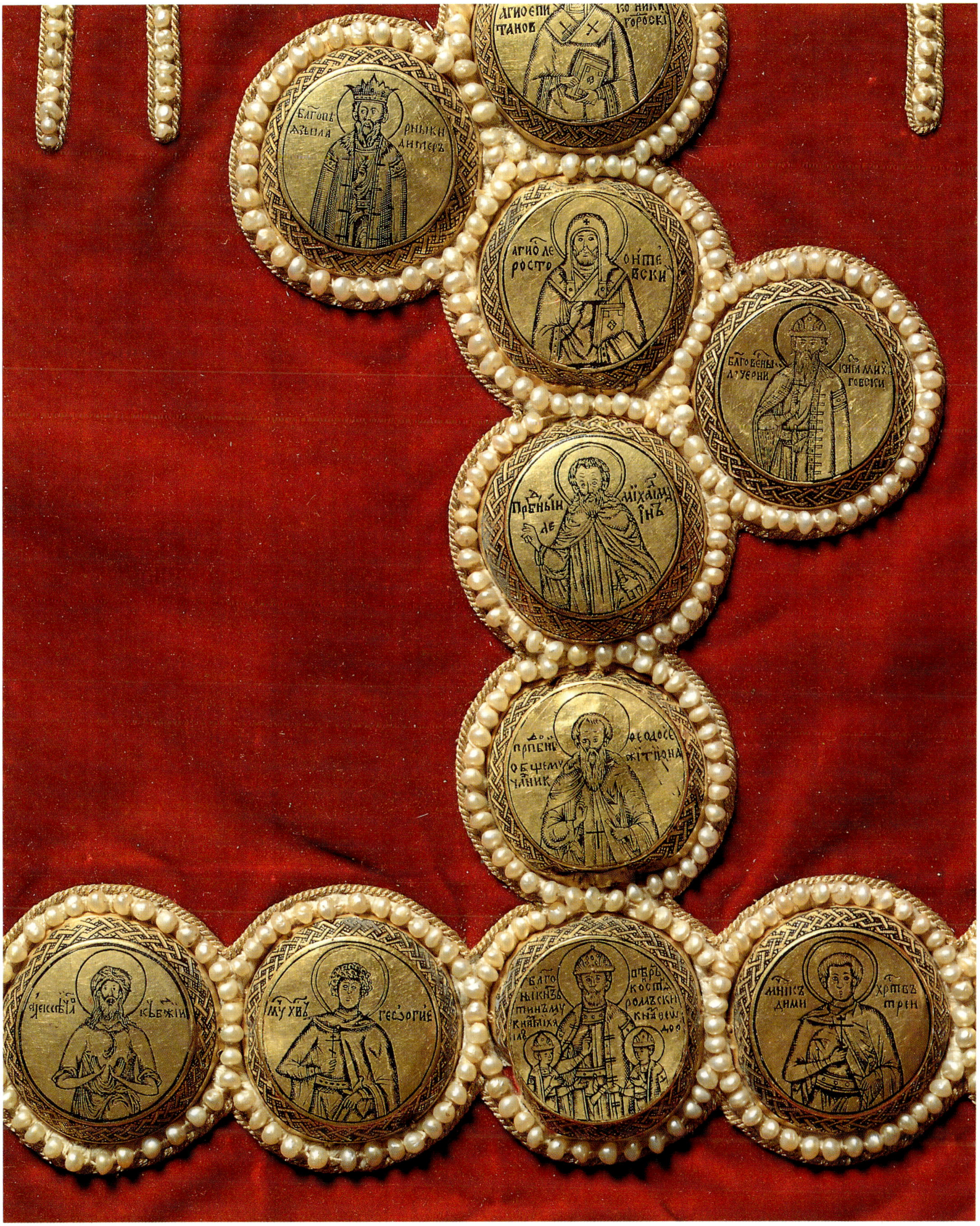

festtagen und Heiligen geformt. Die Auswahl der Medaillons stimmt in ihren Darstellungen mit den Lebensdaten des Verstorbenen überein, insbesondere seinen Namensheiligen, den Patronen seiner Eltern und anderer Familienmitglieder sowie der gesamten Zarendynastie.
Ähnliche Grabdecken konnten nach orthodoxem Ritus am vierzigsten Tag nach dem Tod auf das Grab des Verstorbenen gelegt werden. Für ihre Anfertigung brauchte man nicht weniger als einen Monat, für die in Perlen aufgestickte Inschrift sicherlich fünfzehn bis zwanzig Tage. Verschiedenartige, der Ausschmückung dienende Medaillons wurden in der Gold- und Silberkammer des Kreml in bedeutender Anzahl im voraus für unterschiedliche Zwecke gefertigt. Während großer Kirchenfeste und Gedenktage wurden die prachtvollen Grabdecken aus dem Patriarchenschatz in die Erzengel-Kathedrale, der Beisetzungsstätte der russischen Zaren und Thronfolger, gebracht.

Literatur: И. Е. Забелин, Домашний быт русского народа в XVI и XVII столетиях. Т. 2. Москва 1901. С. 158.

31 Čarka

Moskau, Werkstätten des Kreml, 1. Hälfte 17. Jahrhundert
Gold, getrieben, ziseliert, punziert, Niello, Rubine, Smaragde, Karneol
Höhe 3,4 cm, Durchmesser 6,1 cm
Inv.-Nr. DK-21

Im Inventar des Zarenbesitzes aus dem 17. Jahrhundert wird neben kostbaren Prachtgeschirren aus Gold und Silber eine große Menge Gefäße erwähnt, wie Becher, Bratinas, Kovš, Čarki und Salzfässer, die aus verschiedensten wertvollen Materialien angefertigt waren. Besonders häufig werden Gegenstände aus Halbedelsteinen genannt – Kristalle, Achate wie Karneol sowie Jaspis oder Serpentin. Es finden sich ebenfalls Stücke aus exotischeren Materialien wie Perlmuttmuscheln, Straußeneiern, Kokosnüssen und Koralle.
Offensichtlich wurden einige dieser Stücke dem Moskauer Herrscher von fremden Gesandtschaften als Geschenke überreicht, andere im Ausland für den russischen Hof angekauft. Es befindet sich jedoch eine nicht unerhebliche Zahl von russischen Gefäßen aus Stein, Bein und seltenen Holzarten in der Rüstkammer. Zu diesen zählt die aus halbtransparentem rotem Karneol-Achat angefertigte Čarka. Ihre Goldfassung ist mit Edelsteinen wie Smaragden und Rubinen geschmückt. Der starke Glanz der Rubine stellt den weichen und zurückhaltenden Farbton des Achates in den Hintergrund. Am Rande der Čarka befindet sich eine Aufschrift mit dem Namen und Titel des Zaren Michail Fedorovič, für den sie angefertigt wurde. Auf dem geschweiften Griff ist ein Niellodekor mit fein gezeichneten Blättern ausgeführt.

Literatur: Древности Российского государства. Москва 1853. Отд. 5. С. 49, ил. 8, 33; Государственная Оружейная палата. Москва 1988. С. 83, ил. 49.

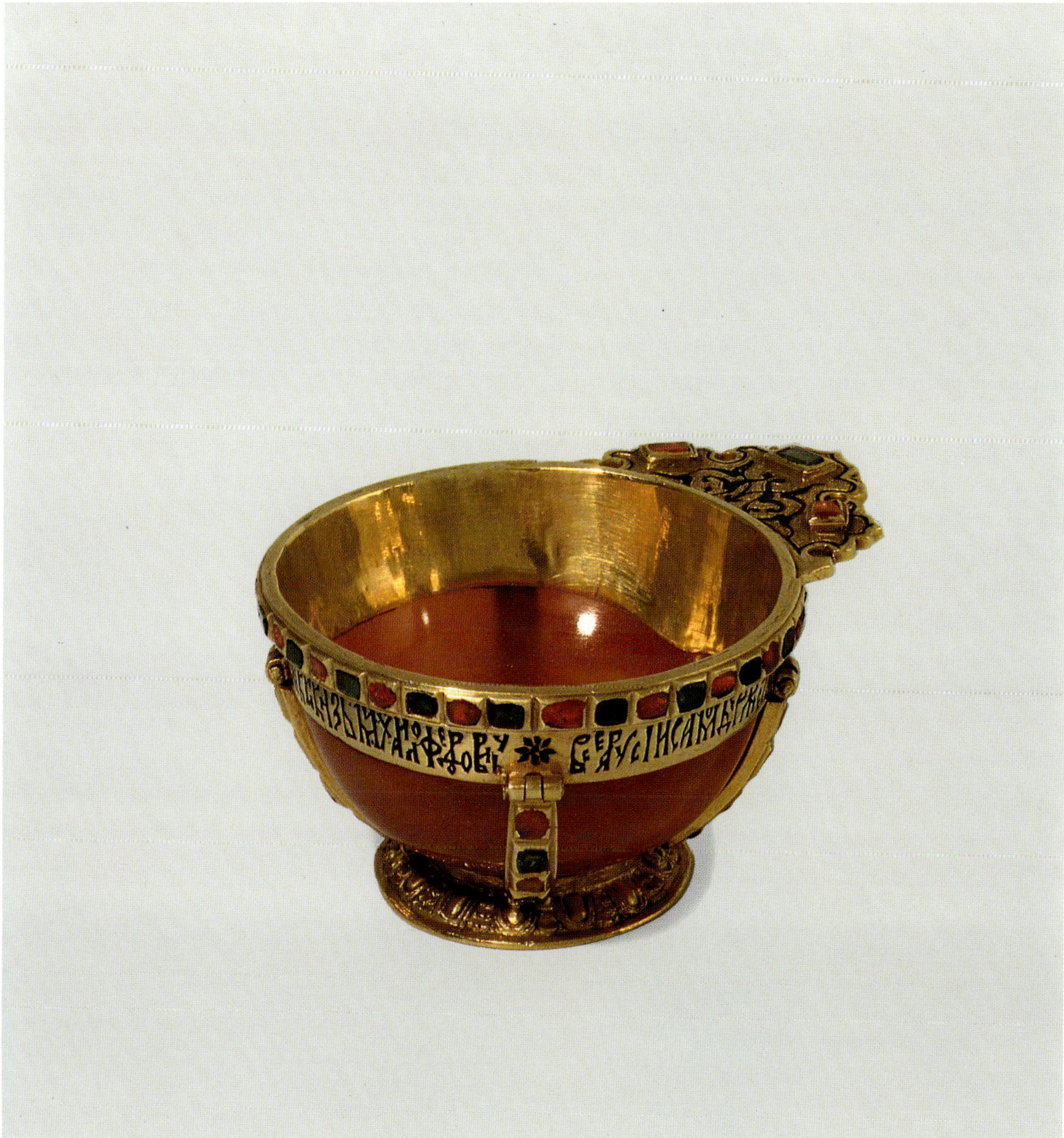

32 Kovš

Moskau, Werkstätten des Kreml, um 1618
Gold, getrieben, ziseliert, Niello, Saphire, Rubine, Smaragde, Perlen
Länge 30 cm, Breite 20 cm, Höhe (mit Griff) 13 cm
Inv.-Nr. MR-4125

Im 16. Jahrhundert entwickelte sich in der Moskauer Goldschmiedekunst ein besonderer Kovš-Typ mit niedriger, breiter Wandung und flachem Innenteil. Der Kovš des Zaren Michail Fedorovič war diesem von seiner Mutter 1618 geschenkt worden. Aus einem Stück Gold getrieben, zeichnet er sich durch eine strenge, vornehme Form und prachtvolle Bearbeitung aus. In der feinen Ausführung des Niellodekors sowie in der Zusammenstellung der Materialien – Gold, Perlen sowie ungeschliffene, rund polierte Edelsteine – läßt sich noch die Tradition des 16. Jahrhunderts erkennen.
Während der ersten Hälfte des 17. Jahrhunderts wurden derartige Kovš zusammen mit den Regalien und anderen Gegenständen des Hofzeremonials in der sogenannten Großen Schatzkammer aufbewahrt. Sie wurden während feierlicher Empfänge in dem prachtvollen Schausaal der Granovitaja Palata in besonderen Schränken ausgestellt, um den ausländischen Gästen den Reichtum des Moskauer Herrschers und die Kunstfertigkeit der russischen Goldschmiede zu zeigen. Manchmal wurde in diesen Kovš den bedeutenderen Gästen Met angeboten. So berichten alte Dokumente, daß 1671 während eines Mittagessens im Kreuzsaal des Patriarchenpalastes roter Met in drei »mit Perlen und Steinen geschmückten Kovš« gereicht wurde.

Literatur: А. И. Успенский, Столбцы архива Оружейной палаты. Вып. 2. Москва 1913. С. 383, 384, N 993; М. М. Постникова-Лосева, Золотые и серебряные изделия мастеров Оружейной палаты XVI–XVII веков // Государственная Оружейная палата Московского Кремля. Москва 1954. С. 161, ил. 14; Государственная Оружейная палата. Москва 1988. С. 82, ил. 48. – *Ausst. Kat.:* Treasures from the Kremlin. New York 1979. No. 29.

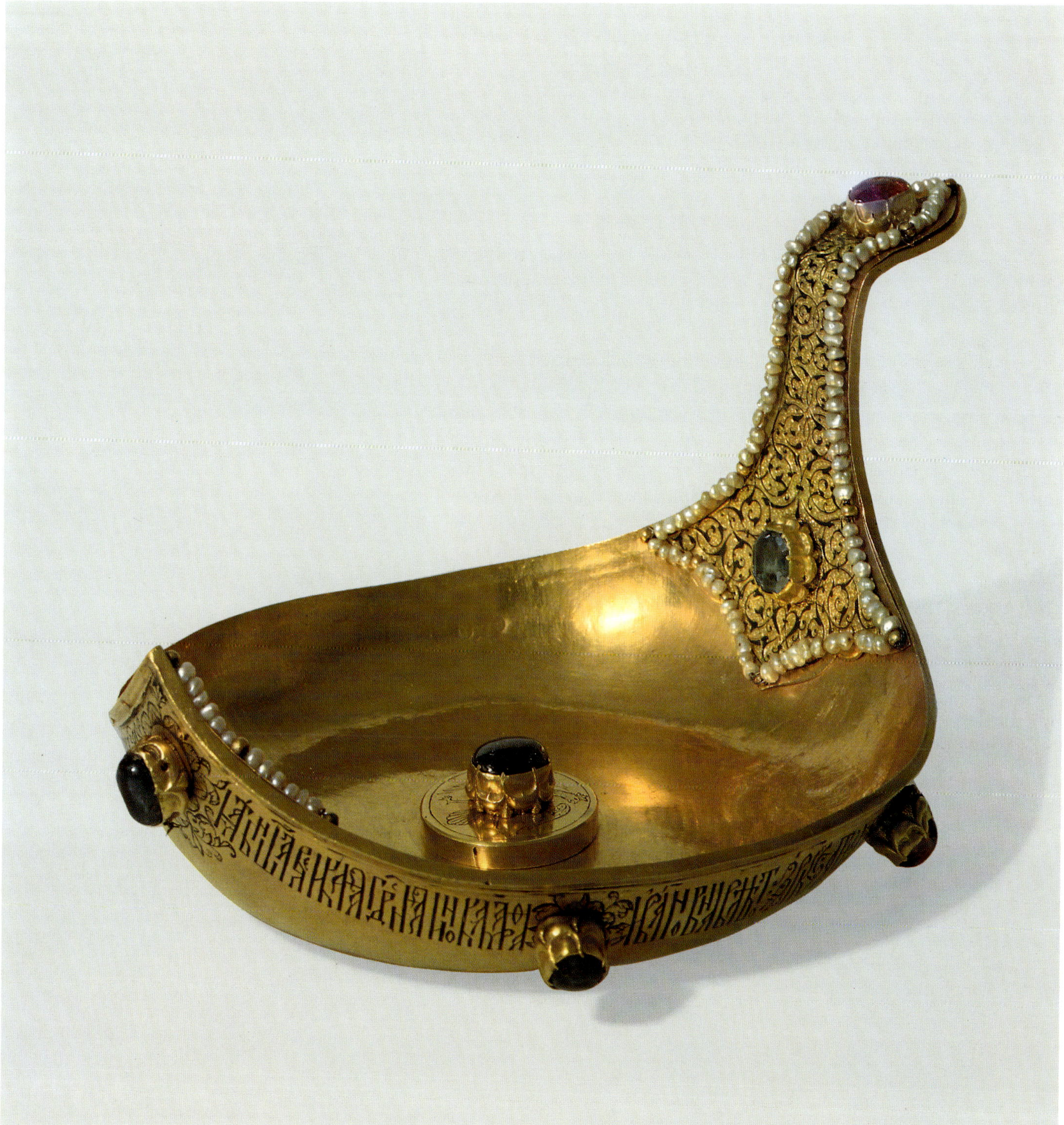

33 Schale

Moskau, Werkstätten des Kreml, 1642–1652
Silber, getrieben, ziseliert, vergoldet
Durchmesser 24,3 cm
Inv.-Nr. MR-4165

Der einzige Schmuck dieser kleinen Silberschale besteht in vier kartuschenartigen Schriftbändern. Jeder einzelne fein ziselierte Buchstabe zeichnet sich durch einen ausdrucksvollen graphischen Entwurf aus.

Es ist aus Dokumenten des 17. Jahrhunderts bekannt, daß für die Silber- und Goldkammer des Kreml auch Künstler tätig waren, nach deren Vorzeichnungen die Goldschmiede arbeiteten. Unter den ersteren befanden sich auch Meister, die sich auf die Anfertigung von Inschriften spezialisiert hatten. So erfährt man über die Tätigkeit eines von ihnen, daß er den Zarentitel auf zweihundert silbernen Schüsseln und auf zwanzig Kovš angebracht hatte. Der Künstler trug die figürliche Zeichnung oder die Schriftbänder direkt auf das Objekt auf, und der Goldschmied vollendete sie dann unmittelbar auf dem Objekt in den verschiedenen Techniken der Ziselierung, Treibarbeit oder Niellierung.

Die Inschrift auf dieser Schale besagt, daß sie persönlicher Besitz des Patriarchen Josif war, d. h. zum sogenannten Hausschatz gehörte, der von dem Patriarchen seinem Nachfolger übergeben wurde. Daneben gab es zum Kirchenschatz zählende Gegenstände, die dem allgemeinen kirchlichen Gebrauch dienten.

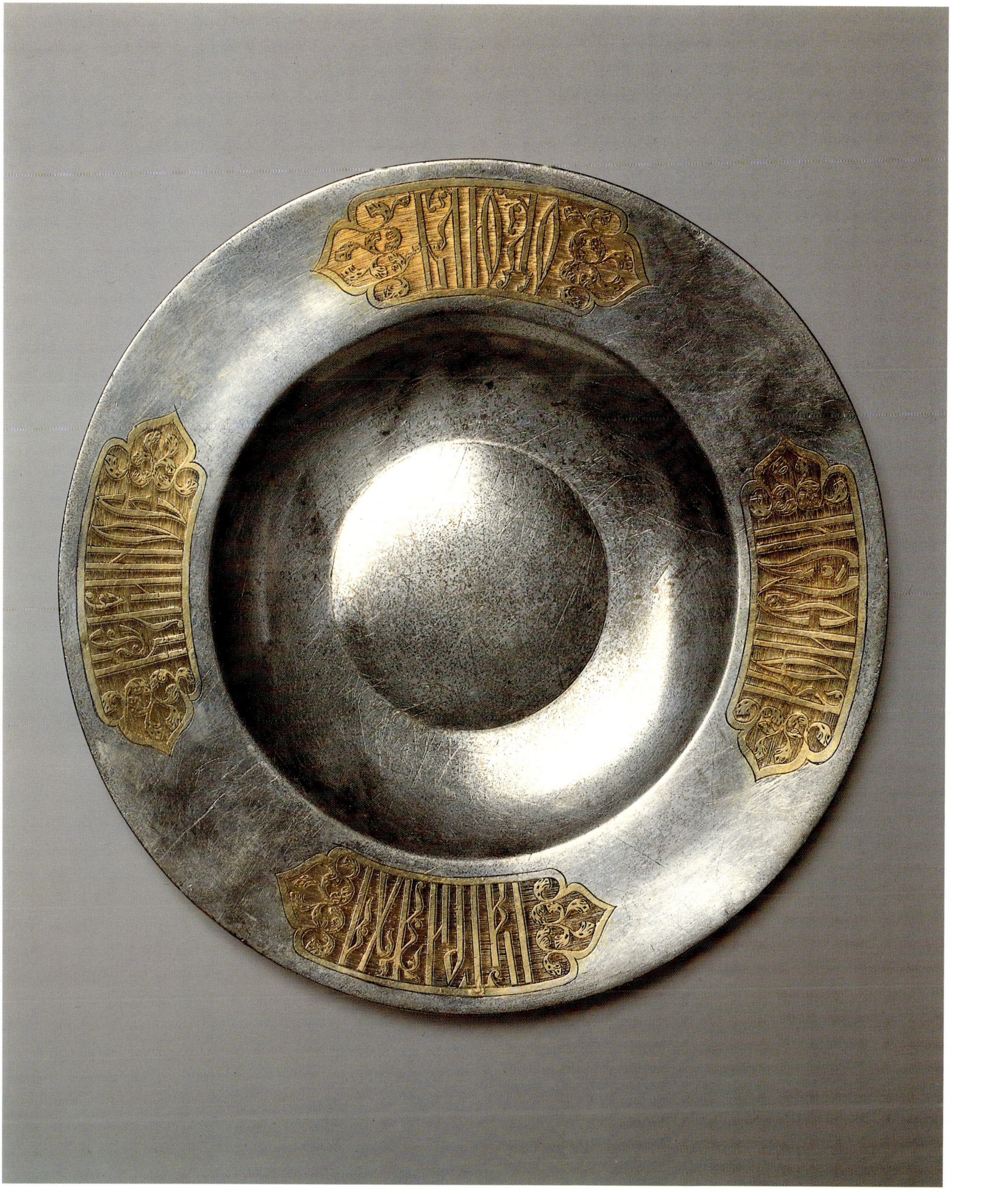

34 Korčik

Rußland, 17. Jahrhundert
Silber, getrieben, ziseliert, gegossen, punziert, vergoldet
Länge 12,1 cm, Höhe (mit Griff) 6 cm
Inv.-Nr. MR-4199

Silberne Miniatur-Korčiki zum Trinken von starken alkoholischen Getränken waren im 17. Jahrhundert in Rußland weit verbreitet. Wegen ihres geringen Wertes, da nur wenig Edelmetall verwendet wurde, waren sie einem größeren Kreis von Erwerbern zugänglich – dem Dienstadel und Kaufleuten, deren Namen sich auf vielen erhalten haben.
In seiner Form steht der Korčik dem traditionellen russischen Kovš nahe, er ähnelt wie dieser einem auf dem Wasser schwimmenden Vogel.
Der silberne Korčik aus der Rüstkammer zeichnet sich durch die Feinheit des Dekors aus. Sein gegossener Griff ist mit der Figur eines Löwen geschmückt. Im Inneren der Schale finden sich neben ziseliertem Rankenwerk in Hochrelief getriebene Wassertiere: Fische, Muscheln, Krebse sowie doppelschwänzige Sirenen aus der Sagenwelt.

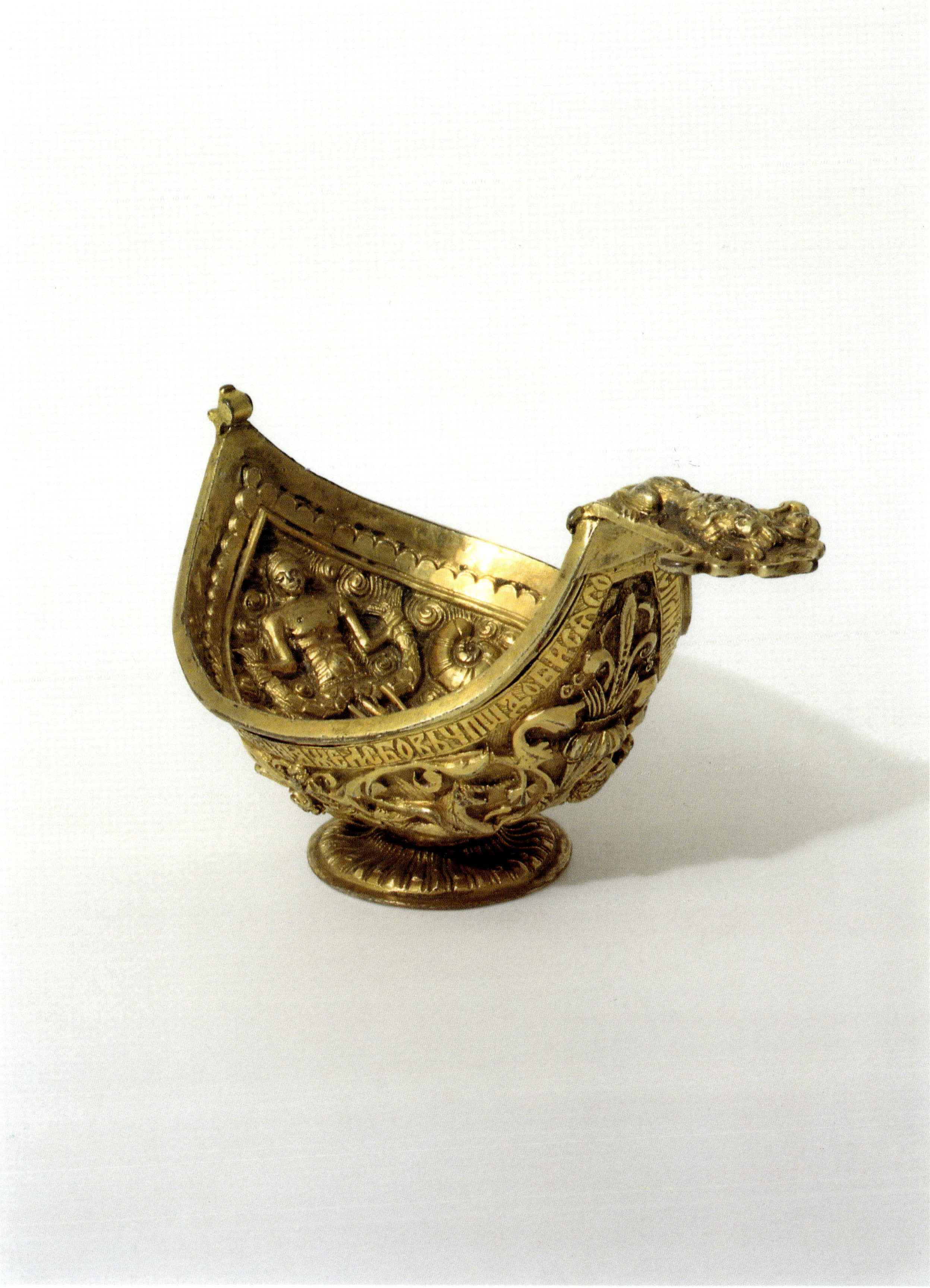

35 Bratina

Moskau, Werkstätten des Kreml, 1. Hälfte 17. Jahrhundert
Gold, getrieben, ziseliert, Niello, Perlen
Höhe (mit Deckel) 15 cm, Durchmesser 9,3 cm
Inv.-Nr. MR-4188/1-2

Diese wertvolle Bratina wurde dem Zaren Michail Fedorovič von den als Kaufleuten bekannten Gebrüdern Sudovščikov geschenkt. Später gab sie der Zar seiner Gemahlin, der Zarin Evdokija Lukjanova. Eine kreisförmig niellierte, von den ersten Schenkern der Bratina angebrachte Inschrift wurde teilweise ausgelöscht und eine neue am oberen Rand angebracht. Abgesehen hiervon schien die Bearbeitung des Gefäßes dem Zaren nicht reich genug, und er ließ die künstlerische Ausschmückung der Bratina durch ein Perlenband vollenden, worüber die Archive des Zaren Auskunft geben.
Obwohl die goldene Bratina zu Beginn des 17. Jahrhunderts angefertigt wurde, gehört sie doch aufgrund des strengen Dekors, der Verbindung von Gold und Niellierung mit Rankenmotiven zur Kunst des vorangegangenen Jahrhunderts. Der gewölbte, konische Deckel bildet einen organischen Abschluß der glatten, kugelförmigen Bratina und zeigt gleichzeitig eine starke Ähnlichkeit zu den vergoldeten Zwiebelkuppeln der Moskauer Kirchen.

Literatur: М. М. Постникова-Лосева, Золотые и серебряные изделия мастеров Оружейной палаты XVI–XVII веков // Государственная Оружейная палата Московского Кремля. Москва 1954. ил. 15; Государственная Оружейная палата. Москва 1988. С. 80, ил. 46. – *Ausst. Kat.:* L'URSS et la France. Les grands moments d'une Tradition. Paris 1974. No. 532.

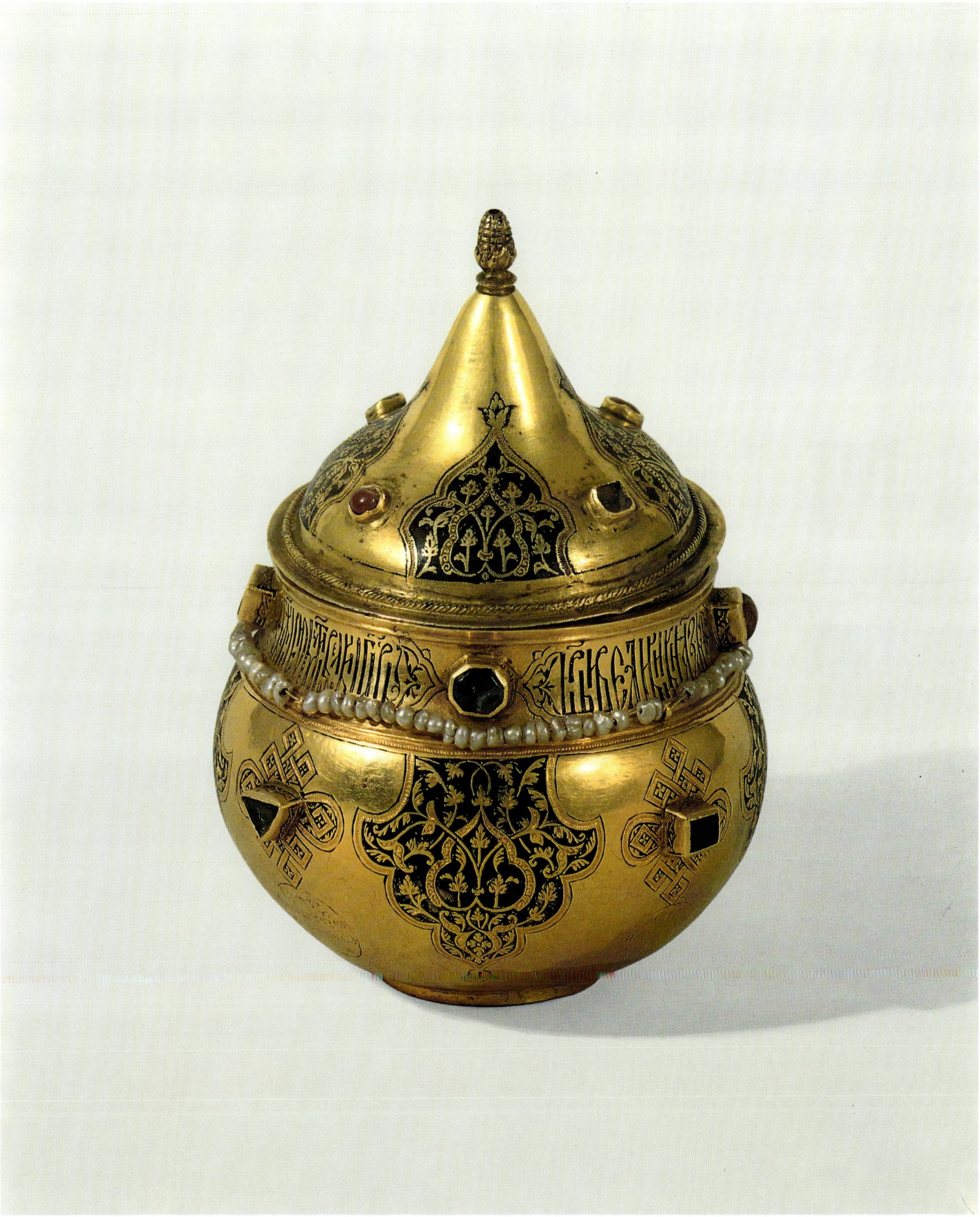

36 Teller

Moskau, Werkstätten des Kreml, 1670–1680
Silber, getrieben, ziseliert, punziert, vergoldet, Niello
Durchmesser 30,2 cm
Inv.-Nr. MR-4205

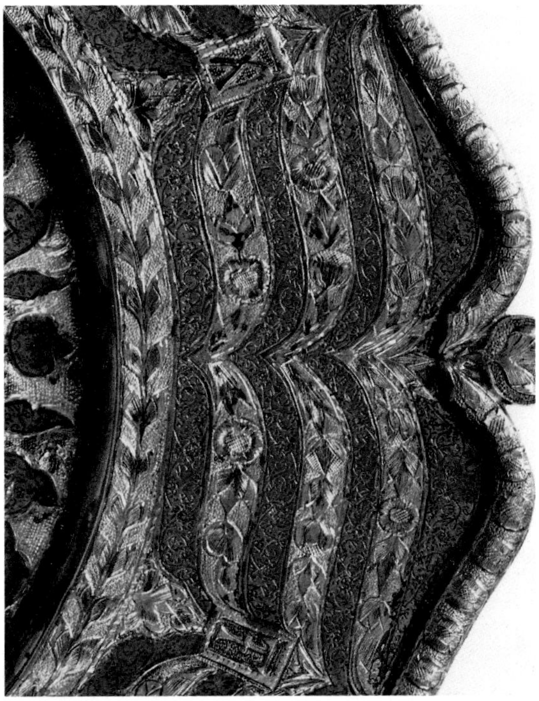

Der Silberteller stellt ein hervorragendes Beispiel der Niellokunst im Rußland des 17. Jahrhunderts dar. Die Schönheit seines Dekors liegt im Kontrast der glänzenden Vergoldung des Metalls mit der samtigen Weichheit des Niello, in der Gegenüberstellung von hellem Hintergrund und dunkler Ausschmückung oder umgekehrt von hellem Dekor auf dunklem Grund. Zu den Pflanzenmotiven, die den Teller ausschmücken, gehören stilisierte Darstellungen von Granatäpfeln, die in der russischen Kunst in der zweiten Hälfte des 17. Jahrhunderts unter östlichem Einfluß Aufnahme fanden. In der Mitte des Tellers ist ein vergoldetes, rundes Medaillon angebracht, auf dem innerhalb eines Lorbeerkranzes ein heraldisches Motiv eingraviert ist, das eine Hand zeigt, die ein Schwert über zwei gekreuzten Säbeln hält. Wie sich aus der Umschrift um das Wappen ergibt, gehörte dieser Teller dem Bojaren Bogdan Matveevič Chitrovo.
Aufgrund des Wappens läßt sich nicht nur der Besitzer des Tellers bestimmen, sondern auch seine Datierung festlegen. In Rußland wurden im Verhältnis zu den westeuropäischen Ländern persönliche oder Familienwappen erst spät eingeführt, nämlich erst im letzten Viertel des 17. Jahrhunderts. Ende der siebziger Jahre dieses Jahrhunderts war auf Bitten des Zaren Alexej Michajlovič der Heroldmeister Kaiser Leopolds I., Laurens Kurelitsch, nach Rußland gekommen, um hier im Jahre 1673 ein Werk über die Heraldik zu verfassen, das als Hilfsmittel bei der Zusammenstellung russischer Familienwappen verwendet wurde. Bogdan Matveevič Chitrovo war einer der ersten Vertreter des russischen Adels, der ein Wappen führte. Da der Bojar Chitrovo 1680 starb, wird seine Wappenführung nach 1670, jedoch nicht später als 1680 stattgefunden haben. Hiermit läßt sich nun auch der niellierte Teller mit seinem Wappen auf diesen Zeitraum datieren. Bogdan Matveevič Chitrovo war während der zweiten Hälfte des 17. Jahrhunderts eine bedeutende Persönlichkeit am russischen Hofe. Über ein Vierteljahrhundert beeinflußte er das kulturelle Leben Moskaus, da er seit 1654 bis zu seinem Tod die Kunstwerkstätten des Moskauer Kreml leitete.

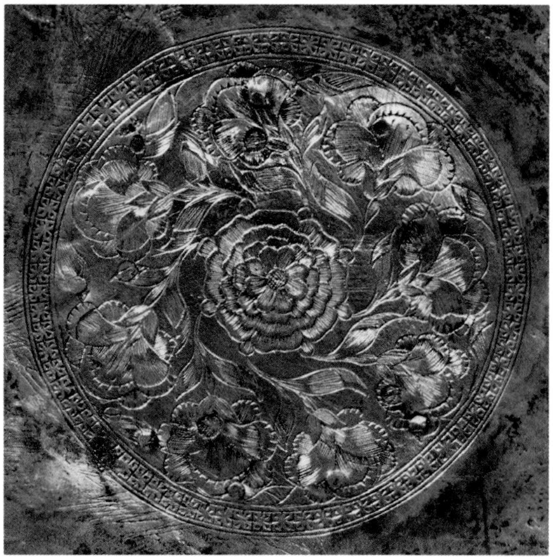

Medaillon mit Pflanzenmotiven von der Rückseite des Tellers

Literatur: М. М. Постникова-Лосева, Золотые и серебряные изделия мастеров Оружейной палаты XVI–XVII веков // Государственная Оружейная палата Московского Кремля. Москва 1954. С. 184, ил. 30.

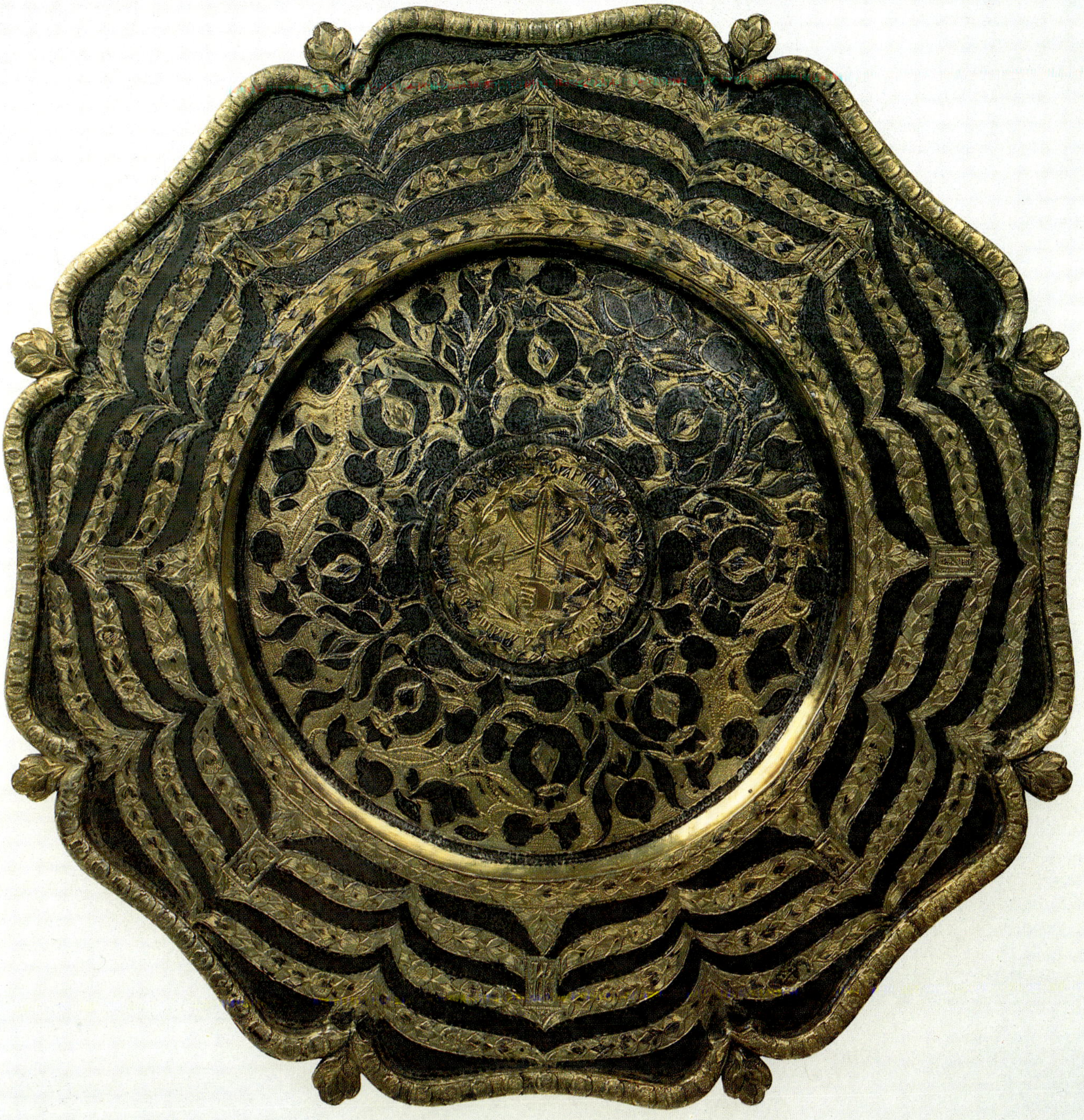

37 Stavec

Moskau, Werkstätten des Kreml, 1685
Meister Michail Michajlov, Andrej Pavlov
Silber, getrieben, ziseliert, vergoldet, Niello
Höhe 12,2 cm, Durchmesser 12,2 cm
Inv.-Nr. MR-1771/1-2

Unter den altrussischen Gefäßformen findet sich die eines zylindrischen Deckelbechers, der Stavec. Der ursprüngliche Gebrauch dieser Gefäße ist bis heute nicht geklärt. Bekannt ist, daß hölzerne Stavec für Suppen und andere flüssige Speisen gebraucht und häufig in Klöstern verwendet wurden. Ein russisches Sprichwort sagt: »Es gibt so viele Alte (Starec) wie es Staveč gibt.« Die Zaren und Bojaren verwendeten silberne Stavec hauptsächlich für Süßspeisen.

Auf dem Stavec befinden sich weder die Namen der Meister noch ein Datum, jedoch ließ sich durch Archivmaterial feststellen, daß der Stavec 1685 von den Kreml-Goldschmieden Michail Michajlov und Andrej Pavlov angefertigt wurde. Bei der Ausschmückung des Gefäßes wandten sie Dekorationsmotive an, die typisch für die Moskauer Goldschmiedekunst des ausgehenden 17. Jahrhunderts sind. Das Äußere des Stavec ist bedeckt mit winzig nielliertem Rankenwerk und Blättern, die den Grund der vergoldeten und ziselierten Pflanzen mit feinen Zweigen, Blättern und Blumen bilden. Am Gefäßrand befindet sich eine in rechteckigen Bändern gravierte Inschrift mit den Namen und Titeln der Besitzerin, nämlich der Zarin Sophie Alexeevna, der Schwester der minderjährigen Zaren Ivan und Peter, die 1682 an die Regierung gekommen waren. In den ersten Regierungsjahren standen die Brüder unter der Vormundschaft der energischen und herrschsüchtigen Sophie. Mit der Zeit entwickelte sich jedoch zwischen dem heranwachsenden Peter und seiner Schwester ein harter Kampf um die Macht. 1689 wurde die Zarin ihrer Herrschaft enthoben und ins Kloster von Novodevičij verbannt.

Literatur: М.М. Постникова-Лосева, Золотые и серебряные изделия мастеров Оружейной палаты XVI–XVII веков // Государственная Оружейная палата Московского Кремля. Москва 1954. С. 178, ил. 24; Государственная Оружейная палата. Москва 1988. С. 92, ил. 58. – *Ausst. Kat.:* Treasures from the Kremlin. New York 1979. No. 41; Trésors des Musées du Kremlin. Paris 1979. No. 16; Tesoros del Kremlin. Mexico 1982. No. 32; Tesori del Cremlino. Roma 1982. Kat. Firenze 1982. No. 32; Trezori muzeja moskovskogo Kremlja. Beograd 1985; Skoplje 1986, Kat. Moskva 1985. N 94; Treasures from the Museums of the Moscow Kremlin. New Delhi 1988. No. 24.

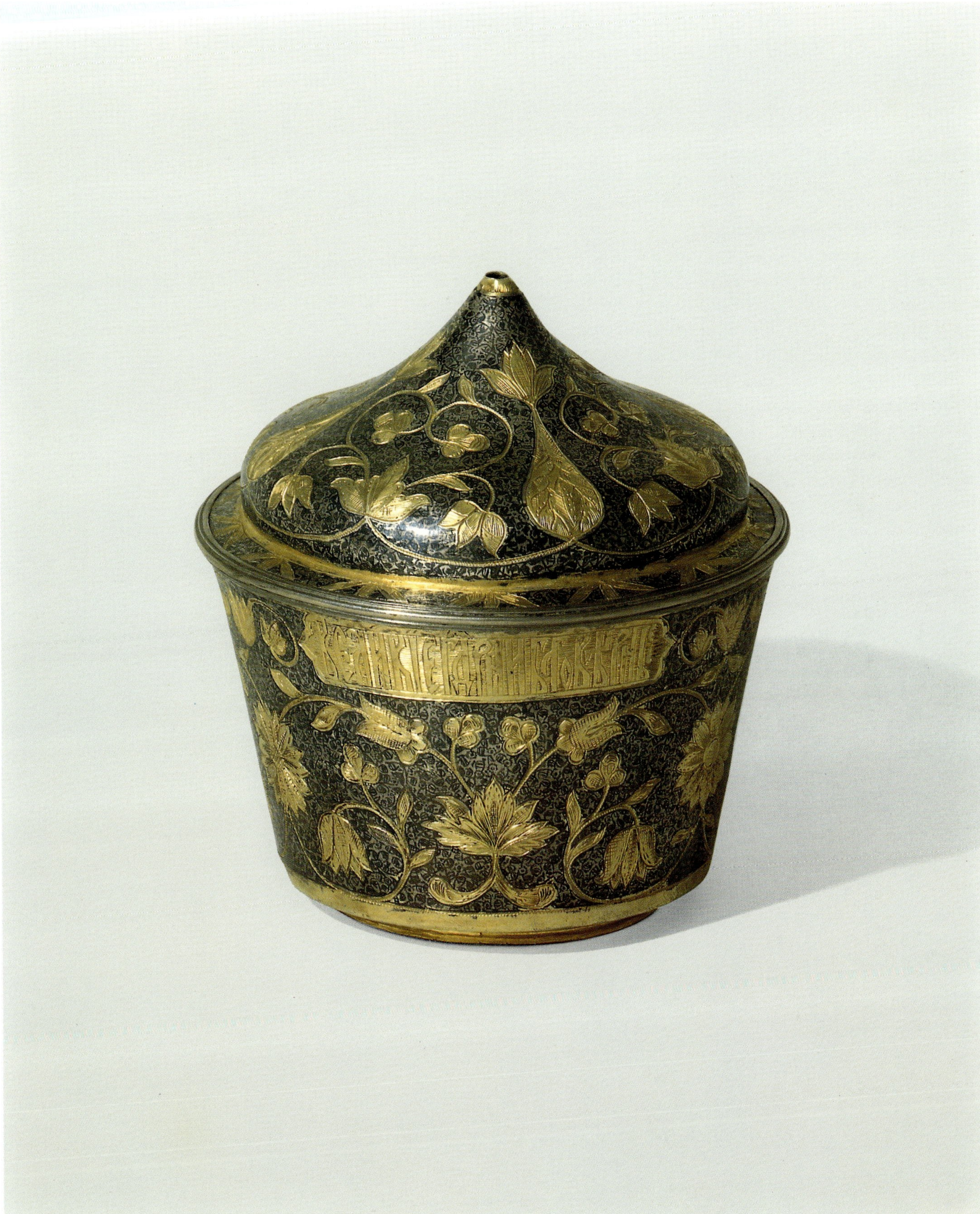

38 Becher

Moskau, Werkstätten des Kreml, Ende 17. Jahrhundert
Silber, getrieben, graviert, vergoldet, Niello
Höhe 20,1 cm, Durchmesser 12,6 cm
Inv.-Nr. MR-1773

Hohe, sich nach oben erweiternde Silberbecher sind seit langem in Rußland in Gebrauch gewesen. Einfach und schlicht in der Form, wurden sie aufgrund ihres reichen Dekors auch als Tafelschmuck angesehen. Ende des 17. Jahrhunderts spielte die Niellotechnik eine große Rolle bei der Ausschmückung silberner Gegenstände. Der Becher aus der Rüstkammer kann als hervorragendes Beispiel für die Niellokunst gelten. Ein dichtes, samtartig schwarzes Ornament aus minutiös gearbeiteten Zweigen und Blattranken überzieht die gesamte Oberfläche des Bechers. Von dem mit Rankenwerk niellierten Hintergrund heben sich effektvoll vergoldete Blüten von phantasievoller Zeichnung mit langen saftigen Stengeln und gebogenen Blättern ab. In diesem die Wandung malerisch überziehenden Pflanzenornament finden sich Darstellungen von Früchte fressenden Vögeln und am unteren Rand ein Einhorn, Hirsch und Widder in schnellem Lauf.

Literatur: М. М. Постникова-Лосева, Золотые и серебряные изделия мастеров Оружейной палаты XVI–XVII веков // Государственная Оружейная палата Московского Кремля. Москва 1954. С. 176, ил. 22; И. С. Ненарокомова, Е. С. Сизов, Государственные Музеи Московского Кремля. Москва 1977. С. 68–69; Государственная Оружейная палата. Москва 1988. ил. 57. – *Ausst. Kat.:* Древнерусское прикладное искусство. Токио 1964.

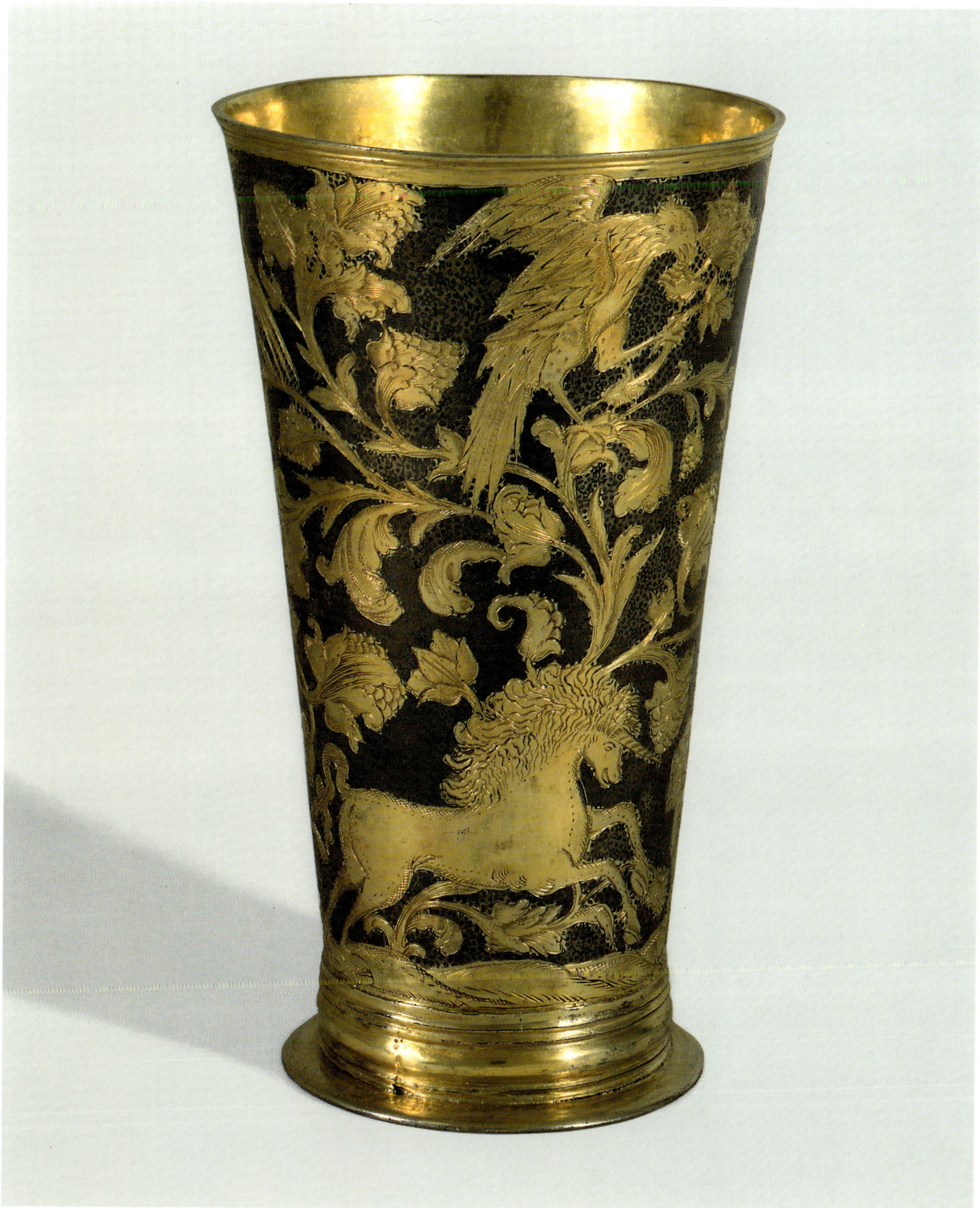

39 Čarka

Moskau, Anfang 18. Jahrhundert
Meister Petr Ivanov
Beschaumarke: Doppeladler
Silber, getrieben, ziseliert, vergoldet, Niello
Durchmesser 6,5 cm, Länge 9,5 cm
Inv.-Nr. MR-1798

Eine Besonderheit bei diesem Stück sind die beiden auf ihm einpunzierten Marken, die Marke mit den Initialen des Meisters und die Stadtmarke.
Obwohl der erste Ukas über die Stempelung von Edelmetallobjekten auf das Jahr 1613 zurückgeht, finden sich die frühesten bekannten Marken erst um 1651/1652. Vor 1700 erschien als Moskauer Beschau die Marke mit dem Doppeladler, begleitet vom Datum in den Buchstaben des slawischen Alphabets. Nach 1700 besteht die Marke aus dem Doppeladler ohne Datum, so wie auf dieser Čarka. Um 1700 kommen auch die ersten Meistermarken auf. Die ausgestellte Čarka gehört zu den frühesten Beispielen, bei denen eine Marke mit den Initialen des Goldschmieds geprägt ist, in diesem Fall des Meisters Petr Ivanov. Aus Archiven ist bekannt, daß dieser Goldschmied vor 1700 zu den Meistern der Silberkammer des Kreml gehörte. Nach deren Schließung arbeitete er als städtischer Goldschmied.

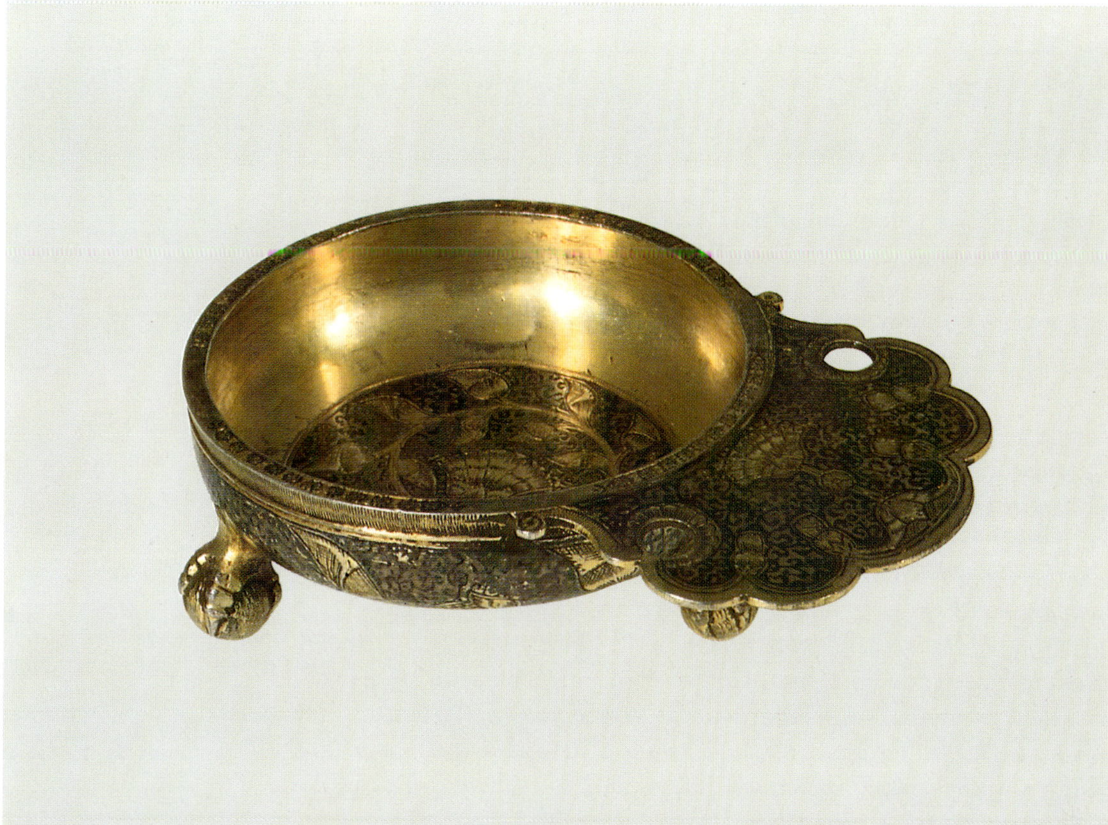

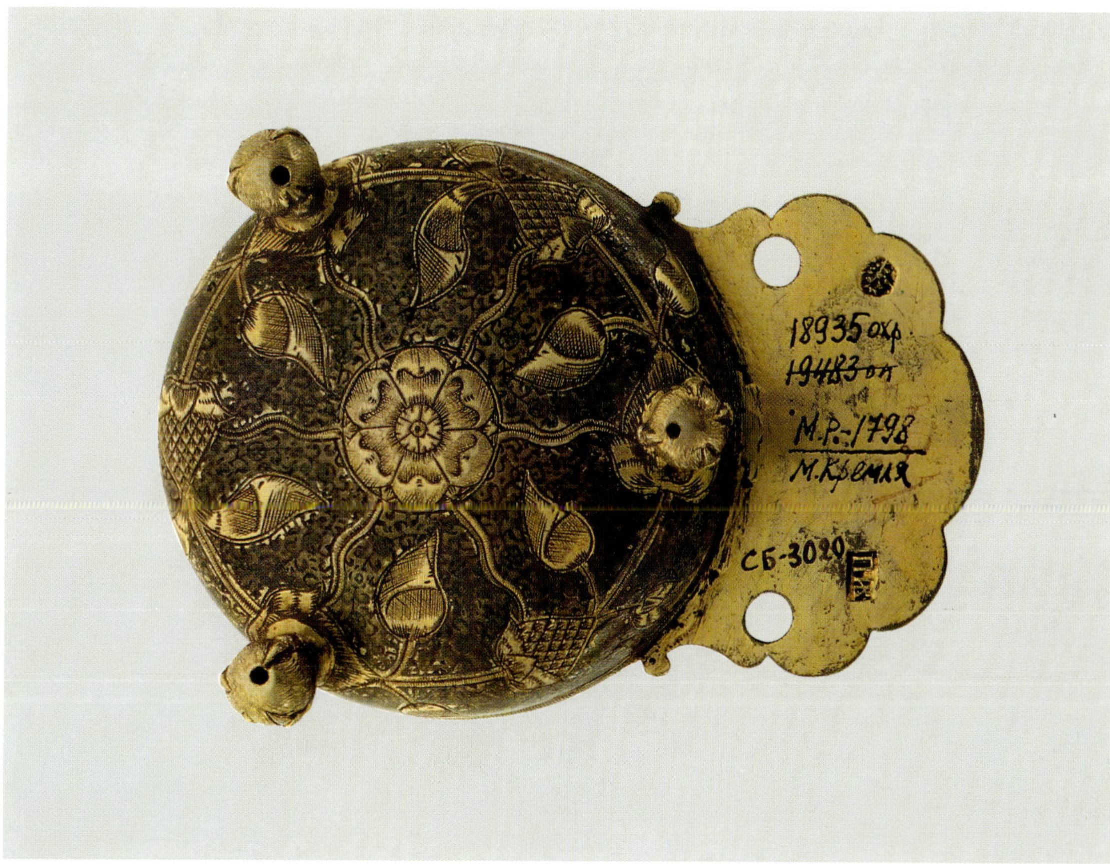
18935 охр
19483 ок
М.Р.-1798
М.Кремля
СБ-3020

40 Evangeliar

Einband-Vorderseite: Vjatka, 17. Jahrhundert
Einband-Rückseite: Vjatka, 1840
Druck des Evangeliartextes: 1681
Silber, getrieben, gegossen, punziert, vergoldet, Filigran, Email, Almandine, Aquamarin, Granate, Samt, Papier
Höhe 44 cm, Breite 29 cm
Inv.-Nr. KN-42

Für den Emaildekor des silbernen Einbandes finden sich Parallelstücke von Emailleuren aus Vjatka. Das Evangeliar kam aus der Schatzkammer der Kathedrale von Vjatka in die Rüstkammer. In diesem Fall bestätigt die Herkunft des Stückes seine Zuschreibung. In dem außergewöhnlich dekorativen Emailschmuck des Einbandes spiegelt sich der Prozeß einer Art Säkularisation wider, der typisch für die russische Kunst des ausgehenden 17. Jahrhunderts ist. Auf dem effektvoll vergoldeten Grund der vorderen Einbandseite stehen wie natürlich wachsende (in Filigrandraht angelegte), vielfarbige Blüten mit Knospen, unter deren Last sich dünne Stengel krümmen. Bunte Blumen finden sich ebenfalls zu Füßen der Evangelisten, die mit der Abfassung ihrer Schriften beschäftigt sind. Drei der Evangelisten, Markus, Lukas und Matthäus, sitzen vor Gebäuden, die eine Vorstellung von den in Beschreibungen reich ausgeführten, altrussischen Palastbauten geben. Der vierte Evangelist, Johannes, befindet sich in einem blühenden Garten, der an die russische Sagenwelt erinnert. Die fröhliche Festlichkeit, die diesen dekorativen Einband auszeichnet, findet sich auch sonst häufig bei der Ausschmückung von Kirchengerät der zweiten Hälfte des 17. Jahrhunderts.

Literatur: Л. В. Писарская, Н. Г. Платонова, Б. Л. Ульянова, Русские эмали XI–XIX вв. Москва 1974. С. 164, ил. на с. 165–167.

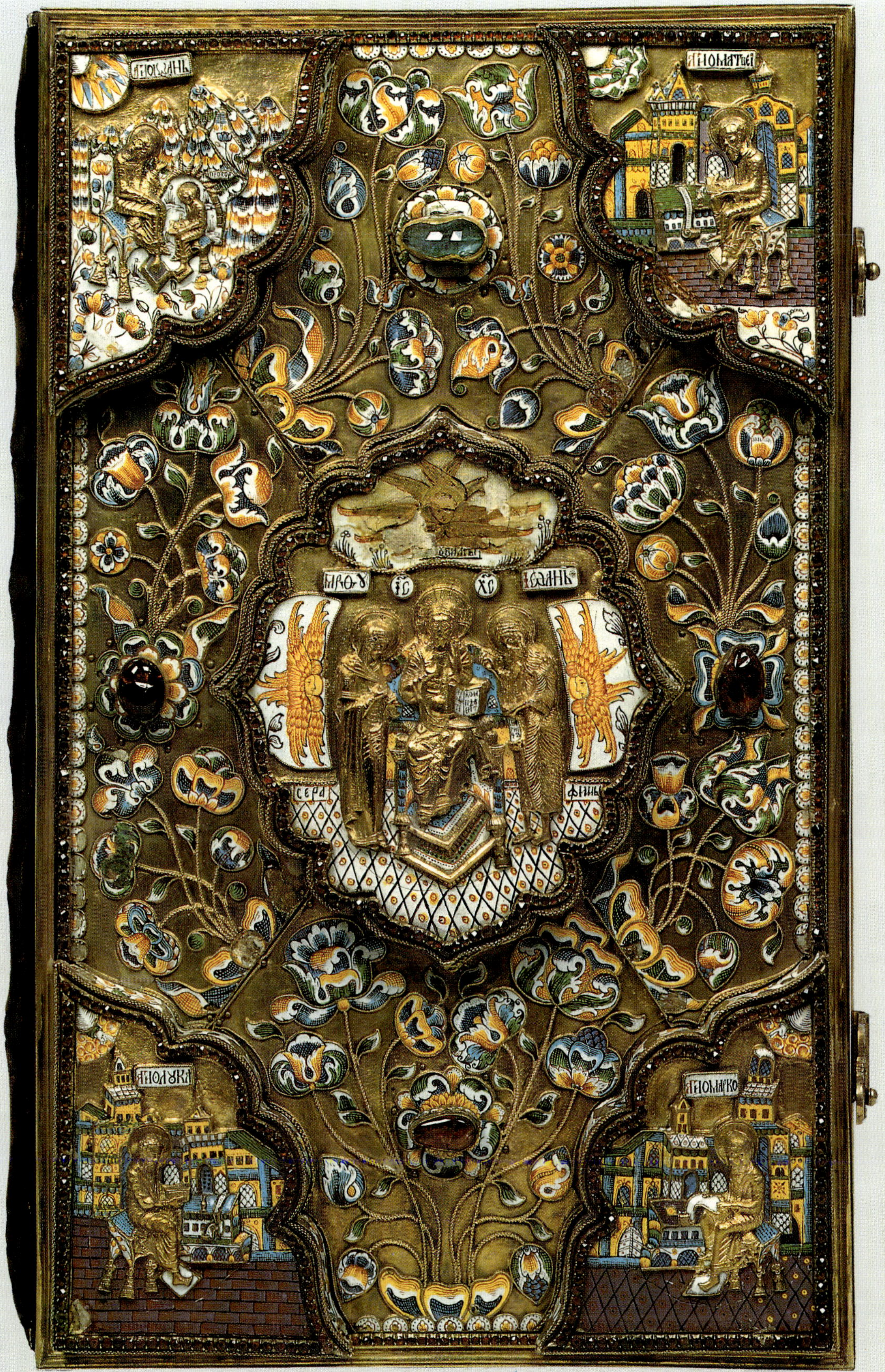

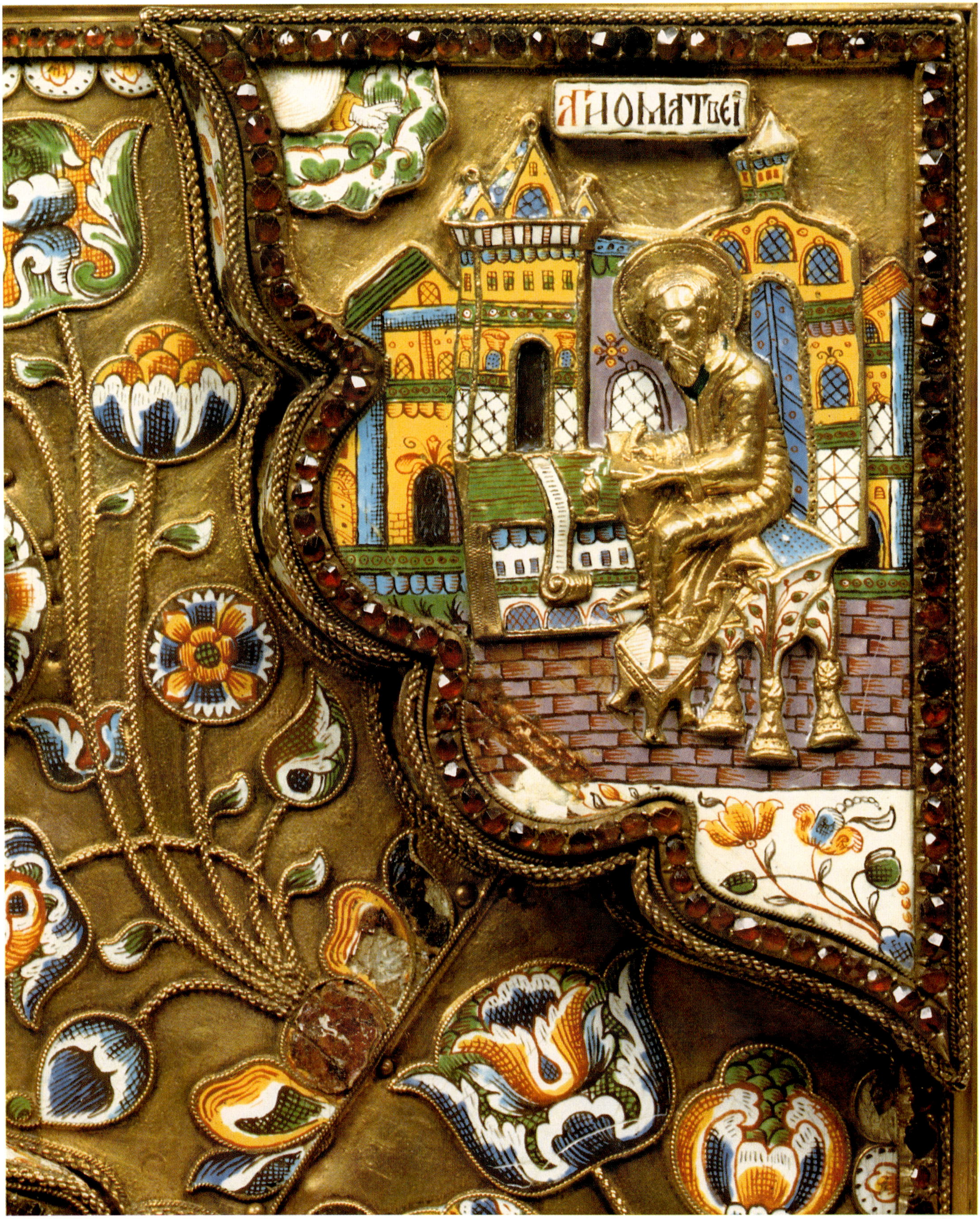

Kat. 40 Detail

41 Panagia mit Kette

Vjatka, etwa 1690
Silber, getrieben, vergoldet, Filigran, Email, Saphire, Turmalin, Karneol, Achat, Glas, Perlen
Höhe 26,2 cm, Breite 10,2 cm; Kette: Länge 105 cm
Inv.-Nr. MR-1104/1-2

Die silberne Panagia zeigt auf der Vorderseite die in Emailmalerei ausgeführte Darstellung der alttestamentlichen Dreifaltigkeit, auf der Rückseite ein Kruzifix und als Bekrönung Gott Zebaoth sowie die Gottesmutter des Zeichens. Die ins Auge fallende Ausschmückung der Panagia wird durch drei Silberanhänger mit Saphirtropfen vollendet.

Eine genaue Beschreibung dieser Panagia hat sich in dem »Inventar des Vermögens« der Kathedrale von Vjatka erhalten. In ihm finden sich neben der Panagia noch eine Reihe anderer Kirchengeräte mit ähnlichem Emaildekor. Das Inventar wurde 1694 aufgestellt und läßt für die Datierung den Schluß zu, daß die Panagia jedenfalls nicht später als in diesem Jahr angefertigt wurde.

Aus den uns erhaltenen archivalischen Dokumenten lassen sich häufig Informationen über Kunstdenkmäler herleiten, weshalb sie als wertvolle Quellen für die Geschichte der altrussischen Kultur geschätzt werden. In diesem Fall bestätigt das Inventar die Herkunft der Panagia aus Vjatka, bestimmt ihre Datierung und gibt Auskunft über ihren ursprünglichen Aufbewahrungsort.

Die Emailmalerei von Vjatka hatte einen starken Einfluß auf die Emailkunst von Sol'vyčegodsk, jedoch lassen sich bei ihnen Eigenheiten feststellen, die die Zuschreibung erleichtern. Hierzu gehört beispielsweise eine gewisse Verstärkung der Farbgebung, die – wie bei der Panagia – durch Hervortreten der hellblauen und gelben Farbtöne charakterisiert wird.

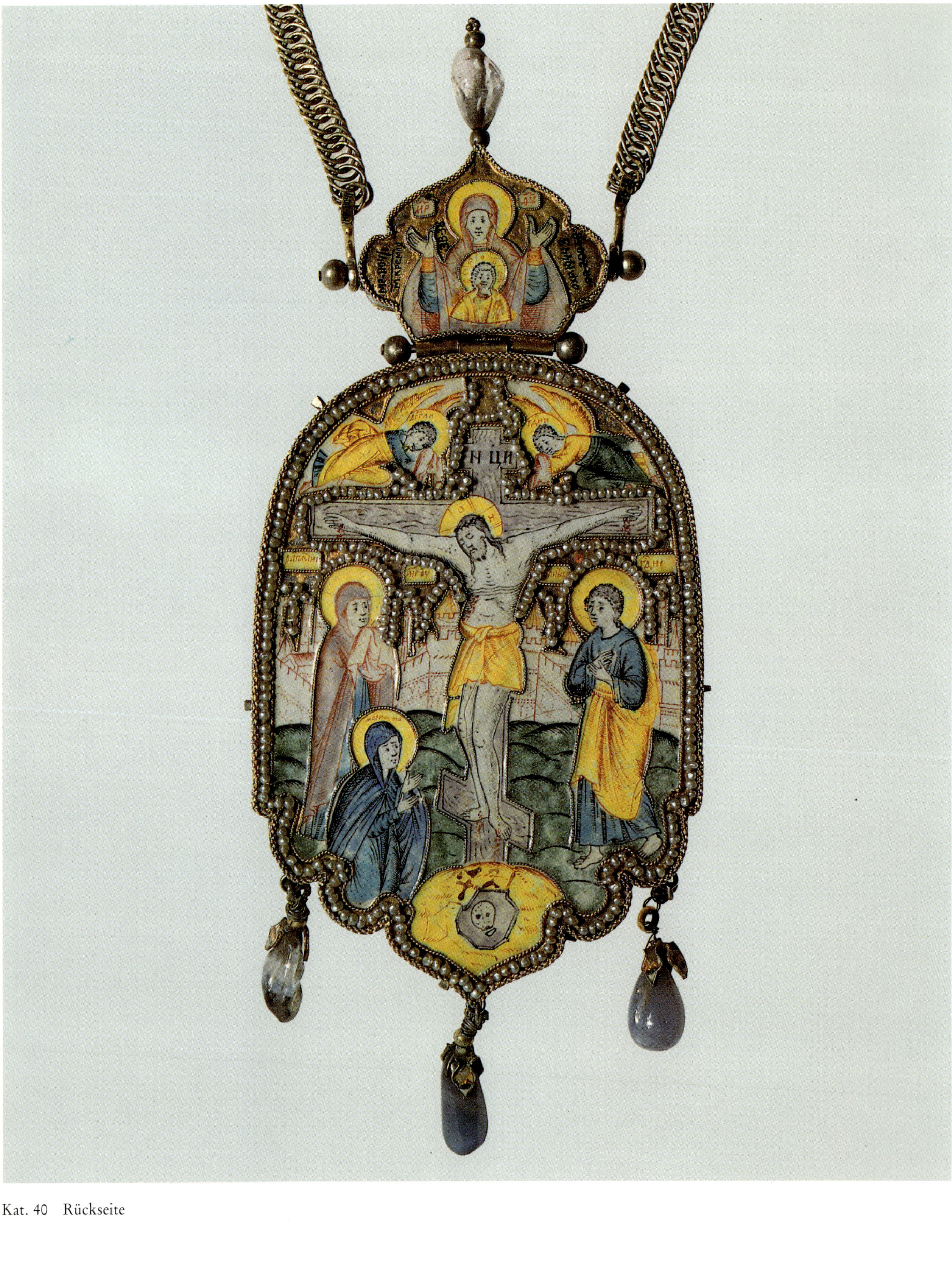

Kat. 40 Rückseite

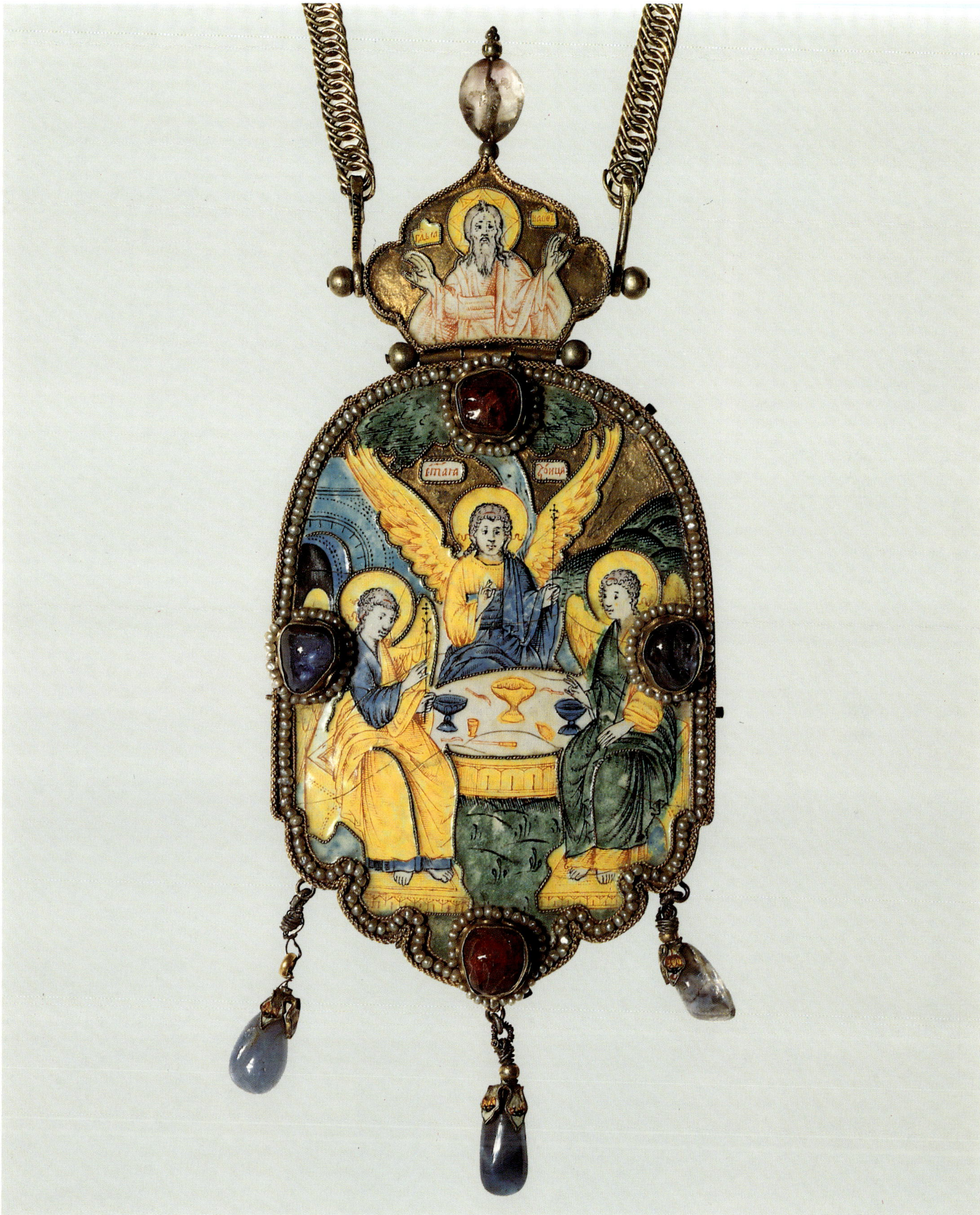

Kat. 40 Vorderseite

42 Messer

Sol'vyčegodsk, Ende 17. Jahrhundert
Silber, getrieben, vergoldet, Filigran, Email, Stahl
Länge 25,2 cm
Inv.-Nr. MR-3296

Die im nördlichen Küstengebiet liegende Stadt Sol'vyčegodsk war bekannt für ihre Eisenerzvorkommen und Eisenverarbeitung und wurde im Laufe des 17. Jahrhunderts zum bedeutendsten Zentrum der Klingenherstellung aus Eisen. Die Messer aus Sol'vyčegodsk stellten den Hauptbestandteil des städtischen Handels dar und erfreuten sich einer großen Beliebtheit in den unterschiedlichsten Gebieten des Landes. Im örtlichen Handwerk waren die Klingenschmiede in der Überzahl. Beispielsweise gab es um 1700 aufgrund einer Volkszählung unter den 3050 Einwohnern von Sol'vyčegodsk zwanzig Messerschmiede und gleichzeitig nur vier Ikonenmaler.
Die Klingen wurden von Goldschmieden mit prächtigen Griffen ausgeschmückt. Messer mit Emailfassung auf Kupfer gehörten zu einer regelrechten Massenproduktion; zu Hunderten verkaufte man sie auf den Märkten der bedeutenden Handelsstädte Rußlands, wie Moskau, Archangel'sk, Velikij Ustyug und Nižnij Novgorod. Für ausgewählte Käufer am Zarenhof oder Vertreter der vornehmen Gesellschaft waren Messer mit Griffen aus emailliertem Silber bestimmt.

Ausst. Kat.: Treasures from the Kremlin. New York 1979. No. 47; Trésors des Musées du Kremlin. Paris 1979. No. 47; Treasures from the Museums of the Moscow Kremlin. New Delhi 1988. No. 33.

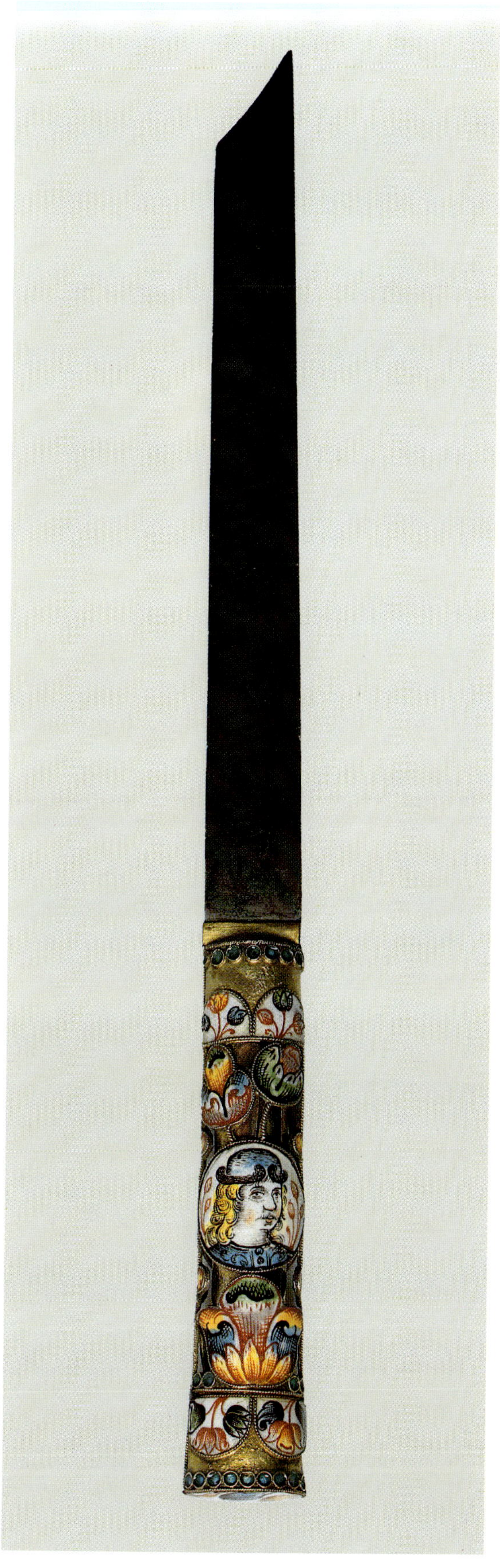
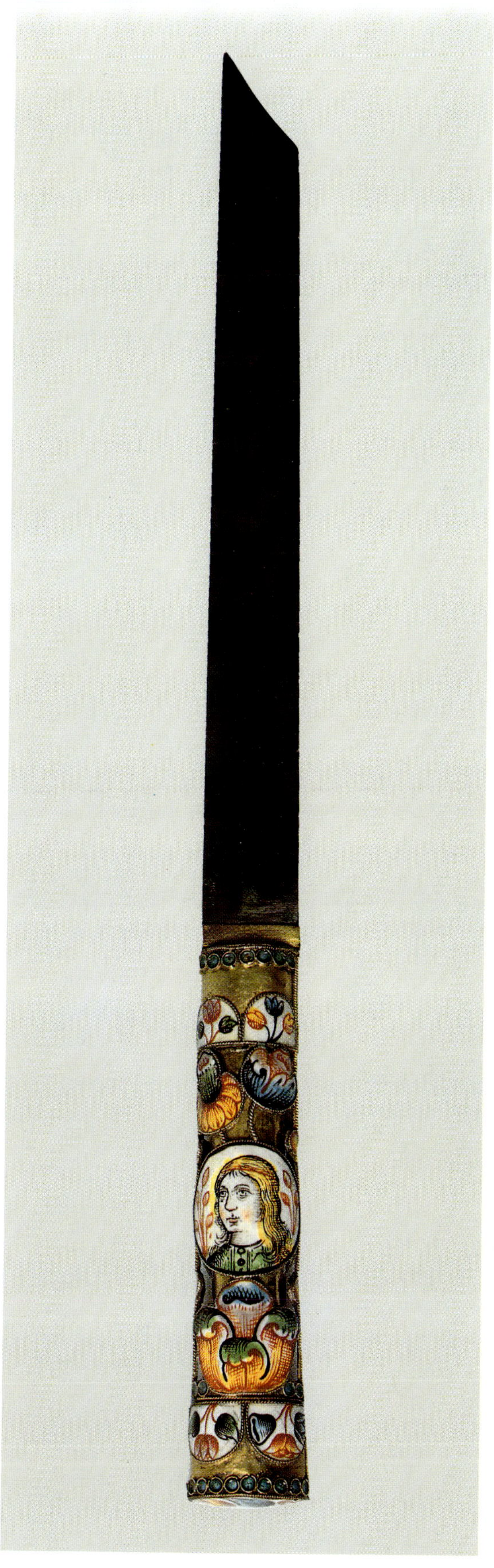

43 Larec

Sol'vyčegodsk, Ende 17. Jahrhundert
Silber, getrieben, Filigran, Email
Länge 19,5 cm, Breite 11 cm, Höhe 11 cm
Inv.-Nr. MR-1082

»Larec« wurden in Rußland Schatullen unterschiedlicher Größe genannt, die der Aufbewahrung von Schmuck oder Toilettengegenständen dienten. Am häufigsten waren es rechteckige Kästchen auf Füßen mit einem abgeschrägten, erhöhten Deckel und einem Scharnier. Sie zeichneten sich nicht nur durch die besondere Form, sondern auch durch ihre Ausschmückung aus. Die Meister von Sol'vyčegodsk dekorierten die silbernen Kassetten in der für sie charakteristischen Technik des ausgemalten Emails. Die Wandungen des hier gezeigten Larec sind belegt mit langen gebogenen Filigranstengeln sowie emaillierten Blüten, Früchten, Knospen und Blättern. Zwischen den Pflanzen befinden sich einzelne herumflatternde Vögel aus verschiedenfarbigem Email. Je länger man den Emaildekor anschaut, um so erstaunlicher wirkt die Verschiedenartigkeit und der Reichtum der Ornamente. Unter den Pflanzenmotiven lassen sich einige nach der Natur bestimmen, bei anderen hatte die Phantasie des Meisters die realistischen Formen in künstlerische umgewandelt, in Blumen der Märchenwelt. Die Ornamente wirken ausgeglichen in der Gesamtkomposition, zeichnen sich aber durch Asymmetrie aus, die ihnen eine eigenartige Lebendigkeit und Dynamik gibt.

Literatur: Л. В. Писарская, Н. Г. Платонова, Б. Л. Ульянова, Русские эмали XI–XIX вв. Москва 1974. С. 156–158, ил. 81, 82; И. С. Ненарокомова, Е. С. Сизов, Художественные сокровища Государственных музеев Московского Кремля. Москва 1978. С. 66–67; Государственная Оружейная палата. Москва 1988. С. 103, ил. 70. – *Ausst. Kat.:* Treasures from the Kremlin. New York 1979. No. 51; Trésors des Musées du Kremlin. Paris 1979. No. 51; Tesoros del Kremlin. Mexico 1982. No. 38; Tesori del Cremlino. Roma 1982. Kat. Firenze 1982. No. 38; Tresori muzeja moskovskogo Kremlja. Beograd 1985; Skoplje 1986, Kat. Moskva 1985. N 103.

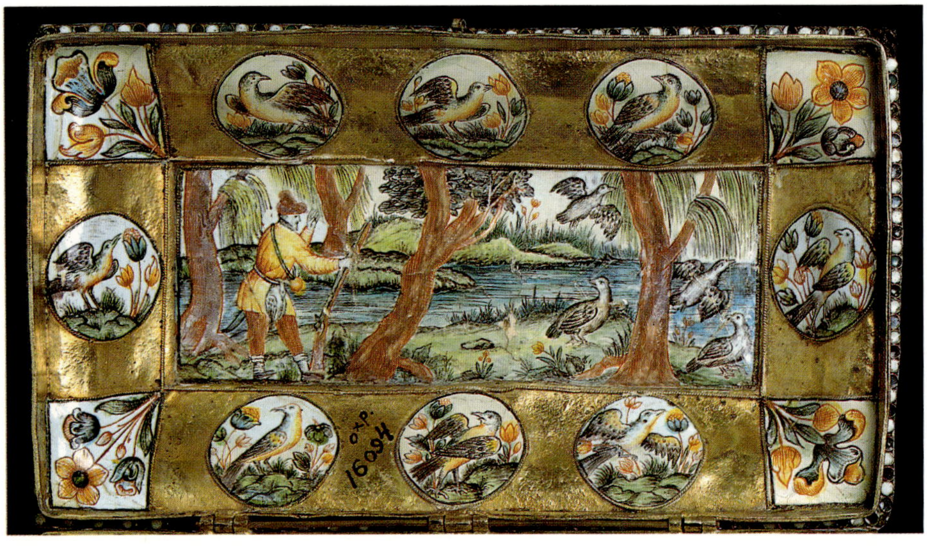

Innenseite des Deckels

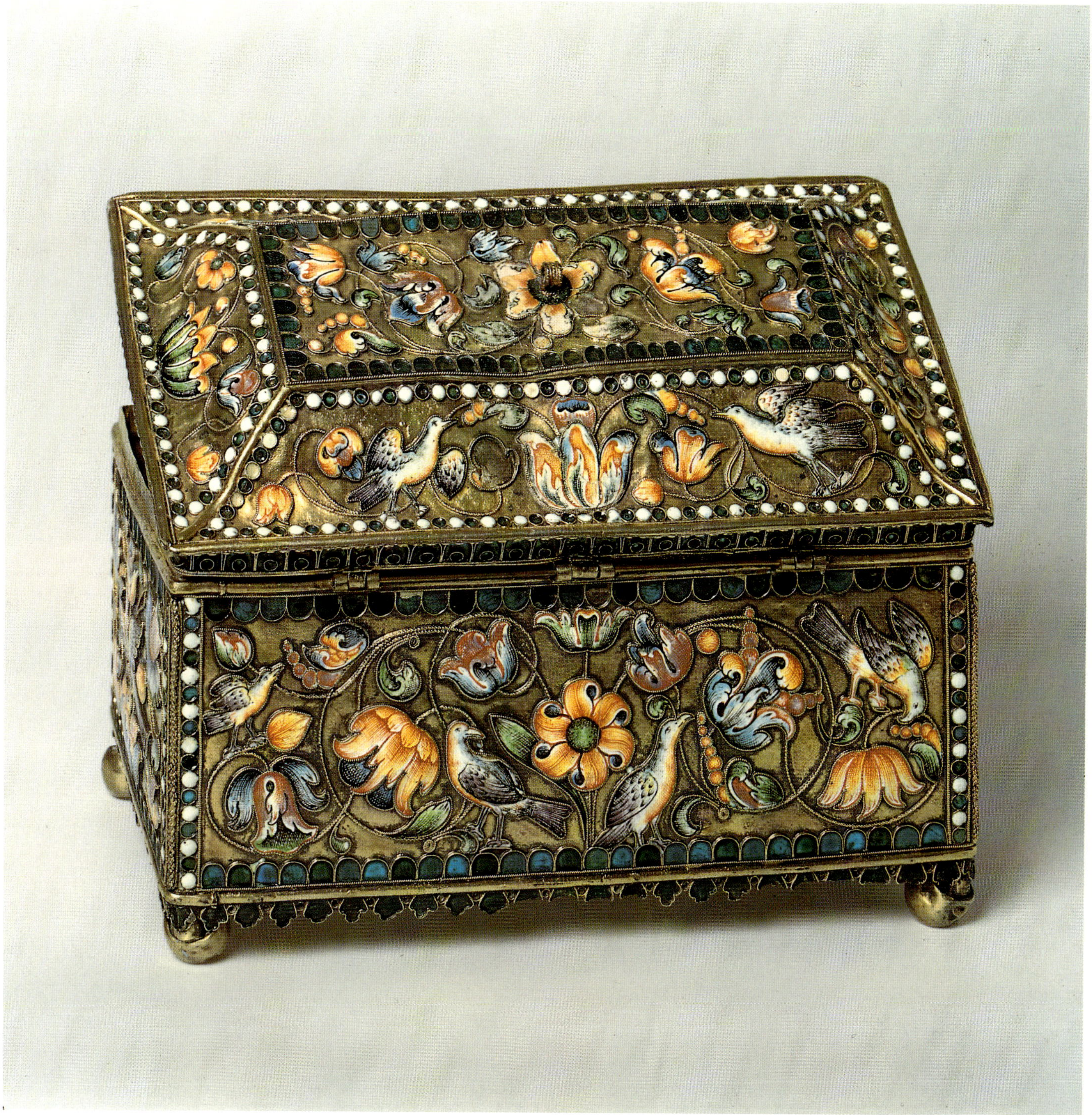

44 Schale

Sol'vyčegodsk, Ende 17. Jahrhundert
Silber, getrieben, vergoldet, Filigran, Email
Durchmesser 15,8 cm, Höhe 4,7 cm
Inv.-Nr. MR-1211

Auf dieser Schale sind Allegorien der Fünf Sinne dargestellt – Gesichts-, Gehör-, Geschmacks-, Gefühls- und Geruchssinn.
Allegorien verschiedener Art fanden in der russischen Kunst des ausgehenden 17. Jahrhunderts eine weite Verbreitung in einer ihr typischen sinnbildhaften Deutungsweise und metaphorischen Formulierung, die unter dem Einfluß des Barocks stand. In den allegorischen Darstellungen vermischten sich häufig Begebenheiten der Vergangenheit mit der Gegenwart, was in Theaterstücken oder Feuerwerksprogrammen der damaligen Zeit Ausdruck fand. Gestalten und Gegenstände der Realität sowie Phantasiegebilde wurden in der Literatur, Malerei und angewandten Kunst zu Symbolen belehrenden Inhalts.
In Rußland bildeten Werke aus Westeuropa die ikonographische Grundlage der allegorischen Darstellungen, da diese Themen dort früher ausgearbeitet worden waren. So waren Allegorien der Fünf Sinne – verbunden mit der Idee der Sündhaftigkeit alles Äußerlichen, der Nichtigkeit des sinnenhaften Genusses – in der westeuropäischen Kunst des späten Mittelalters bekannt und blieben auch noch im 16. Jahrhundert volkstümlich. Galante Paare, eine Dame und Kavalier, die musizieren, sich im Spiegel anschauen, an Blumen riechen, sich küssen oder Speisen verzehren, finden sich auf Gemälden und Graphiken mit Darstellungen der Fünf Sinne. Die in den Szenen dargestellten Figuren zeigen freie, dynamische Bewegungen vor einem Hintergrund von detailliert ausgemalten Landschaften oder Räumen. Die Ikonographie der Fünf Sinne auf der gezeigten Schale zeichnet sich im Unterschied zu westeuropäischen Beispielen durch eine höchst lakonische Darstellung aus. Der Emailleurmeister, der die Arbeitsweisen seiner Kunst genau beherrschte, gibt ein in der Komposition auf die Form und Größe der Schale abgestimmtes Bild, das hauptsächlich dekorative Wirkung zeigt. Der naiv-einfache Unterton, verbunden mit einer gewissen Fröhlichkeit, nimmt dieser Allegorie den moralisierenden Zug.

Literatur: Л. В. Писарская, Н. Г. Платонова, Б. Л. Ульянова, Русские эмали XI – XIX вв. Москва 1974. С. 150, ил. 78; Государственная Оружейная палата. Москва 1988. С. 103,ил. 68. – *Ausst. Kat.:* Treasures from the Kremlin. New York 1979. No. 50; Trésors des Musées du Kremlin. Paris 1979. No. 50; Tesoros del Kremlin. Mexico 1982. No. 37; Tesori del Cremlino. Roma 1982. Kat. Firenze 1982. No. 4; Tresori muzeja moskovskogo Kremlja. Beograd 1985; Skoplje 1986, Kat. Moskva 1985. N 101; Tesoros de los Museos del Kremlin de Moscú. Habana 1987/88. No. 24; Treasures from the Museums of the Moscow Kremlin. New Delhi 1988. No. 30.

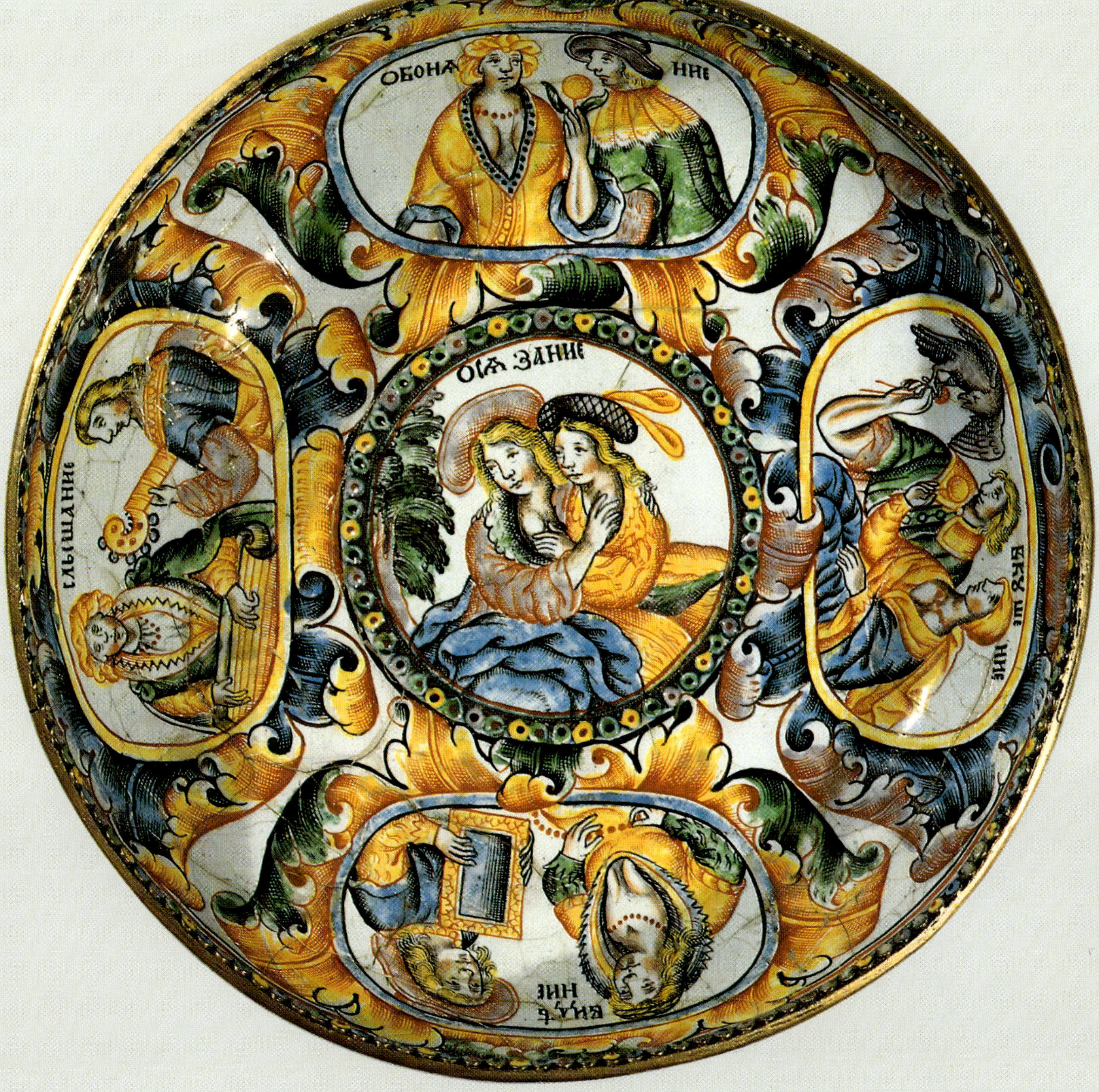
ОБОНА
НИЕ
ОСѦЗАНИЕ

45 Schale

Sol'vyčegodsk, Ende 17. Jahrhundert
Silber, getrieben, vergoldet, Filigran, Email
Durchmesser 16,3 cm
Inv.-Nr. MR-1227

Diese Schale mit einer tiefen, runden Form und dem Emaildekor auf beiden Seiten der Wandung gehört zu den am weitesten verbreiteten Gegenständen der Emailleure von Sol'vyčegodsk. Zunächst wurden diese Schalen insgesamt mit einer weißen Emailschicht überzogen und dann in verschiedenen Emailfarben ausgemalt. Andere wurden in der Weise dekoriert, daß die girlandenartig verbundenen Blüten, Knospen und Blätter von Filigran umrahmt auf dem vergoldeten Grund erscheinen. Pflanzenornamente wurden häufig durch Darstellungen von Tieren aufgelockert, unter denen der Löwe eines der beliebtesten war und nicht nur in der Emailmalerei des 17. Jahrhunderts, sondern seit den frühesten Zeiten bis zum Beginn des 20. Jahrhunderts auch bei anderen Goldschmiedewerken und Holzschnitzereien.
In der russischen Kunst findet sich der stolz herrschende Löwe häufig in einer freundlich-verweichlichten Darstellung. Auf vielen Gegenständen, wie auch auf der Emailschale, sieht er wie ein rührend-wohlwollendes Tier aus, das keine Ähnlichkeit mehr mit dem gewaltigen Raubtier hat.

Literatur: Л. В. Писарская, Н. Г. Платонова, Б. Л. Ульянова, Русские эмали XI–XIX вв. Москва 1974. С. 146, ил. 76. – *Ausst. Kat.:* Treasures from the Kremlin. New York 1979. No. 49; Trésors des Musées du Kremlin. Paris 1979. No. 49.

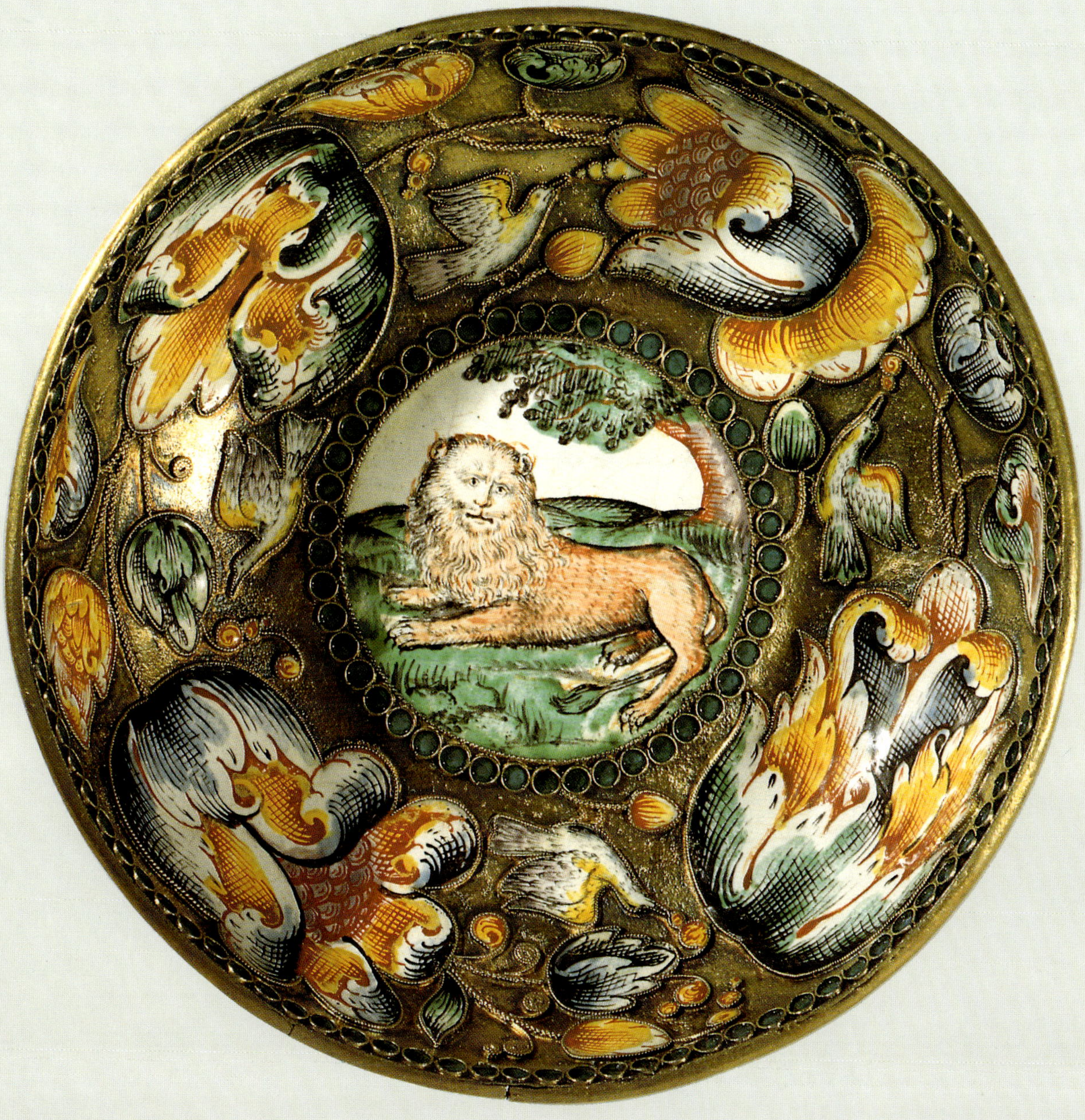

46 Stav

Sol'vyčegodsk, Ende 17. Jahrhundert
Silber, getrieben, geprägt, vergoldet, Filigran, Email, geschnitztes Holz
Höhe 30,5 cm, Durchmesser 8,5–9 cm
Inv.-Nr. DK-108/1-2

Im alten Rußland gab es spezielle Behälter zur Aufbewahrung der Messer. Sie wurden auf Tischen aufgestellt und hatten meist zylindrische Form. Im Innern waren runde Öffnungen zur Aufnahme der Messer. Die Behälter waren aus Holz, meist Weichholz, hier aus Lindenholz, geschnitzt. Für den Festgebrauch wurden sie außen mit Bändern aus dünnem Silberblech, das verschiedenartig dekoriert war, geschmückt.
Auf dem Stav aus den Sammlungen des Kreml befinden sich Darstellungen großer Tulpenblüten sowie der im 17. Jahrhundert in Rußland sehr beliebten Allegorien der vier Jahreszeiten. Sie sind in der Basma-Technik ausgeführt, die darin bestand, dünnes Silberblech mit Hilfe von beliebigen Matrizen von Hand zu prägen. Matrizen mit ähnlichen Sujets wurden mehrfach verwendet, wie andere erhaltene Messerbehälter dieser Zeit mit identisch geprägten Darstellungen beweisen. Jede von ihnen ist auf einer einzelnen Silberplatte oder einem Band ausgeführt. Die Stellen, an denen die Bänder auf dem Stav aneinanderstoßen, sind mit vergoldeten Streifen sowie figürlichen Medaillons mit Emailmalerei überdeckt.

Literatur: Н. Н. Померанцев, Финифтъ усольского дела // Сборник Оружейной палаты. Москва 1925. С. 97–98, ил. 2.

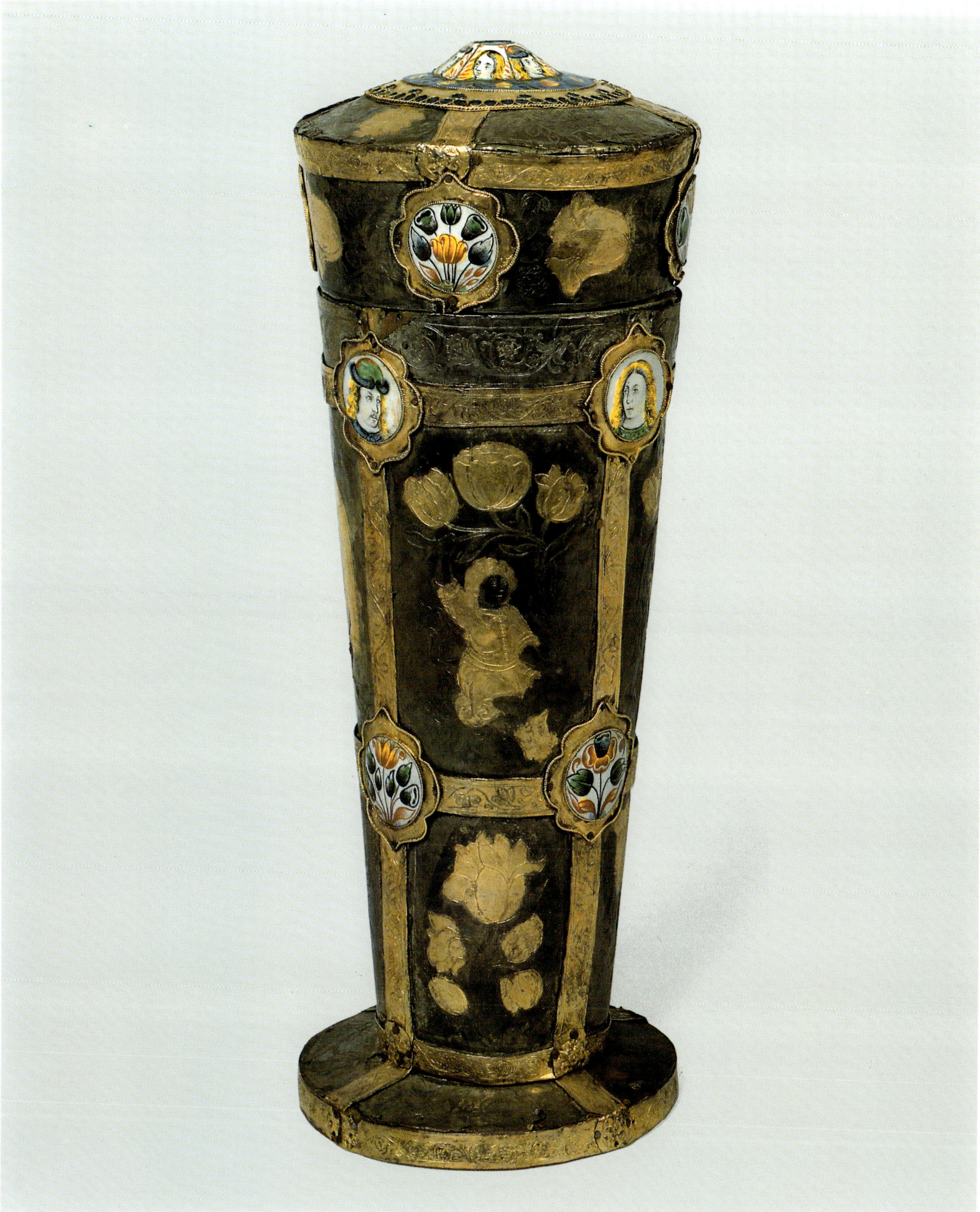

47 Löffel

Sol'vyčegodsk, Ende 17. Jahrhundert
Silber, getrieben, ziseliert, Filigran, Email
Länge 18,4 cm
Inv.-Nr. MR-3293

Kostbare Löffel waren sowohl Tischgerät wie Schmuck einer festlichen Tafel. Ihr Dekor besaß eine große Bedeutung. Der Goldschmied aus Sol'vyčegodsk schmückte diesen silbernen Löffel mit Email in verschiedenen kräftigen Farben und stellte auf ihm einen schwimmenden Schwan dar. Der von einem spiralförmigen Emailband geschmückte Stiel des Löffels wird von einer stilisierten, getriebenen Tulpe bekrönt. Die Darstellung des Schwanes war überaus beliebt in der Kunst des späten 17. Jahrhunderts, die sich am Barock mit seiner Vorliebe für Allegorien orientierte, und war von einer mehrdeutigen Symbolik. Beispielsweise ergibt sich aus einer Emblemata-Sammlung des frühen 18. Jahrhunderts, daß der Schwan als Sinnbild der Musik, des Gesangs und der schönen Dichtkunst galt. Auf einem anderen Blatt dieser Emblemata-Sammlung sieht man einen Schwan umgeben von einem Lorbeerkranz mit der begleitenden Devise: »Donnernde Pfeile schrecken mich nicht.« Es ist jedoch schwer, dem auf dem Löffel emaillierten Schwan einen eindeutigen Sinn zu geben. Es handelt sich wohl eher um eine schlichte, nicht der Naivität entbehrende Ausmalung einer Seelandschaft.

Ausst. Kat.: Древнерусское прикладное искусство. Токио 1964; Treasures from the Kremlin. New York 1979. No. 48; Trésors des Musées du Kremlin. Paris 1979. No. 48; Tesoros del Kremlin. Mexico 1982. No. 36; Tesori del Cremlino. Roma 1982. Kat. Firenze 1982. No. 33; Tresori muzeja moskovskog Kremlja. Beograd 1985; Skoplje 1986, Kat. Moskva 1985. N 104; Tesoros de los Museos del Kremlin de Moscú. Habana 1987/88. No. 23; Treasures from the Museums of the Moscow Kremlin. New Delhi 1988. No. 32.

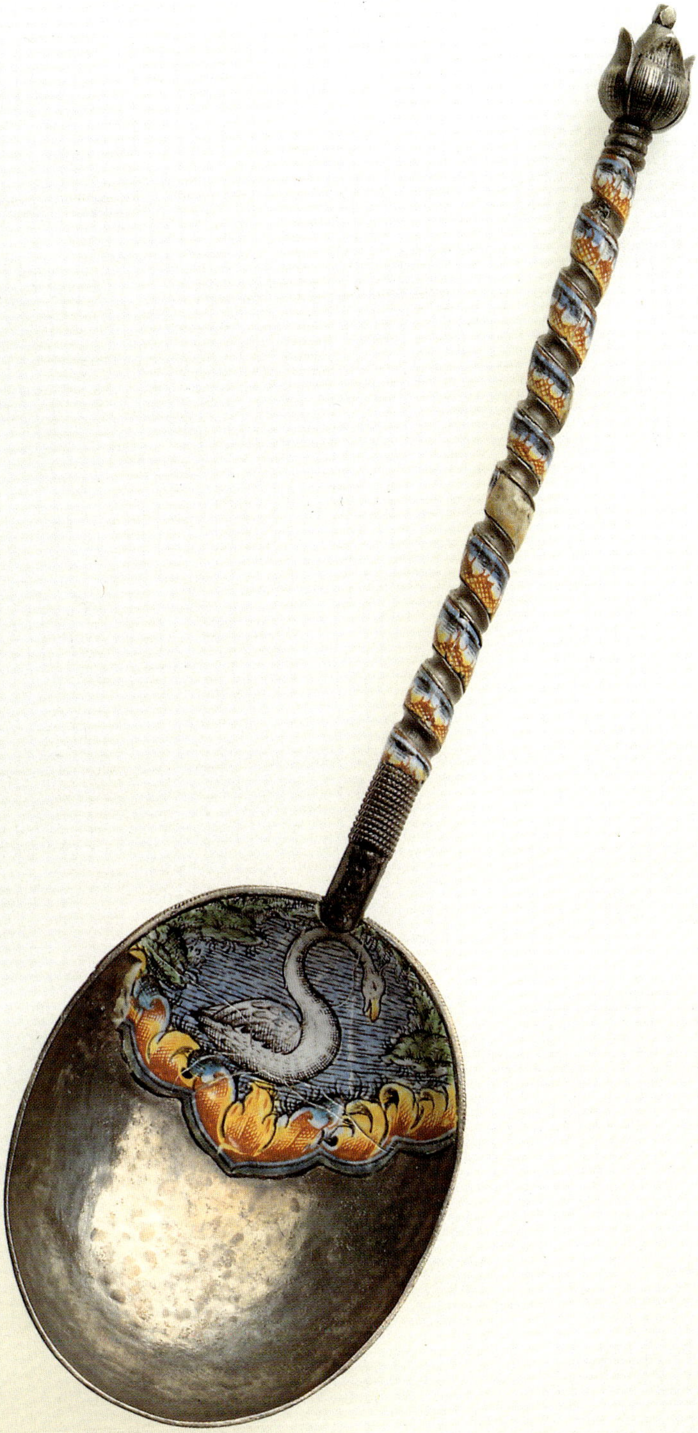

48 Altarkreuz

Moskau, Werkstätten des Kreml, 1677
Silber, Gold, getrieben, ziseliert, vergoldet, Email, Niello, Diamanten, Rubine, Smaragde
Länge 35,5 cm, Breite 17 cm
Inv.-Nr. MR-3392

Aus der Inschrift auf dem Kreuz ergibt sich, daß dieses auf Geheiß des Zaren Fedor Alexeevič, des ältesten Bruders Peters I., für eine der Hofkirchen angefertigt wurde. Fedor Alexeevič kam mit 14 Jahren auf den Thron, hatte ihn jedoch nur sechs Jahre inne. Während dieser Zeit war der Zar, der schon von Kindheit an unter schwacher Gesundheit gelitten hatte, kränkelnd. Im Grund überaus fromm, machte er eine sehr große Menge von Geschenken und Stiftungen an die Kirchen und Kathedralen des Kreml. Mit seinem Namen sind Gegenstände von außergewöhnlicher Pracht und hervorragender künstlerischer Gestaltung verbunden, darunter ein Evangeliar mit farbiger Miniaturmalerei in einem goldenen Einband, der mit kräftig-buntem Email sowie einer großen Anzahl von Edelsteinen geschmückt ist, sowie ein Altarkreuz und anderes liturgisches Gerät.
Der Schmuck dieses Kreuzes mit einer von Email überzogenen, getriebenen Reliefdarstellung der Kreuzigung sowie der anderer Figuren, die äußere Umrahmung mit Rubinen und Smaragden in wechselnder Reihenfolge sowie die in Niello ausgeführte Inschrift auf dem unteren Ende des Kreuzes sind typisch für die Zeit der zweiten Hälfte des 17. Jahrhunderts. Auf der Rückseite befinden sich gravierte Inschriften, die besagen, daß in diesem Kreuz auch Reliquien aufbewahrt wurden.

Ausst. Kat.: Treasures from the Kremlin. New York 1979. No. 39; Trésors des Musées du Kremlin. Paris 1979. No. 39.

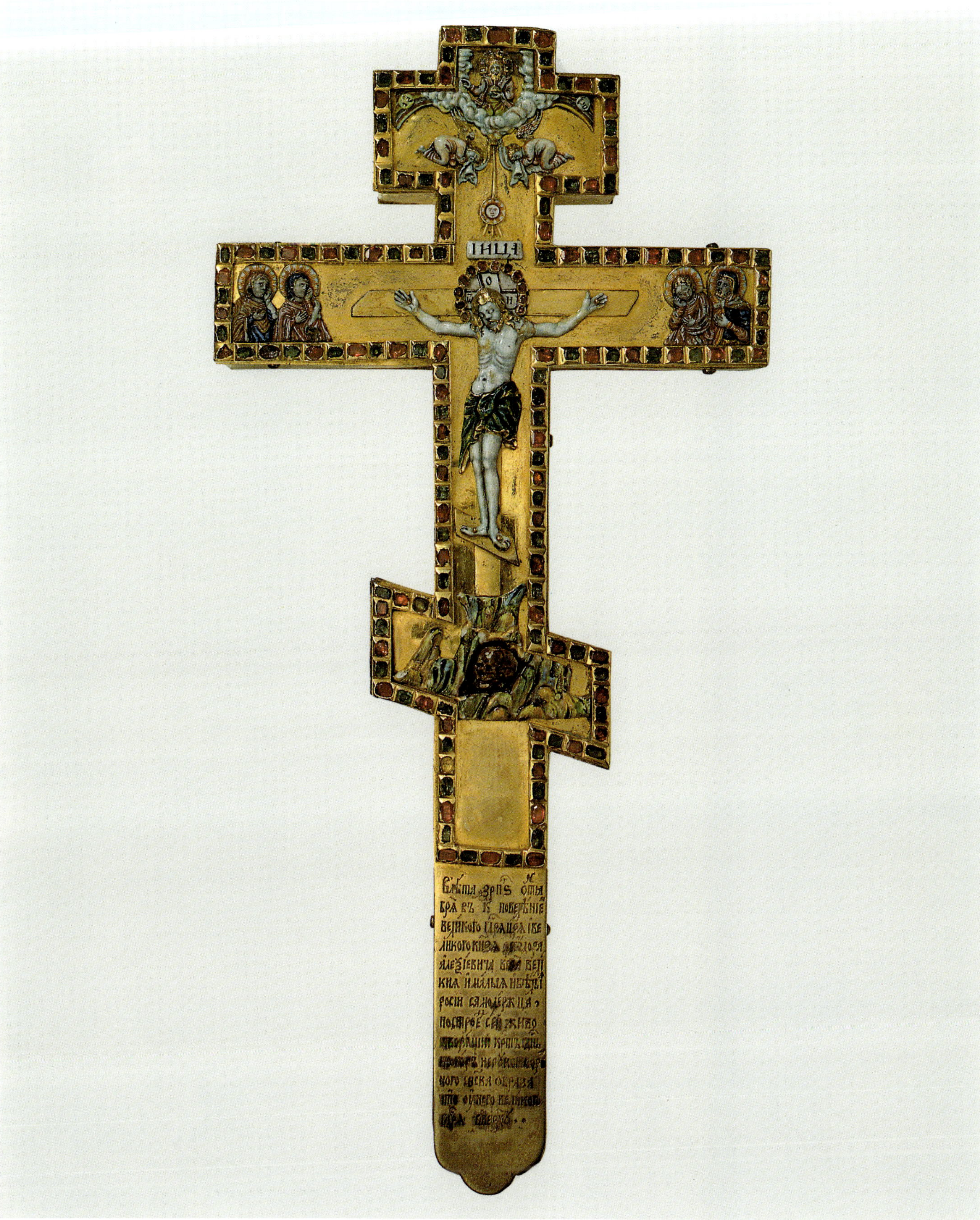
ІНЦІ

49–53 Liturgisches Gerät

Moskau, Werkstätten des Kreml, 1664

Das liturgische Gerät wurde dem Čudov-Kloster des Moskauer Kreml von der Bojarin Anna Il'inična Morozova nach dem Tod ihres Mannes Boris Ivanovič gestiftet. Dieser zählte zu einer der bemerkenswertesten Figuren am russischen Hof in der Mitte des 17. Jahrhunderts. Als Erzieher des Zaren Alexej Michailovič, der als Sechzehnjähriger auf den Thron kam, hatte Morozov auf diesen unbeschränkten Einfluß. Energisch, herrschsüchtig und erfahren in Hofintrigen, führte er praktisch die Regierungsgeschäfte des Landes. Dieser Günstling des Zaren wurde fast erschlagen bei einem Volksaufstand, der seine Ursache in der Absicht der Regierung hatte, zur Füllung der Staatskasse das Salz zu besteuern. Die Intervention des Zaren rettete Morozov vor der grausamen Volkswut. Die Frau des Boris Ivanovič war eine Schwester des Zaren. Dies war wohl auch der Grund, daß der Auftrag für die Anfertigung der Kultgegenstände von den besten Meistern des Kreml ausgeführt wurde. Das von ihnen angefertigte liturgische Gerät verbindet die strahlende Farbigkeit des Emails mit dem leuchtenden Glanz der Edelsteine.

49 Diskos

Moskau, Werkstätten des Kreml, 1664
Gold, Silber, getrieben, ziseliert, Email, Smaragde, Turmaline
Durchmesser 27 cm, Höhe 9 cm
Inv.-Nr. MR-3436

Der Diskos – Patene – gehörte mit dem Kelch, dem Asteriskos, zwei Tellern, dem Hostienmesser und dem Abendmahllöffel zu den wesentlichen Bestandteilen des liturgischen Geräts. Während des orthodoxen Gottesdienstes wurden auf ihn zu Ehren von Christus, der Gottesmutter, der Himmelsmächte, aller Heiligen sowie der Lebenden und Toten rechteckig aus den Prosphoren geschnittene Hostienstücke in bestimmter Reihenfolge gelegt. Auf dem hier ausgestellten Diskos befindet sich die Darstellung Christi in einem Kelch liegend, der das eucharistische Agnus Dei symbolisiert, flankiert von zwei Engeln. Auf dem die Patene tragenden Fuß (vgl. Abb. Kat. 50) sieht man die Heiligen Grigorij Bogoslov, Ioann Zlatoust, Vasilij Velikij sowie Cherubim und Seraphim.

Literatur: И. Н. Снегирев, Памятники Московской древности. Москва 1842–1845. С. 143.

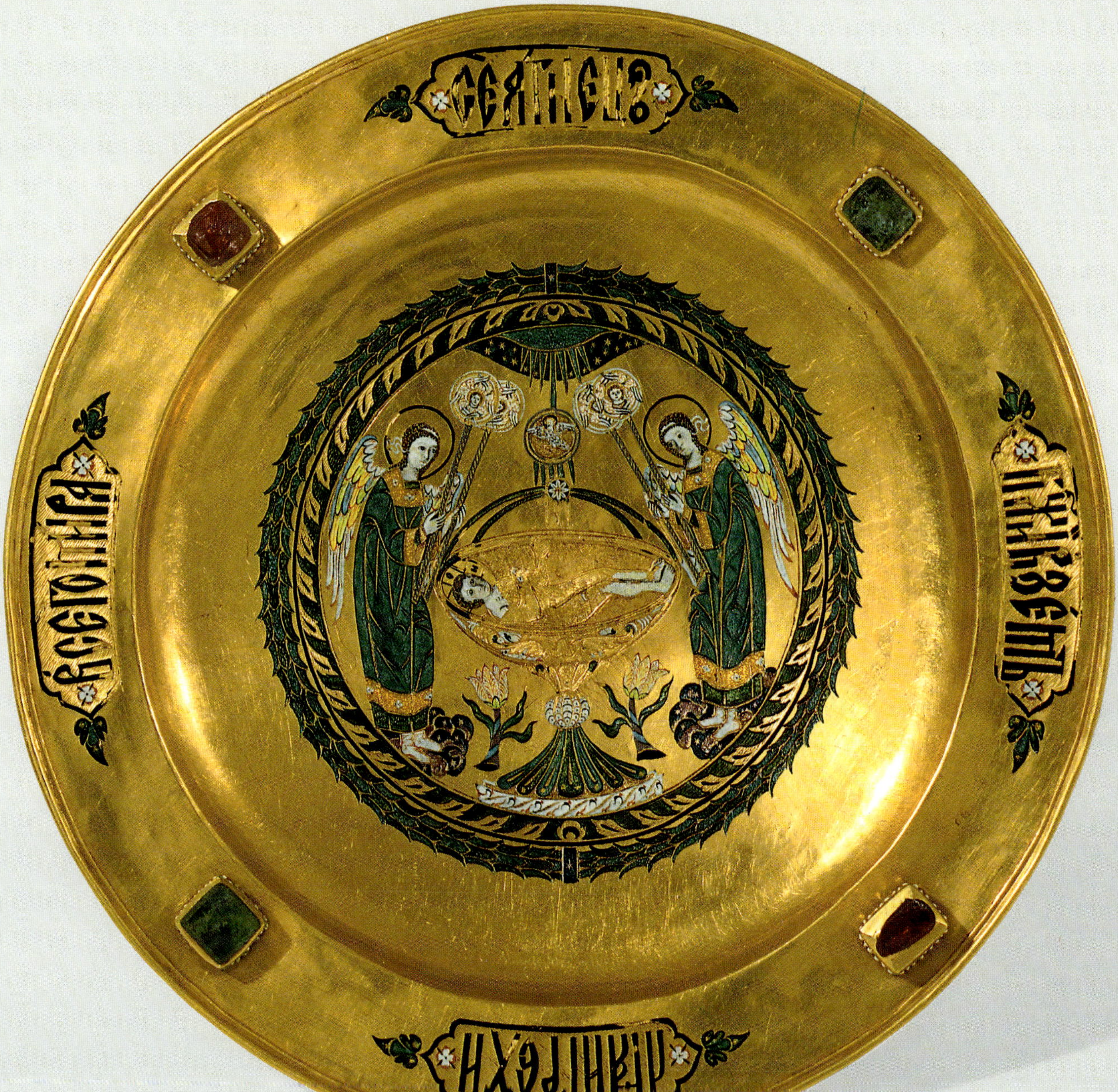

50 Zvezdica

Moskau, Werkstätten des Kreml, 1664
Gold, getrieben, graviert, Email, Diamanten, Rubine, Smaragde
Länge der Bogen 41,5 und 42 cm
Inv.-Nr. MR-3437

Die Zvezdica – Asteriskos – symbolisiert den Stern von Bethlehem. Sie wurde auf die Patene gestellt und wie der Kelch mit einem besonders geschmückten Tuch bedeckt. Als Bekrönung findet sich ein rechteckiger, gravierter Smaragd in einer Kastenfassung.

Literatur: И. Н. Снегирев, Памятники Московской древности. Москва 1842–1845. С. 143.

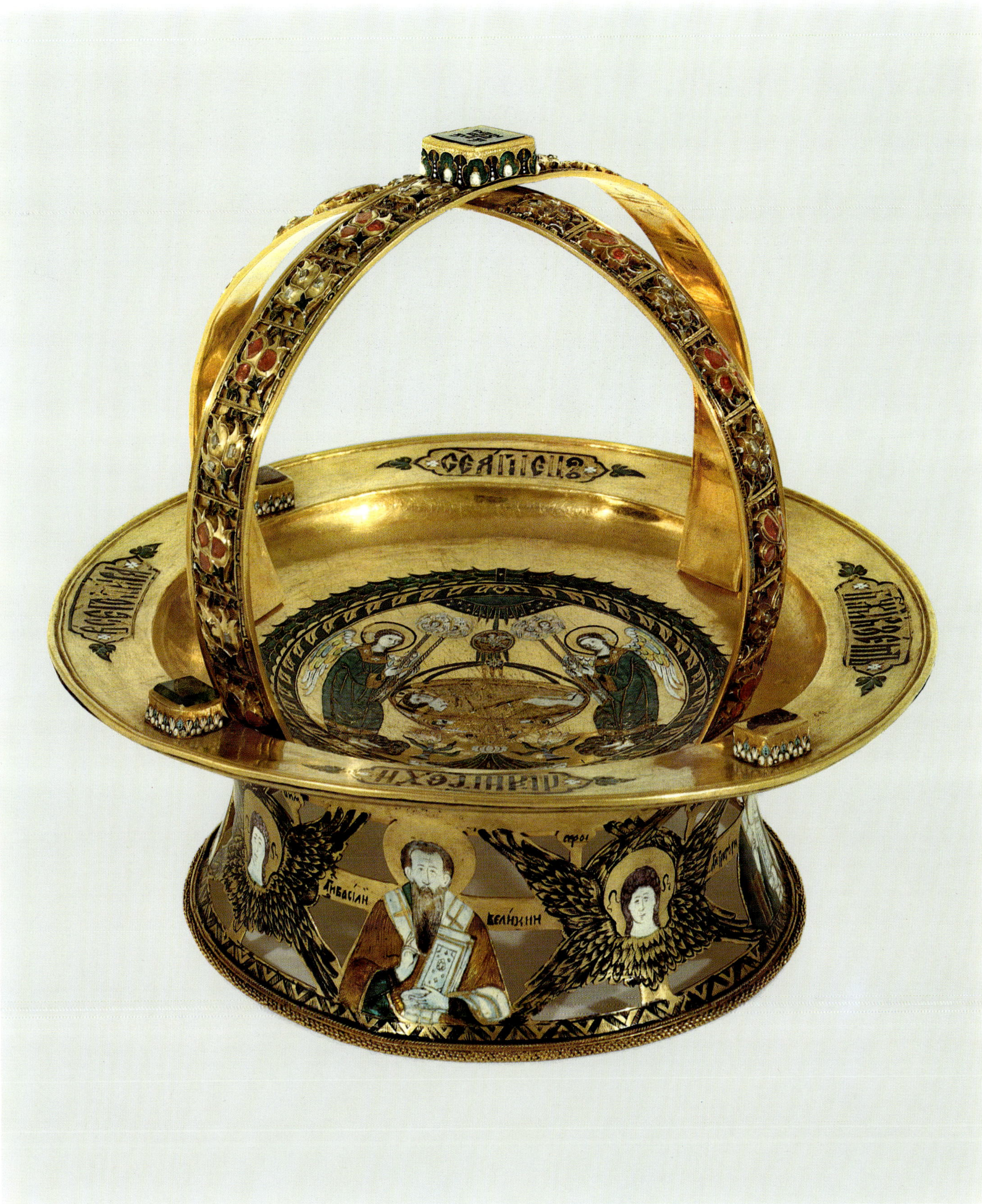

Kat. 49 und 50

51 Abendmahllöffel

Moskau, Werkstätten des Kreml, 1664
Gold, getrieben, Email, Rubin, Saphir, Smaragd, Turmalin, Perlen
Länge 21,5 cm
Inv.-Nr. MR-1101

Dieser Löffel wurde zur Austeilung des Abendmahls an die Gläubigen benutzt.

Literatur: И. Н. Снегирев, Памятники Московской древности. Москва 1842–1845. С. 143.

52 Kopië

Moskau, Werkstätten des Kreml, 1664
Gold, getrieben, gegossen, Email, Rubine, Turmalin, Stahl
Länge 24 cm
Inv.-Nr. MR-3440

Das lanzenförmige liturgische Messer diente dazu, kleine Stücke aus dem geweihten Brot, der Prosphore, zu schneiden.

Literatur: И. Н. Снегирев, Памятники Московской древности. Москва 1842–1845. С. 143.

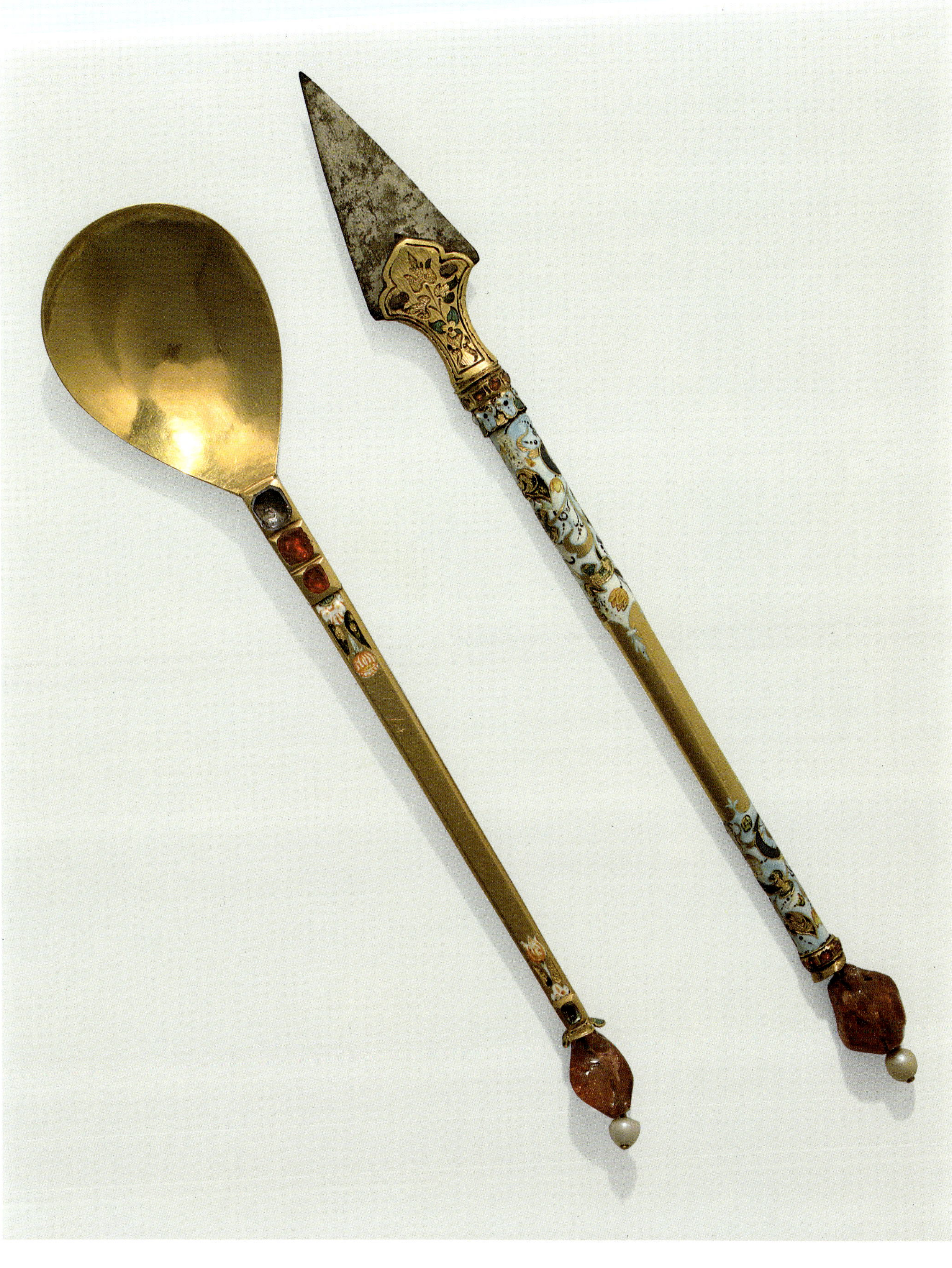

53 Teller

Moskau, Werkstätten des Kreml, 1664
Gold, getrieben, ziseliert, Email, Smaragde, Turmaline
Durchmesser 21 cm
Inv.-Nr. MR-3438

Die Zahl der zum liturgischen Gerät gehörenden Teller schwankte zwischen einem und drei. Im 16. und 17. Jahrhundert gab es gewöhnlich zwei, wobei der eine die in der Welt der byzantinischen Kunst weit verbreitete halbfigurige Darstellung der Gottesmutter mit gehobenen Händen und Christusknaben Immanuel auf der Brust zeigte, die in Rußland den Namen »Gottesmutter des Zeichens« hatte. Der andere Teller war mit dem Kreuz von Golgatha geschmückt.

Literatur: И. Н. Снегирев, Памятники Московской древности. Москва 1842–1845. С. 143.

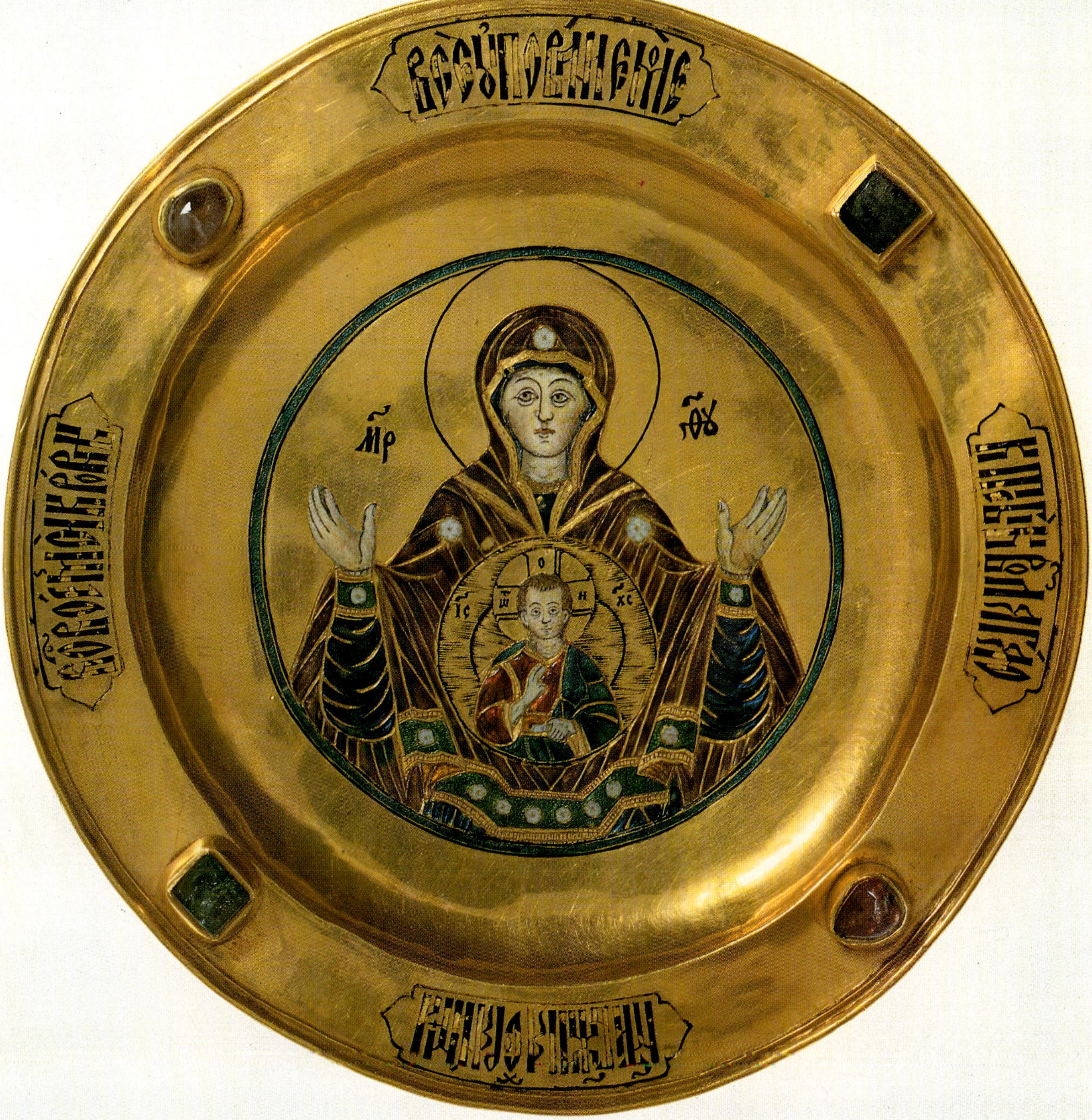

54 Ikone der alttestamentlichen Dreifaltigkeit mit Oklad

Moskau, Werkstätten des Kreml, 1676–1682
Ikone: Eitempera auf Holz
Oklad: Gold, getrieben, ziseliert, Email, Diamanten
Höhe 28,2 cm, Breite 22,8 cm
Inv.-Nr. Z-1736/1-2

Die Ikonographie der Ikone der »Troïca« beruht auf biblischen Quellen (Gen. 18 1–16), wonach Abraham drei Engel unter einer Eiche erschienen. In der zweiten Hälfte des 17. Jahrhunderts bedeckten wertvolle Oklade die gemalte Komposition einer Ikone fast vollständig und wiederholten diese dann in ihrem Dekor. In der sich hieraus ergebenden Metallikone lassen sich meist Züge erkennen, die auch für die Malerei der Zeit typisch sind. So wird auch bei diesem Oklad die religiös-philosophische Grundlage in den Hintergrund gedrängt, indem sie einer lebendigen, mitreißenden Erzählung über die Geschehnisse der biblischen Geschichte weicht. Die Ausführung läßt die Liebe zu erzählenden Einzelheiten sowie ein Bestreben zur Darstellung der Schönheit der den Menschen umgebenden Naturwelt erkennen.

Literatur: Государственная Оружейная палата. Москва 1970. ил. 115. – *Ausst. Kat.:* Treasures from the Kremlin. New York 1979. No. 15; Trésors des Musées du Kremlin. Paris 1979. No. 15; Tesoros del Kremlin. Mexico 1982. No. 10; Tesori del Cremlino. Roma 1982. Kat. Firenze 1982. No. 11.

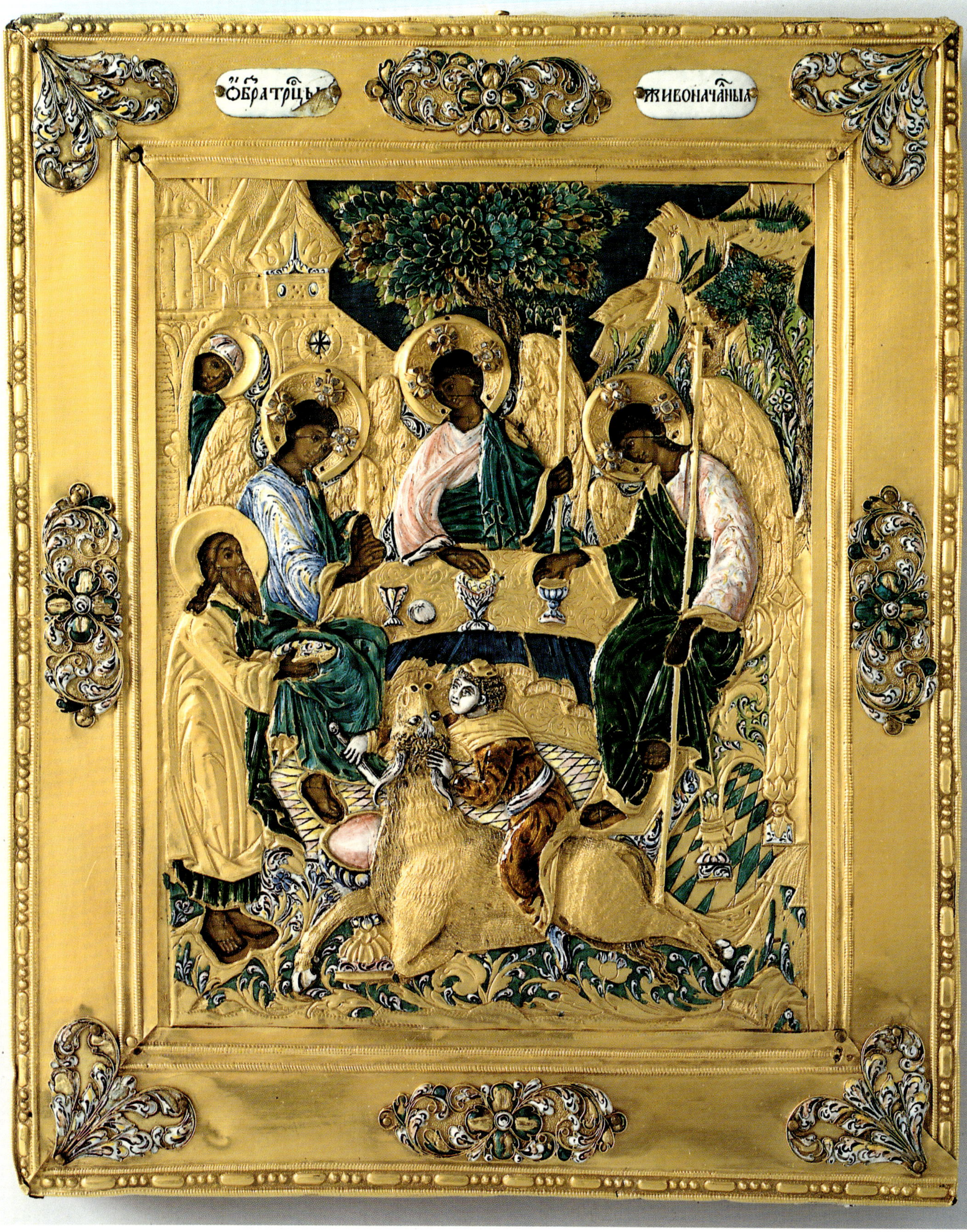
ОБРАТРЦЫ
ЖИВОНАЧАНЫА

55 Drei Drobnicy

Moskau, Werkstätten des Kreml, 17. Jahrhundert
Gold, getrieben, ziseliert, Email
Durchmesser 12,5 cm; 8,5 cm; 8,5 cm
Inv.-Nr. MR-3673/1, 2, 3

Die runden Goldmedaillons mit den Darstellungen der Deesis und der Evangelisten Johannes und Lukas schmückten einst das Altarkreuz der Mariae-Himmelfahrts-Kathedrale, der Hauptkathedrale Rußlands. Die auf ihnen Dargestellten werden in Architekturlandschaften und Räumen prächtiger Gebäude gezeigt, die in Email in hellen Farbtönen ausgeführt sind, in zart-rosa, hellgelb und weiß. Der feine Pflanzenschmuck auf den gedrehten Säulen, den Möbeln und den Drapierungen gibt die Vorstellung einer gewissen Leichtigkeit und Offenheit des Raums. Den hellen Farbtönen der mit Email ausgemalten Hintergründe sind die mit starken Farben in hohen Reliefs angelegten Figuren gegenübergestellt, deren intensives Dunkelblau, Grün und Tiefrot beinahe im Gegensatz zur Harmonie der Gesamtdarstellung stehen.

Literatur: С. Я. Коварская, И. Д. Костина, Е. В. Шакурова, Русское золото XIV – начала XX века из фондов Государственных музеев Московского Кремля. Москва 1987. С. 51, 52, 54, N 24, 25, 27, 28, 191, 192.

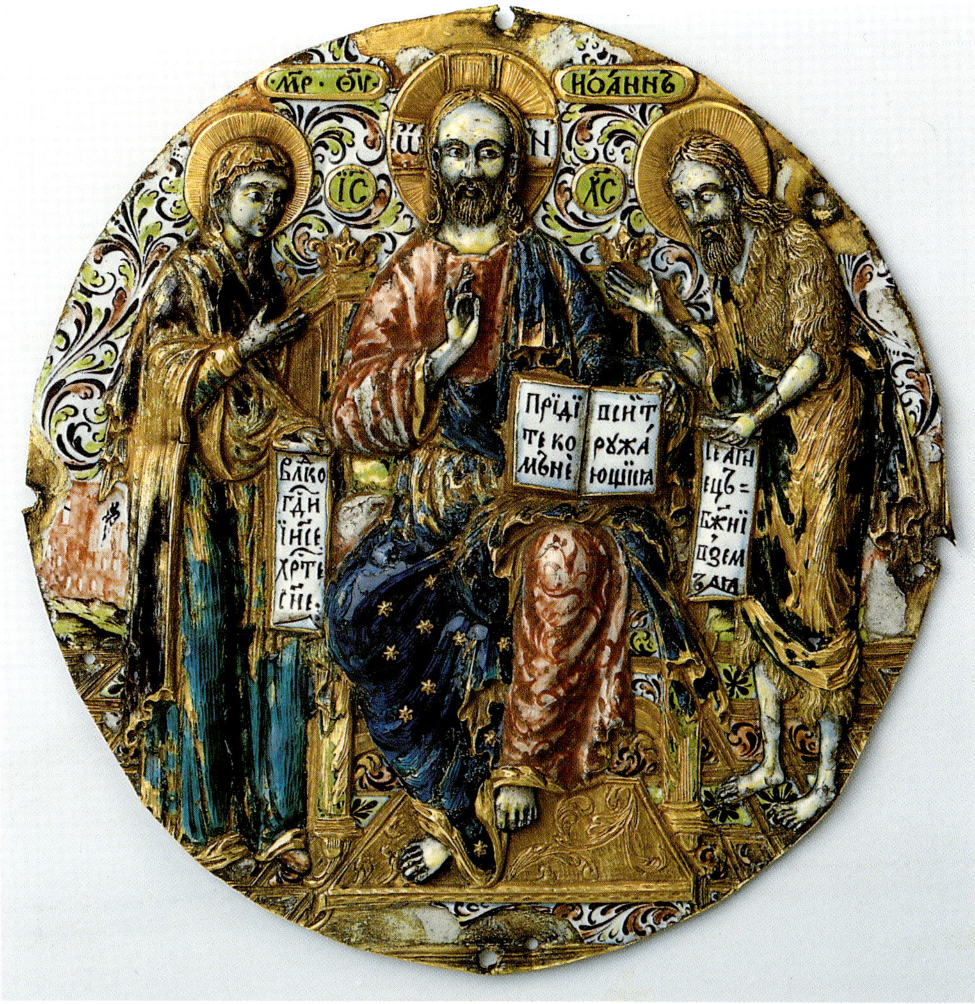
МР · ѲУ
ІОАННЪ
ІС
ХС

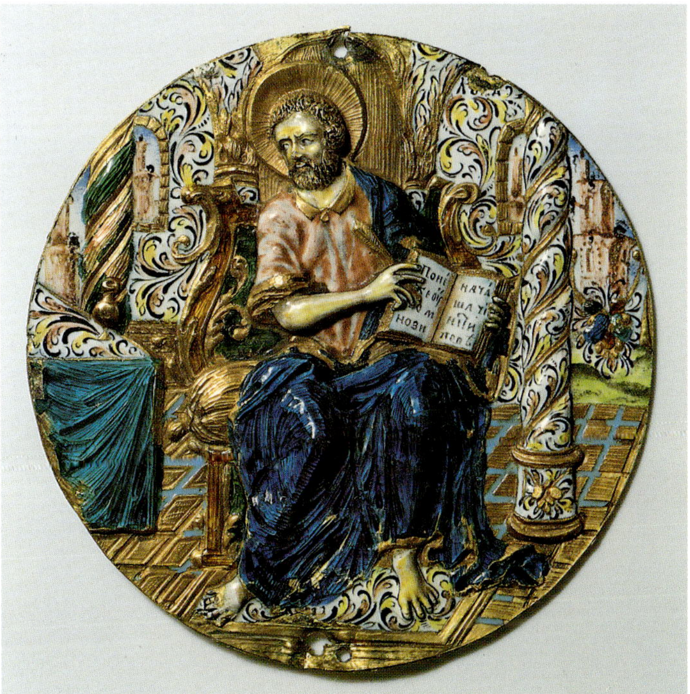

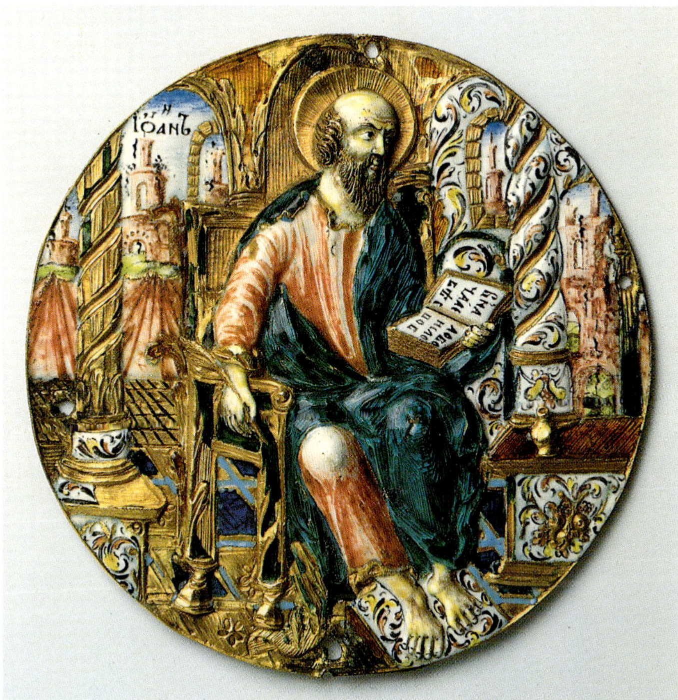
ІОАНЪ

56 Heiligenschein

Rußland, Ende 17. Jahrhundert
Gold, Silber, getrieben, ziseliert, punziert, vergoldet, Email, Diamanten, Rubine, Smaragde, Perlen
Länge 39 cm, Höhe 20 cm
Inv.-Nr. MR-3708

Dieser Heiligenschein war Teil eines Oklads einer Kirchenikone, die in eine der Hofkirchen des Moskauer Kreml gehörte. In seinem Dekor findet sich der ganze Reichtum an Pflanzenmotiven, der für die Goldschmiedekunst der Zeit typisch ist. Hierzu gehören fortlaufende, sich rhythmisch ringelnde Stiele und große vielblättrige Rosetten sowie vereinzelt Knospen phantasievoller Blumen. Bei all dem Reichtum und der Kompliziertheit des Dekors hat der Künstler die Klarheit und Deutlichkeit des Reliefschmucks zu erhalten gewußt, der sich gut von der matten Oberfläche des punzierten Hintergrundes abhebt. Als auffälliger Farbfleck befindet sich in der Mitte des Heiligenscheins eine goldene, mit gemalten Email und Edelsteinen geschmückte Krone in der für russische Oklade typischen Form.

Literatur: С. Я. Коварская, И. Д. Костина, Е. В. Шакурова, Русское серебро XIV – начала XX века из фондов Государственных музеев Московского Кремля. Москва 1984. С. 219, N 49. – *Ausst. Kat.:* Tesoros del Kremlin. Buenos Aires 1988. No. 21; Tesouros do Kremlin. São Paulo/Rio de Janeiro 1988. No. 21.

57 Altarkreuz

Rußland, 2. Hälfte 17. Jahrhundert
Fassung: Moskau, 1678
Holz, geschnitzt, Glimmer, Silber, ziseliert, vergoldet, Filigran, Email
Länge, 16,4 cm
Inv.-Nr. DK-1154

Das Altarkreuz ist aus einer seltenen und in Rußland wertvollen Holzart gearbeitet: aus Zypressenholz. Auf beiden Seiten des Kreuzes befinden sich mit Öffnungen geschnitzte mehrszenige Reliefs, die mit Glimmer hinterlegt sind. Auf der Vorderseite sieht man Darstellungen des Leidenswegs Christi mit der Kreuzigung und anderen Szenen, auf der Rückseite kirchliche Festtage. Die plastische Ausführung stellt eine interessante Verbindung der jahrhundertealten Tradition der russischen mittelalterlichen Plastik mit der in Rußland immer schon

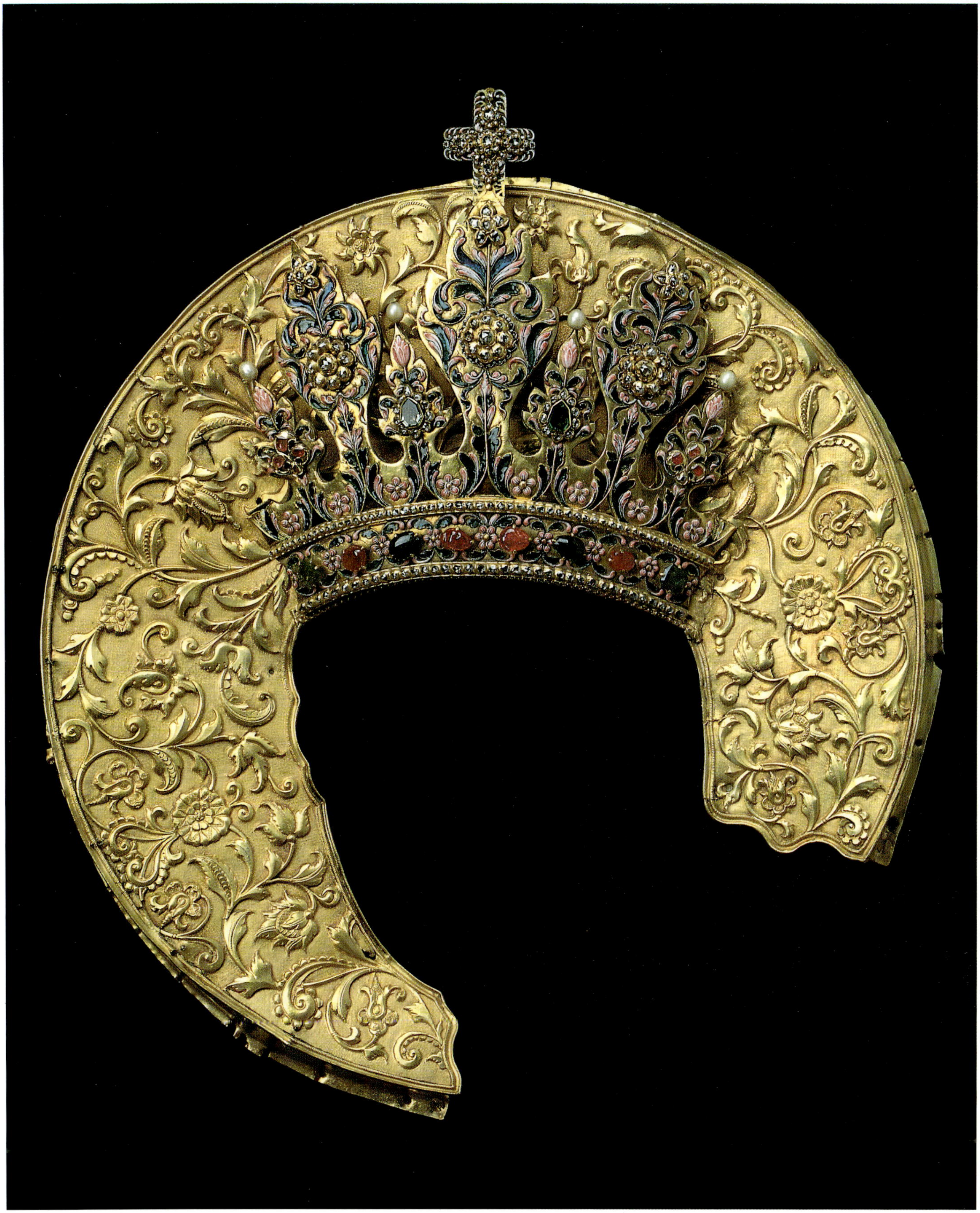

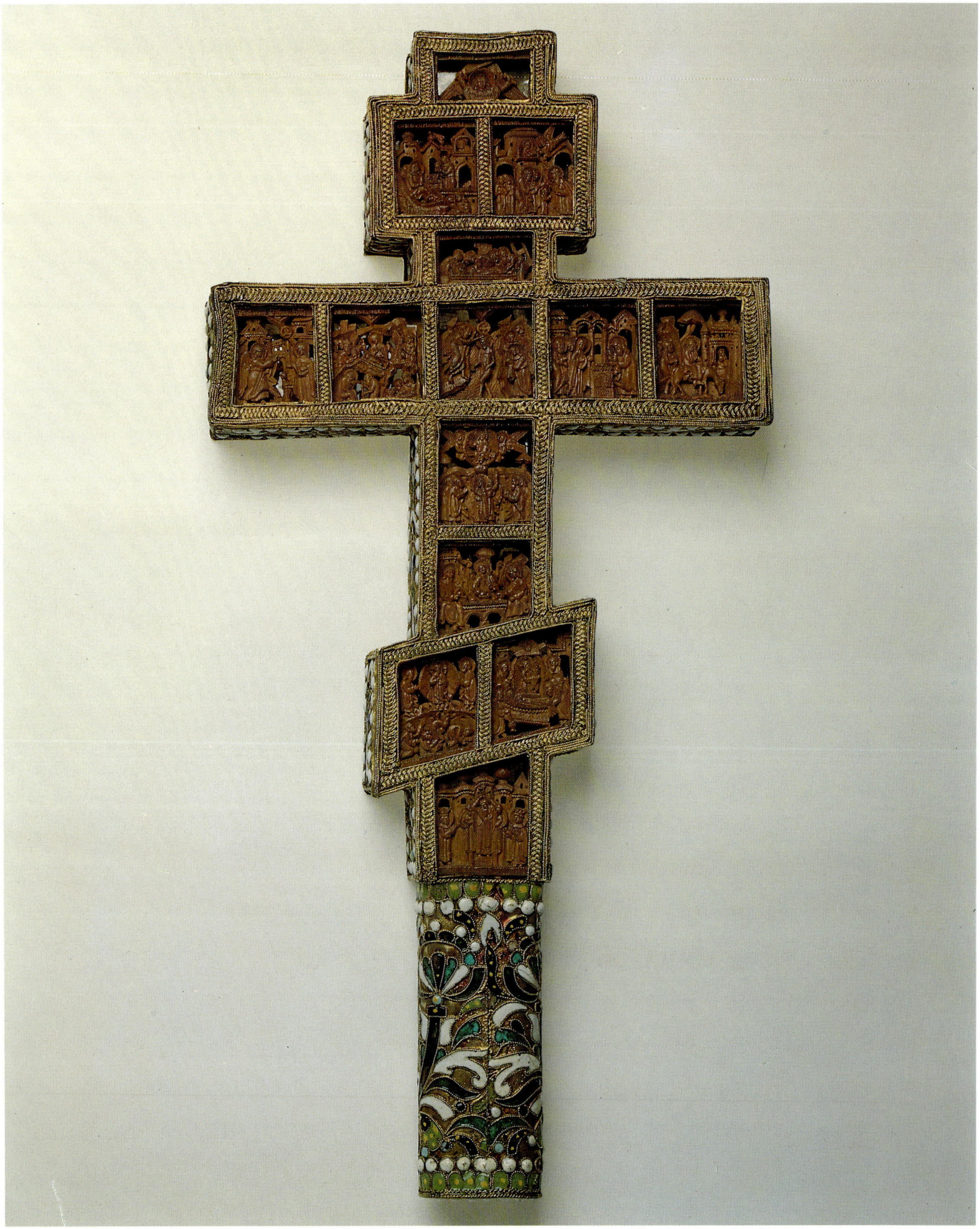

Kat. 57 Rückseite

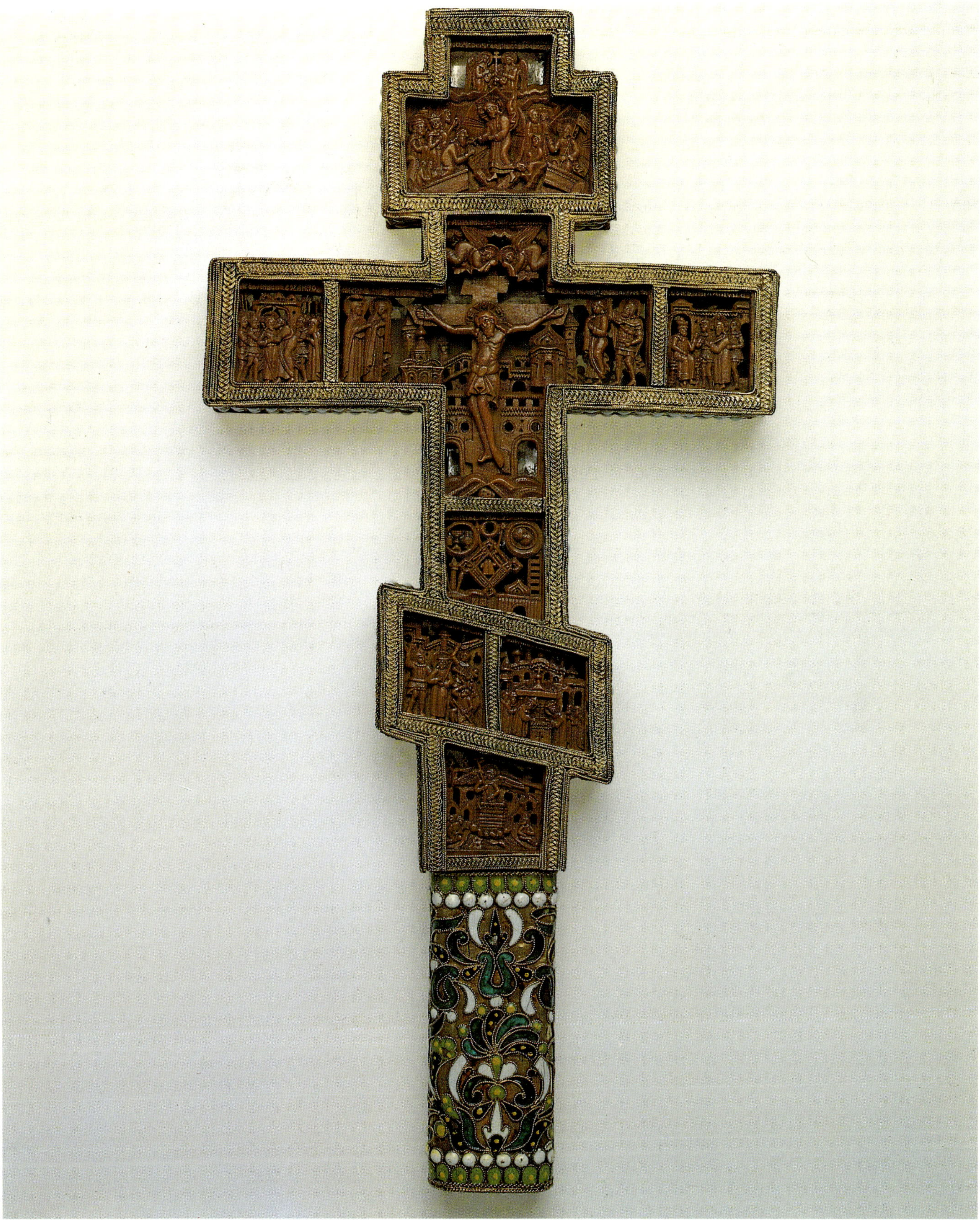

Kat. 57 Vorderseite

hoch geschätzten Schnitzkunst der Athosklöster sowie derjenigen der westlichen Nachbarn Rußlands dar. Die Herkunft dieses Kreuzes ist bis jetzt nicht bekannt.
Schriftliche Quellen haben sich nur über die Anfertigung der Fassung erhalten, die 1678 von Moskauer Goldschmieden auf Bestellung des Fürsten Ivan Alexeevič Vorotynskij angefertigt wurde. Dieser war der Sohn des Woewoden von Tula und Vetter des Zaren Alexei Michajlovič. Die Familie des Fürsten Vorotynskij war eng mit dem Kloster von Kirillo-Belozerskij verbunden, wo sich auch die Familiengruft befand. Zu den Geschenken seitens der Familienmitglieder an das Kloster gehörte auch dieses Altarkreuz, das 1923 an die Kremlmuseen kam.

Literatur: Варлаам, архимандрит. Описание историко-археологическое древностей и редких вещей, находящихся в Кирилло-Белозерском монастыре. – Чтения в Обществе истории и древностей российских при Московском Университете Москва, 1859. Кн. 3, июль-сентябрь, с. 30, 92–93. – *Ausst. Kat.:* Культура и искусство Древней Руси. Москва 1969; Tresori muzeja moskovskogo Kremlja. Beograd 1985; Skoplje 1986, Kat. Moskva 1985. N 48.

58 Panagia mit Kette

Moskau, 17. Jahrhundert
Karneol-Achat, Silber, getrieben, ziseliert, vergoldet, Filigran, Email, Saphire, Turmaline, Perlen, Glas
Panagia: Höhe 15 cm
Kette: Länge 132 cm
Inv.-Nr. MR-1820/1-2

In der Mitte der Panagia befindet sich ein größerer Karneolstein mit der gravierten Darstellung des segnenden Christus. In diesem Stück setzt sich die alte Tradition der Verwendung von Steinschnitten bei Panagien fort. Seit dem 16. Jahrhundert sind in Rußland gearbeitete Kameen nachweisbar, sie sind jedoch außerordentlich selten. Vor dem 17. Jahrhundert gebrauchten russische Goldschmiede überwiegend die kostbaren Heiligenbilder der byzantinischen, seltener der westeuropäischen Glyptik. Das Hindernis für die Entwicklung einer eigenen Steinschneidekunst in Rußland war das Fehlen eigener Bearbeitungsmöglichkeiten von Edel- und Halbedelsteinen bis zum Ende des 17. Jahrhunderts. Einer der ersten Halbedelsteine, aus dem erstmals Ikonen in Sibirien angefertigt wurden, war der Karneol (Serdolik). Gleichzeitig vergrößerte sich auch der Zufluß importierter Steine. In der Rüstkammer befindet sich jetzt eine größere Anzahl von russischen Steinschnitten des 17. Jahrhunderts, die jedoch zum größten Teil keine Kameen, sondern Steine mit gravierten Darstellungen sind. Zu diesen zählt auch der hexagonale Karneol in der silbernen Panagia.

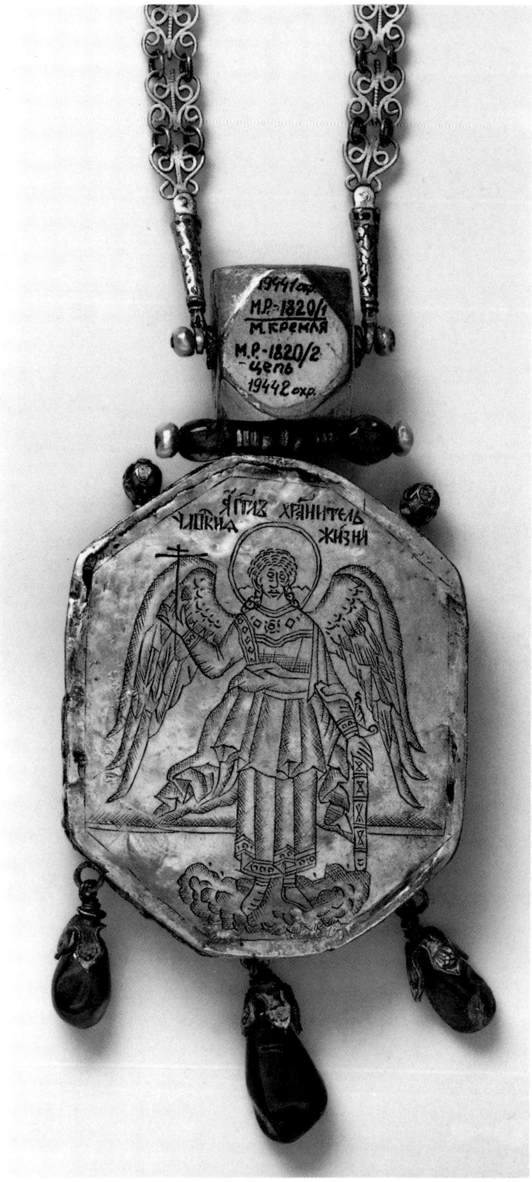

Rückseite der Panagia mit der gravierten Darstellung eines Schutzengels.

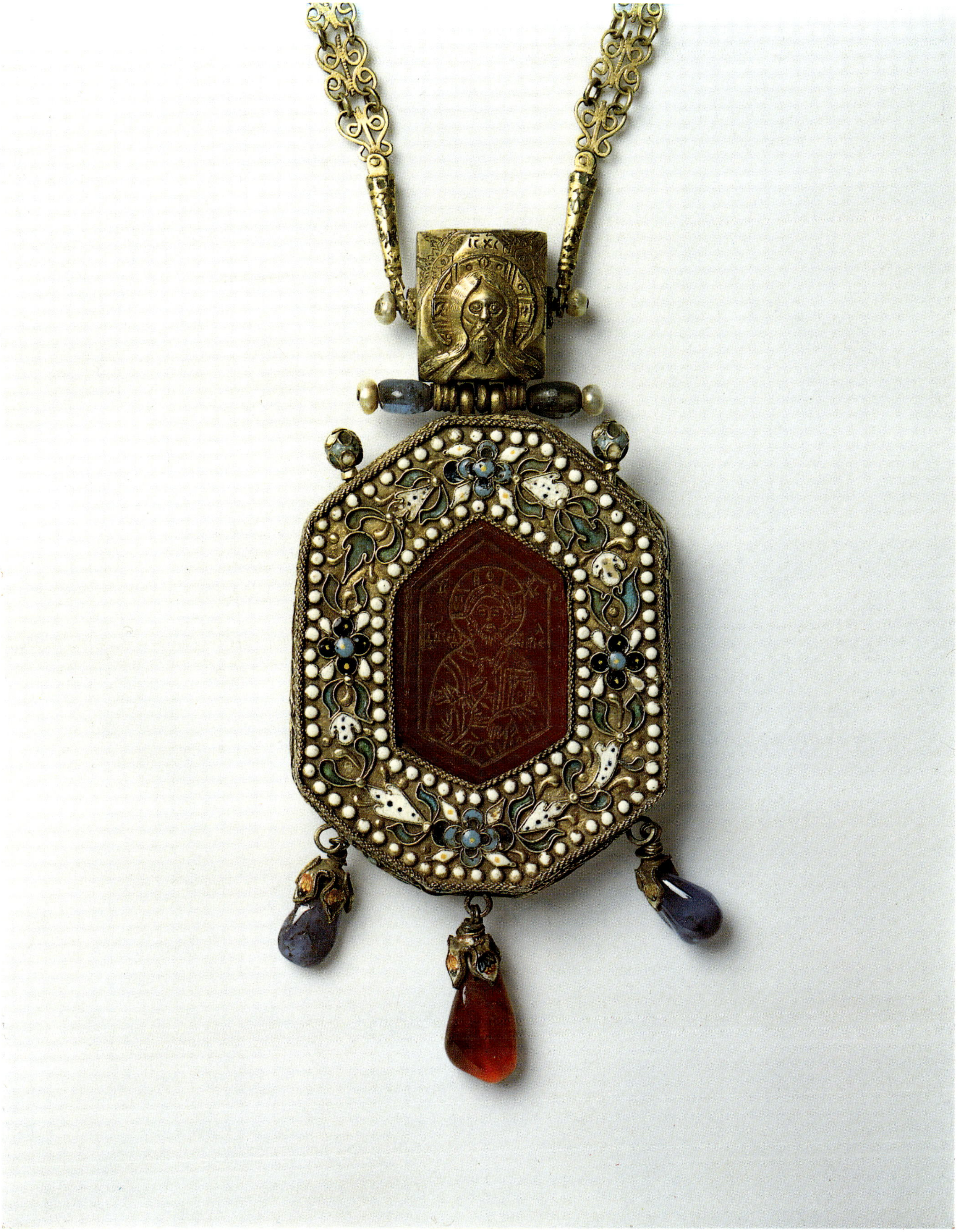

Daß man den roten Karneol für einen kirchlichen Gegenstand verwendete, entsprach der Symbolik des Steines, die man mit der Vorstellung des Leidens und des Märtyrertums verband.
Die silberne Fassung der Panagia ist mit dem für die Moskauer Goldschmiede des 17. Jahrhunderts typischen Dekor von Filigran mit Email versehen, der auf Beispiele aus dem vorangegangenen Jahrhundert zurückgeht. Die runden, weißen Emailpunkte kopieren zweifellos den in Rußland sehr beliebten Perlenschmuck.
Leider ist über die Entstehung der Panagia und ihre Herkunft nichts bekannt. Sie kam in den dreißiger Jahren dieses Jahrhunderts in die Rüstkammer.

59 Hostienbehältnis

Moskau, Werkstätten des Kreml, 2. Hälfte 17. Jahrhundert
Gold, Silber, getrieben, ziseliert, gegossen, Niello, Email, Rubine, Saphire, Smaragde, Turmaline, Türkise, Perlen
Höhe 36 cm, Breite 14 cm
Inv.-Nr. MR-3390/1-10

Das goldene Hostienbehältnis aus der Schatzkammer der Verkündigungs-Kathedrale ist ein typisches Beispiel der Goldschmiedekunst der zweiten Hälfte des 17. Jahrhunderts und zeugt vom Aufblühen dieser Kunst.
Neben der Ausführung in traditionellen Techniken der Gold- und Silberbearbeitung, der Verwendung einer großen Anzahl von Edelsteinen sowie der Farbigkeit der Emailmalerei, finden sich im Dekor dieses Stückes Stilelemente, die den Prozeß der Vermischung der russischen und westeuropäischen Kulturen widerspiegeln. Die Feinheit der Niellogravierungen, die keine Parallelen in der Niellokunst auf Goldobjekten dieser Zeit besitzt, zeichnet sich durch besonders hohe Qualität in der Ausführung aus. Ihr ist eine gewisse Kalligraphie im kontrastierenden Niellodekor eigen, die Klarheit der Linienführung bei der Architekturlandschaft läßt sie mit Druckgraphik vergleichen. In Übereinstimmung mit den Entwicklungen der Zeit wurden russische Künstler mit Werken der ausländischen Graphik bekannt. Die 1650 in Amsterdam erschienene Piscator-Bibel fand eine weitläufige Verwendung in ihren Werken.
Die Bekrönung des Hostienbehältnisses mit einem großen, etwa 130 Gramm wiegenden, rosafarbenen Turmalin und mit vier Cherubimköpfen symbolisiert die traditionelle Bekrönung der russischen Kirchen mit fünf Kuppeln.

Literatur: С. Я. Коварская, И. Д. Костина, Е. В. Шакурова, Русское золото XIV – начала XX века из фондов Государственных музеев Московского Кремля. Москва 1987. С. 80.

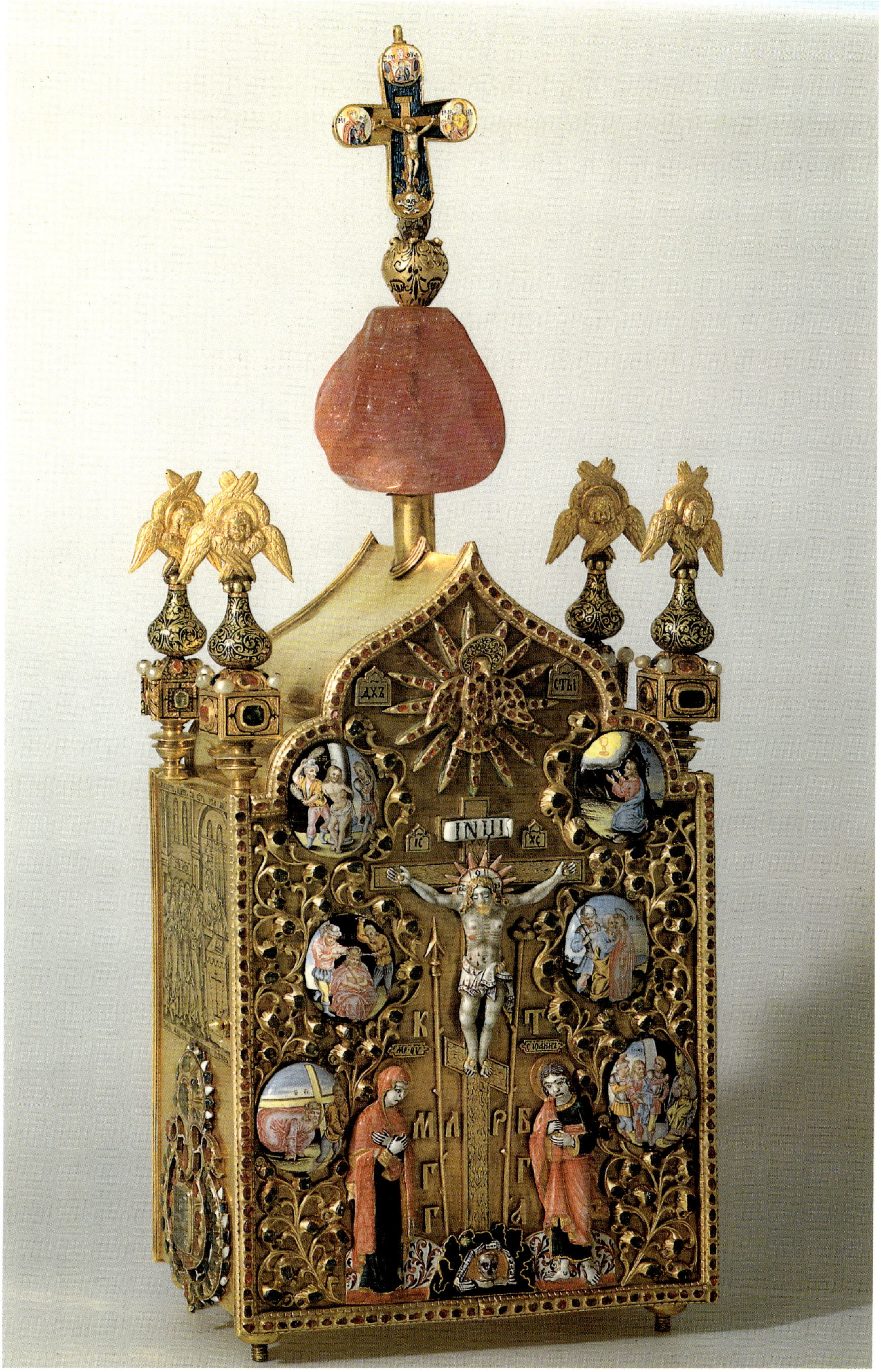

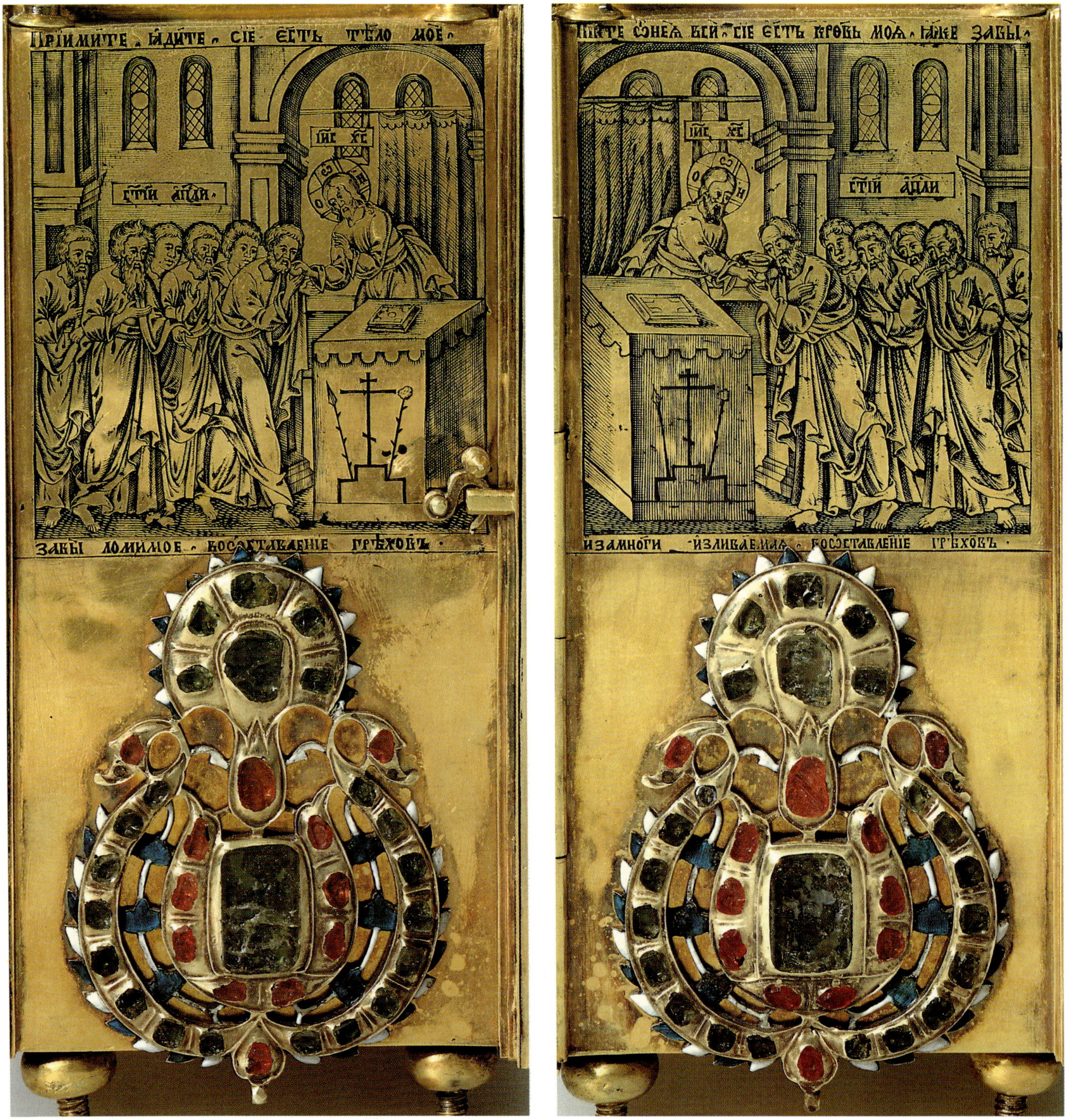

Kat. 59 Schmalseiten

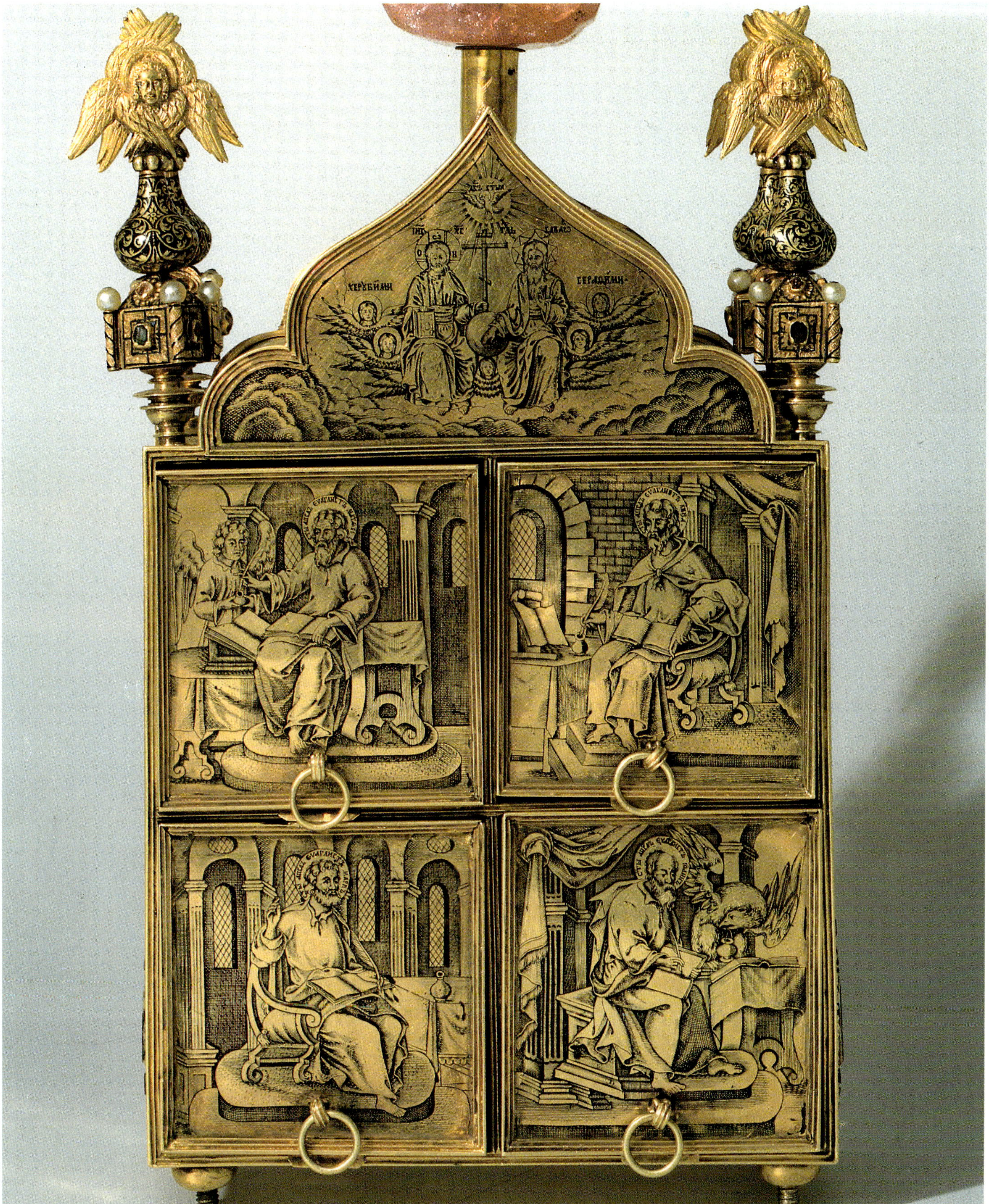

Kat. 59 Rückseite

60 Krone

Haube des Monomach der Zweiten Ordnung
Moskau, Werkstätten des Kreml, 1682
Gold, getrieben, Rubin, Saphire, Smaragde, Turmaline, Karneol, Perlen, Zobel
Höhe 20,3 cm, Umfang 61 cm
Inv.-Nr. R-7/1-2

Diese goldene, haubenartige Krone aus dem Jahre 1682 stellt sich als ein Denkmal der Goldschmiedekunst seiner Zeit und darüberhinaus als Herrschaftsattribut dar, das in Zusammenhang mit bedeutenden Ereignissen in der Geschichte Rußlands steht. Die Strenge des Schmucks dieser aus glatten goldenen Platten zusammengesetzten Krone, die nur mit einzeln verteilten, großen Edelsteinen geschmückt ist, spiegelt eine besondere Richtung in der russischen Goldschmiedekunst des späten 17. Jahrhunderts wider.
Die Geschichte dieser Krone ist eng mit der russischen Geschichte der letzten Jahrzehnte des 17. Jahrhunderts verbunden. In den zeitgenössischen Dokumenten wird sie als »Šapka Monomacha der Zweiten Ordnung« bezeichnet, im Unterschied zur alten Haube des Monomach, die gemäß russischer Legenden ein Geschenk des byzantinischen Kaisers Konstantin Monomachos gewesen war und die bei Krönungen der russischen Großfürsten und Zaren seit dem Ende des 15. Jahrhunderts bis zum Beginn des 18. Jahrhunderts Verwendung fand.
Nach dem Tod des kinderlosen Zaren Fedor Alexeevič im April 1682 hätte der Thron von seinem vierzehnjährigen Bruder Ivan Alexeevič übernommen werden sollen. Der Zarewitsch war jedoch »schwächlich an Gesundheit und Geist«, wie russische Quellen berichten, und deshalb entschied der Rat der Bojaren, die Zarenwürde seinem jüngeren Bruder zu übertragen, dem zehnjährigen Carevič Peter Alexeevič, der in der Folge unter dem Namen Peter I. bekannt wurde. Carevič Ivan wurde jedoch von der Armee und einer der bedeutenden Parteien am Hof gestützt, die der Meinung waren, daß beide Brüder zusammen regieren sollten, und die von dem Bojarenrat und dem Carevič Peter verlangten, Ivan Alexeevič als Zaren anzuerkennen. Während der feierlichen Krönung der beiden Zarewitsche wurde dem älteren Ivan die alte Krone Monomachs aufgesetzt, dem jüngeren Peter die speziell für diesen Anlaß angefertigte »Haube des Monomach der Zweiten Ordnung«.

Literatur: Оружейная палата. Москва 1964. С. 266; Государственная Оружейная палата. Москва 1988. С. 353, ил. 238. – *Ausst. Kat.:* Treasures from the Kremlin. New York 1979. No. 40; Trésors des Musées du Kremlin. Paris 1979. No. 40; Tesoros del Kremlin. Mexico 1982. No. 35; Tesori del Cremlino. Roma 1982. Kat. Firenze 1982. No. 35. Tresori muzeja moskovskogo Kremlja. Beograd, 1985; Skoplje, 1985–1986 (Kat.: Moskva, 1985. N 92).

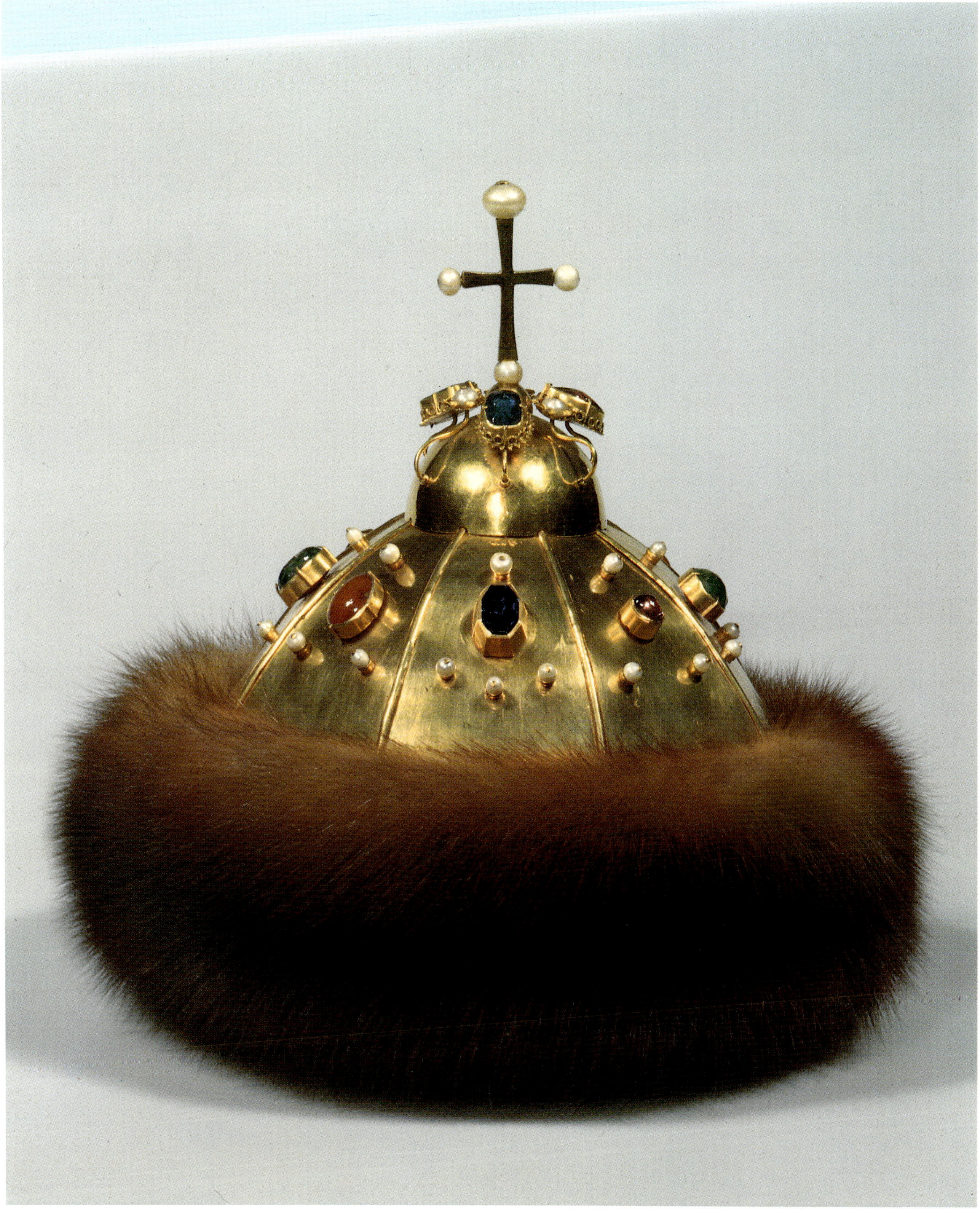

61 Kovš

Moskau, 1698
Silber, getrieben, ziseliert, Guß, gelötet, vergoldet
Länge 40 cm, Höhe (mit Griff) 17,5 cm
Inv.-Nr. MR-1821

Der vergoldete Silber-Kovš wurde 1698 von Zar Peter I. dem Kaufmann Filat Chlebnikov für seine Verdienste und die große Zufuhr an Steuereinnahmen geschenkt.
In der Zeit vor Peter I. gab es in Rußland keine Orden. Der erste russische Orden zu Ehren des hl. Andreas, des Erstberufenen, wurde am Ende des 17. Jahrhunderts gestiftet. Die Sitte der Belohnung oder Beschenkung mit wertvollen Bechern oder Kovš sowohl für militärische als auch für zivile Verdienste hielt sich in Rußland noch im Laufe des 18. Jahrhunderts.
Die für Verdienste geschenkten Kovš wurden als Gnadenbeweise der Zaren sorgfältig aufbewahrt und in der Familie als besonders wertvolle Erinnerungsstücke weitervererbt. In manchen Fällen, wenn der Besitzer in Ungnade fiel, kamen sie zusammen mit dem Rest seines Vermögens zurück an die Staatskasse.
Der hier ausgestellte Kovš wurde 1811 erneut von Zar Alexander I. dem aus Tiflis gebürtigen Masses Ivanov Abamelikov geschenkt.

Ausst. Kat.: Schätze der Museen des Moskauer Kreml. Berlin 1987. Nr. 60; Tesoros del Kremlin. Buenos Aires 1988. No. 20; Tesouros do Kremlin. São Paulo/Rio de Janeiro 1988. No. 20.

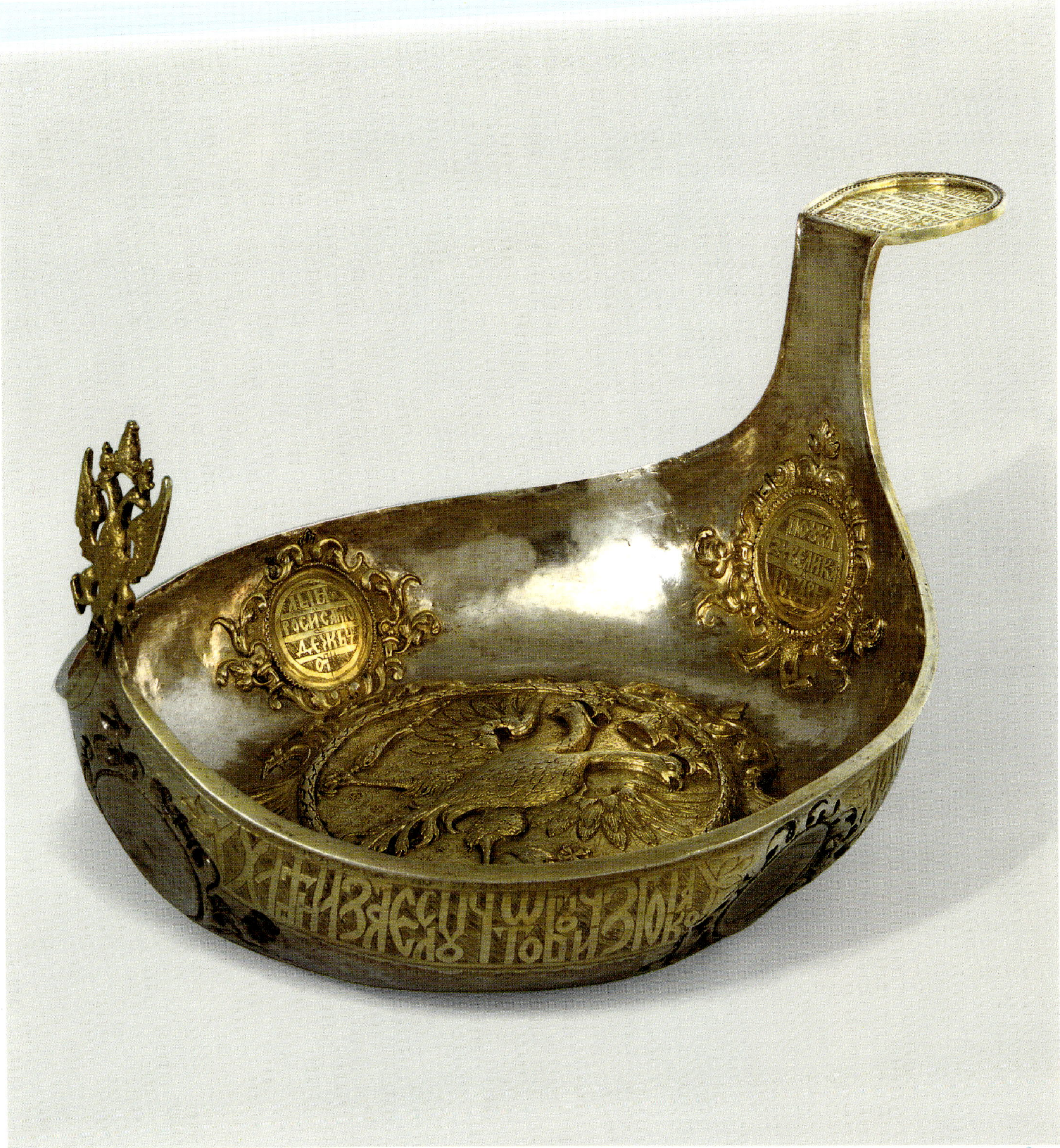

62 Tabatiere

Schweiz, 2. Hälfte 18. Jahrhundert
Miniatur: St. Petersburg, 1727 von Andrej Grigorevic Ovsov (1678/79-1740/50)
Dose: Gold, getrieben, ziseliert, guillochiertes Email
Miniatur: Email auf Kupfer
Länge 9,2 cm, Breite 5,2 cm, Höhe 2,2 cm
Inv.-Nr. MR-618

Die goldene Tabatiere ist dekoriert mit dunkelrotem, transluzidem Email auf mit Linien und Kreisen guillochiertem Grund. Innen befinden sich als Stempel ein gekröntes T und ein gekröntes J nach französischem Vorbild (Prestige-Marken). Auf dem Deckel ist eine auf Kupfer in Email ausgeführte Miniatur mit dem Porträt Zar Peter I. montiert mit der Inschrift: »In Sankt P. B. malte (dies) Andrej Ovsov, 1727.« Peter I. trägt eine Rüstung mit dem Band des Ordens des hl. Andreas, des Erstberufenen. Grundlage für die Darstellung ist ein von K. Moor 1717 gemaltes Porträt oder der Kupferstich von Jakob Houbracken.
Andrej Ovsov war einer der ersten russischen Miniaturmaler. Von 1724 an war er in der Moskauer Rüstkammer tätig, von wo er auf Befehl Peters I. nach Petersburg geholt wurde. Hier arbeitete er für das Hofkabinett des Zaren. Neben der Porträtminiaturmalerei befaßte sich Ovsov auch mit dem Ausmalen von Orden. Bis jetzt sind nur elf signierte Arbeiten Ovsovs bekannt, von denen sich die hier gezeigte als einzige in den Kremlmuseen befindet.

Literatur: Оружейная палата. Москва, 1963. С. 155–156; Г. Н. Комелова, Г. А. Принцева, Портретная миниатюра в России XVIII – начала XX века из собрания Государственного Эрмитажа. Ленинград 1986. С. 286. – *Ausst. Kat.:* L'URSS et la France. Les grands moments d'une tradition. Paris 1974. No. 502.

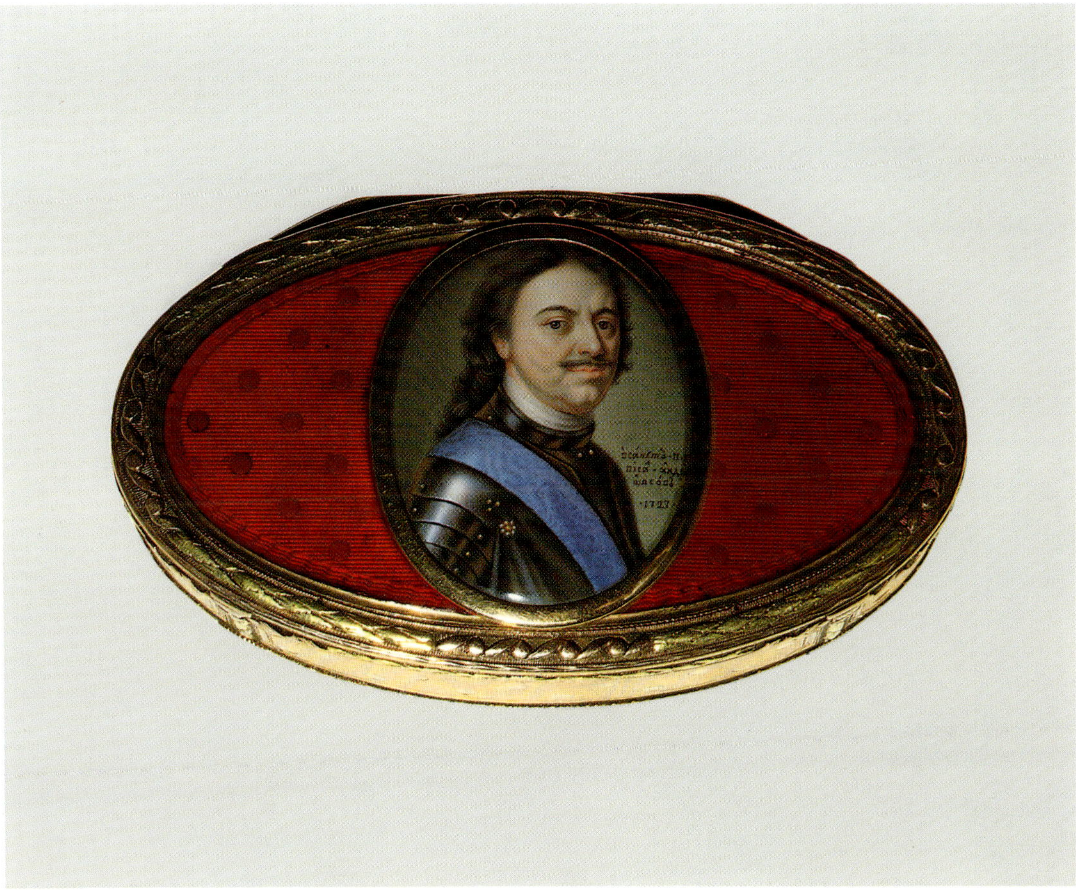
1727

63 Becher

Moskau, 1735 oder 1739
Meister Nikita Timofej Beljakovskij (?)
Meistermarke NT (russisch)
Beschau: Stadtmarke mit Doppeladler und Inschrift MOCKBA
Beschaumeister mit AS und Jahreszahl 1735 oder 1739
Silber, getrieben
Höhe 24,3 cm, Durchmesser (oben) 15 cm
Inv.-Nr. MR-10544

Auf Silbergegenständen des zweiten Viertels des 18. Jahrhunderts finden sich häufig Darstellungen von Porträts. Auf diesem großen Becher sieht man außer dem an zentraler Stelle angebrachten Porträt des Zaren Peter I. auch diejenigen zeitgenössischer Staatsmänner der ersten Hälfte des 18. Jahrhunderts, nämlich Franz Lefort, Fürst Peter Prozorovskij, Graf Grigorij Černyšov, Fürst Vasilij Dolgorukov, Graf Andrej Osterman.

Als Vorbilder für ähnlich getriebene Reliefporträts dienten in der Regel Kupferstiche oder Zeichnungen. Nur ein meisterhaft begabter Silberschmied konnte die zweidimensionalen Darstellungen in überzeugender Weise in die Sprache der Reliefplastik übertragen. Zu diesen wenigen Meistern gehörte Nikita Timofeij Beljakovskij, der aus einer Moskauer Silberschmiedefamilie stammte und selbst in Dokumenten des zweiten Viertels des 18. Jahrhunderts erwähnt wird.

Ausst. Kat.: Schätze der Museen des Moskauer Kreml. Berlin 1987. Nr. 67; Tesoros de los Museos del Kremlin de Moscú. Habana 1987/88. No. 29; Новые поступления в собрании Государственных музеев Московского Кремля. Москва 1988/89.

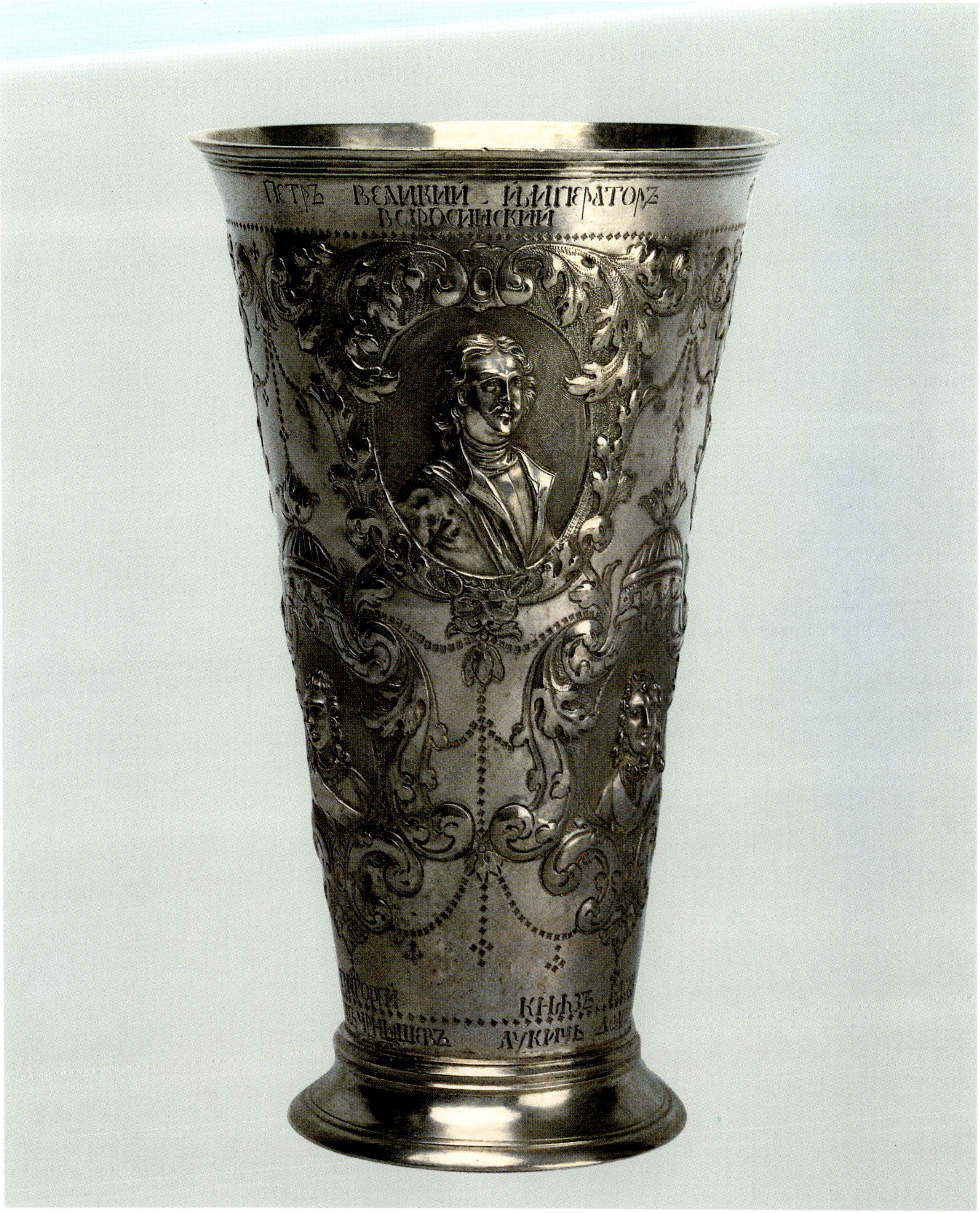

64 Weihwasserbecken

Moskau, 1721
Silber, getrieben, graviert, gegossen
Höhe 31 cm, Durchmesser 39 cm
Inv.-Nr. MR-2279

Der Körper dieses Weihwasserbeckens ist dekoriert mit gravierten Darstellungen der Gottesmutter des Zeichens und der Taufe Christi sowie mit in Hochrelief getriebenen Früchtegirlanden. Das Becken ist ein typisches Beispiel für den Moskauer Barock des ersten Viertels des 18. Jahrhunderts. Leider ist der Name des Silberschmiedes, der das Becken angefertigt hat, nicht bekannt, da sich auf ihm keinerlei Marken befinden. Ungeachtet der Tatsache, daß die Ukase Peters I. den Silberschmieden mehrfach befahlen, ihre Werke stempeln zu lassen, versuchten viele Meister der Stempelpflicht zu entgehen, da sie die für jedes Stück speziell erhobene Steuer nicht zahlen wollten. Je schwerer und komplizierter bearbeitet die Silbergegenstände waren, um so höher wurde die Steuer angesetzt. Viele der interessanten Arbeiten russischer Silberschmiede des ersten Viertels des 18. Jahrhunderts führen deshalb keine Marken. Zu diesen gehört auch das Weihwasserbecken aus dem Jahr 1721.
Am oberen Rand befindet sich eine gravierte Inschrift über die Anfertigung des Beckens für das Znamenskij-Kloster in Moskau, das um 1630 auf einem Gebiet des Hofes des Bojaren Ramanov gegründet worden war.

Literatur: С. Я. Коварская, И. Д. Костина, Е. В. Шакурова, Русское серебро XIV – начала XX века из фондов Государственных музеев Московского Кремля. Москва 1984. С. 68, 75, 221, N 59. – *Ausst. Kat.:* Русское золотое и серебряное дело XVIII – начала XX века. Москва 1977; Tresori muzeja moskovskogo Kremlja. Beograd 1985; Skoplje 1986, Kat. Moskva 1985. N 128.

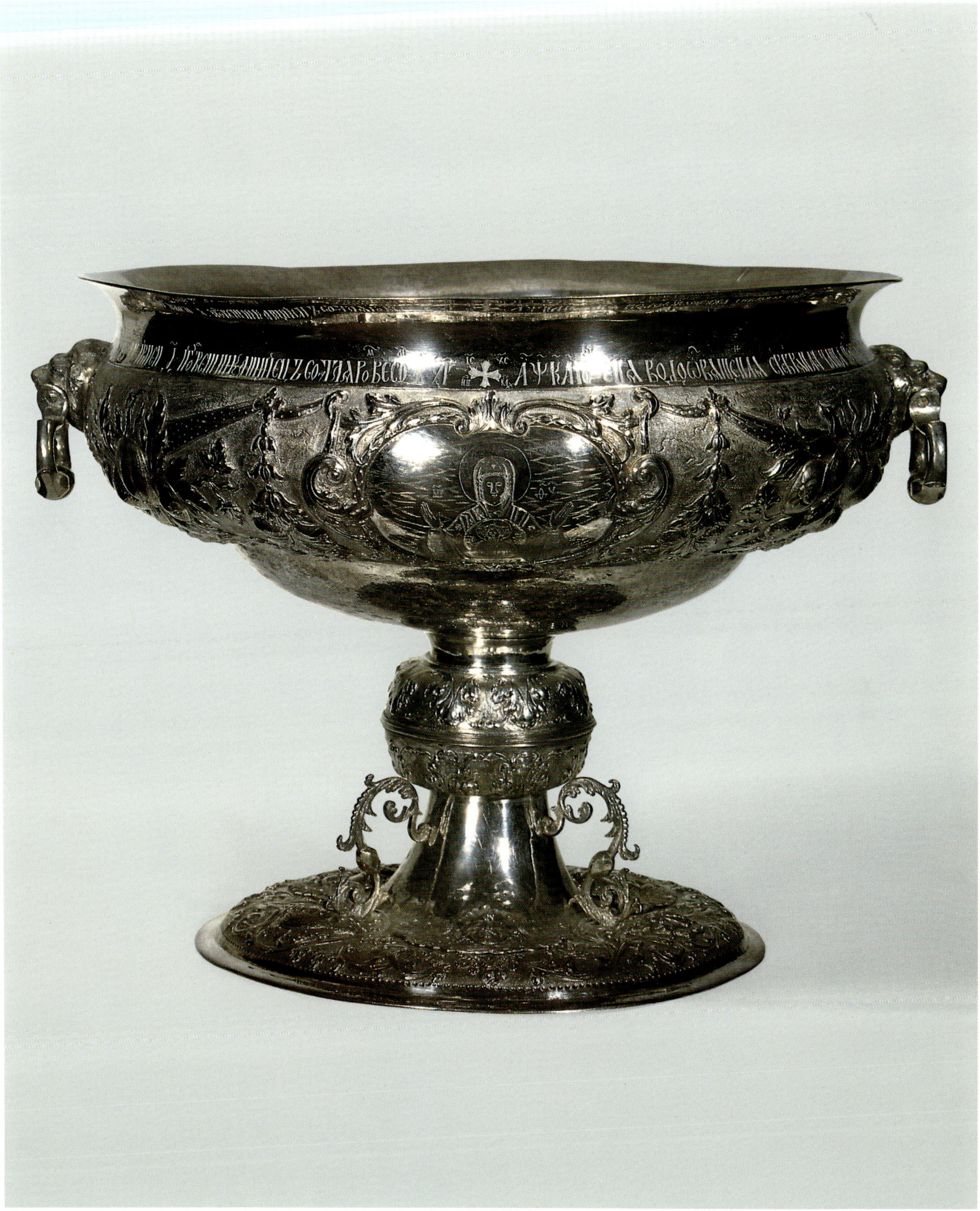

65 Kelch

Moskau, 1764
Meistermarke russisch RLS im Dreipaß
Beschau: St. Georg zu Pferde mit dem Datum 1764
Beschaumeister BA
Alderman (?) AB mit unleserlichem dritten Buchstaben
Silber, getrieben, gegossen, graviert, vergoldet, Niello, Email
Höhe 37,5 cm, Durchmesser 21,5 cm
Inv.-Nr. MR-837

Auf dem Fuß des Kelches befinden sich Medaillons mit niellierten Szenen der Leidensgeschichte Christi. Auf dem Rand des Kelches ist die traditionelle liturgische Inschrift graviert. Der Kelch wird von vier Emailminiaturen mit Darstellungen der Deesis (Christus umgeben von der Gottesmutter und Johannes) sowie der Grablegung geschmückt.

In der zweiten Hälfte des 18. Jahrhunderts kam es zu einer Blütezeit der Kunst der gemalten Emailminiaturen. Kleinere Medaillons wurden häufig für die Ausschmückung von Kelchen, Evangeliareinbänden, Panagien und anderer Gegenstände verwendet. Die Miniaturen wurden von Künstlern ausgeführt, die eine spezielle Ausbildung erhalten hatten. In der Petersburger Akademie der Künste gab es seit 1779 eine Klasse für Miniaturmalerei.

Ausst. Kat.: Tesoros del Kremlin. Buenos Aires 1988. No. 37; Tesouros do Kremlin. São Paulo/Rio de Janeiro 1988. No. 37.

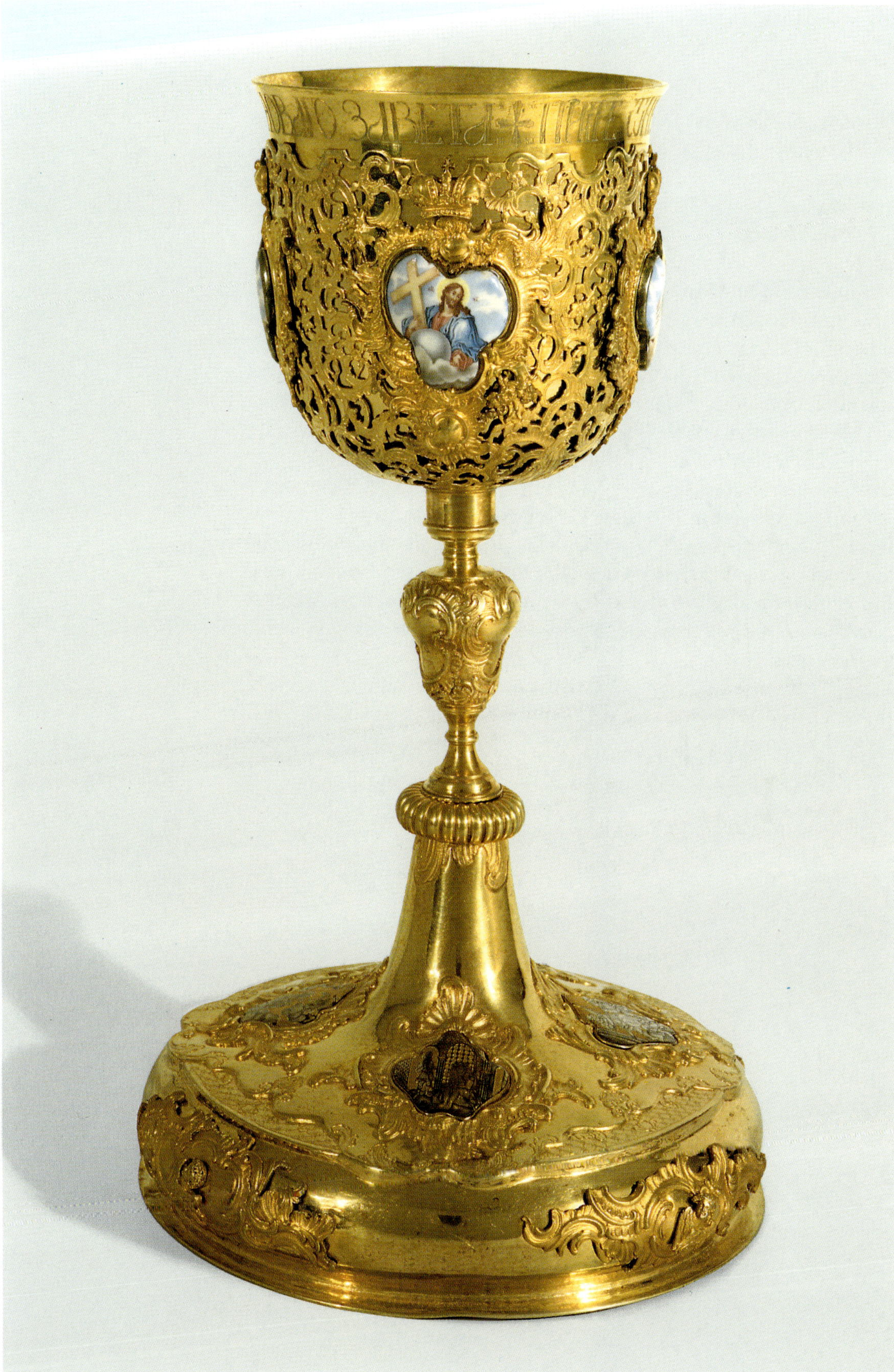

66 Schauplatte

Moskau, 2. Hälfte 18. Jahrhundert
Meistermarke mit russischen Initialen NF
Silber, getrieben, vergoldet
Breite 50 cm, Länge 77,5 cm
Inv.-Nr. MR-156

Auf dieser ovalen Platte befindet sich die vielfigurige Darstellung der Krönung der Zarin Katharina I., die 1724 in der Mariae-Himmelfahrts-Kathedrale des Moskauer Kreml stattfand. In der Mitte sieht man Peter I., wie er die Kaiserkrone auf das Haupt seiner vor ihm knienden Gemahlin, Ekaterina I., einer geborenen Marta Skavronska, setzt. Die zentrale Gruppe ist umgeben von Vertretern des Adels, der Geistlichkeit sowie von ausländischen Gesandten.

Die Gesamtkomposition ist in einem getriebenen Hochrelief ausgeführt. Die Silberschmiede des 18. Jahrhunderts erzielten in dieser Technik eine große Vollkommenheit, indem sie nicht nur eine vielschichtig-perspektivische Modellierung erreichten, sondern auch die Szenen oder den sonstigen Dekor mit verschiedenartigen Bearbeitungsweisen und durch die Vergoldung einzelner Details bereicherten.

Ähnliche Platten gehörten zur Ausstattung der Festräume am Hofe. Diese Schauplatte stammt aus dem großen Kremlpalast, aus dem sie in die Rüstkammer gelangte.

Literatur: Ausst. Kat.: Русское золотое и серебряное дело XVIII – начала XX века. Москва 1977; Tesoros del Kremlin. Buenos Aires 1988. No. 35; Tesouros do Kremlin. São Paulo/Rio de Janeiro 1988. No. 35.

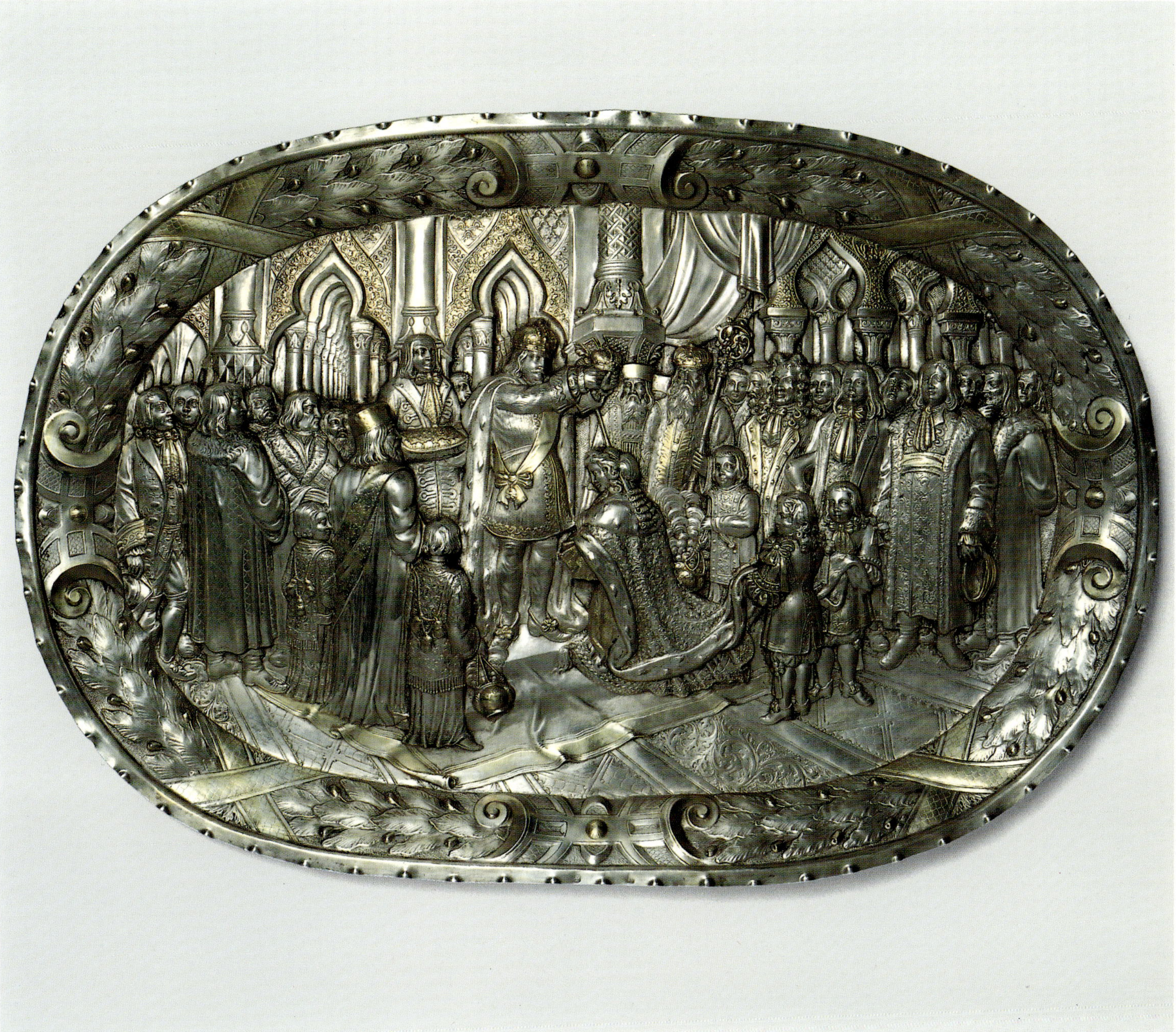

67 Teekanne mit Rechaud

Tobol'sk, 1774
Meistermarke MPŠ (findet sich 1774–1780)
Beschau: Stadtmarke mit Wappen: zwei Zobel, die eine Krone halten
Beschaumeister mit russischen Initialen LV und Datum 1774
Silber, getrieben, gegossen, vergoldet, Niello, Holz
Höhe 30,5 cm
Inv.-Nr. MR-588/1-3

Die kugelförmige Teekanne mit Deckel und beweglichem Griff wurde mit Hilfe eines Spiritusbrenners auf einem Untergestell gewärmt. Auf der Teekanne befinden sich drei in Niello ausgeführte galante Szenen: eine Dame, die dem Flötenspiel des Kavaliers lauscht, eine Dame und ein Herr mit Pokalen in der Hand sowie ein Paar beim Spaziergang. Der Griff der Kanne ist aus Holz. Der Spiritusbrenner im dreifüßigen, mit zwei Griffen versehenen Gestell, fehlt.
Die Kanne mit Rechaud gehörte zum Teeservice des Gouverneurs von Sibirien, Denis Čičerin. Während seiner Amtszeit in Tobolks, der Hauptstadt des sibirischen Gouvernements im 18. Jahrhundert, läßt sich eine Blüte der Silberschmiedekunst und insbesondere der des Niellierens feststellen. In der Person Čičerins hatten die Meister einen reichen Auftraggeber und Mäzen, der die Entwicklung der örtlichen Künste belebte. Auf vielen in Tobol'sk in den siebziger Jahren des 18. Jahrhunderts gearbeiteten Silbergegenständen findet sich das Monogramm D. Čičerins und sein Wappen.

Literatur: К. В. Донова, Русское художественное серебро XVIII – начала XX века // Оружейная палата. Москва 1964. С. 176–177.

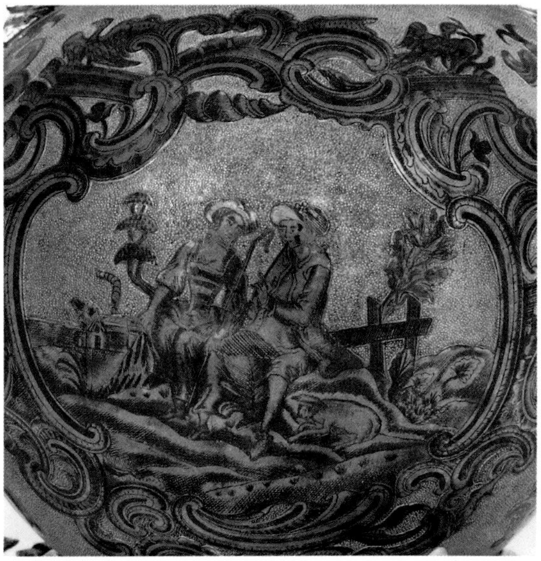

Dame lauscht dem Flötenspiel des Kavaliers

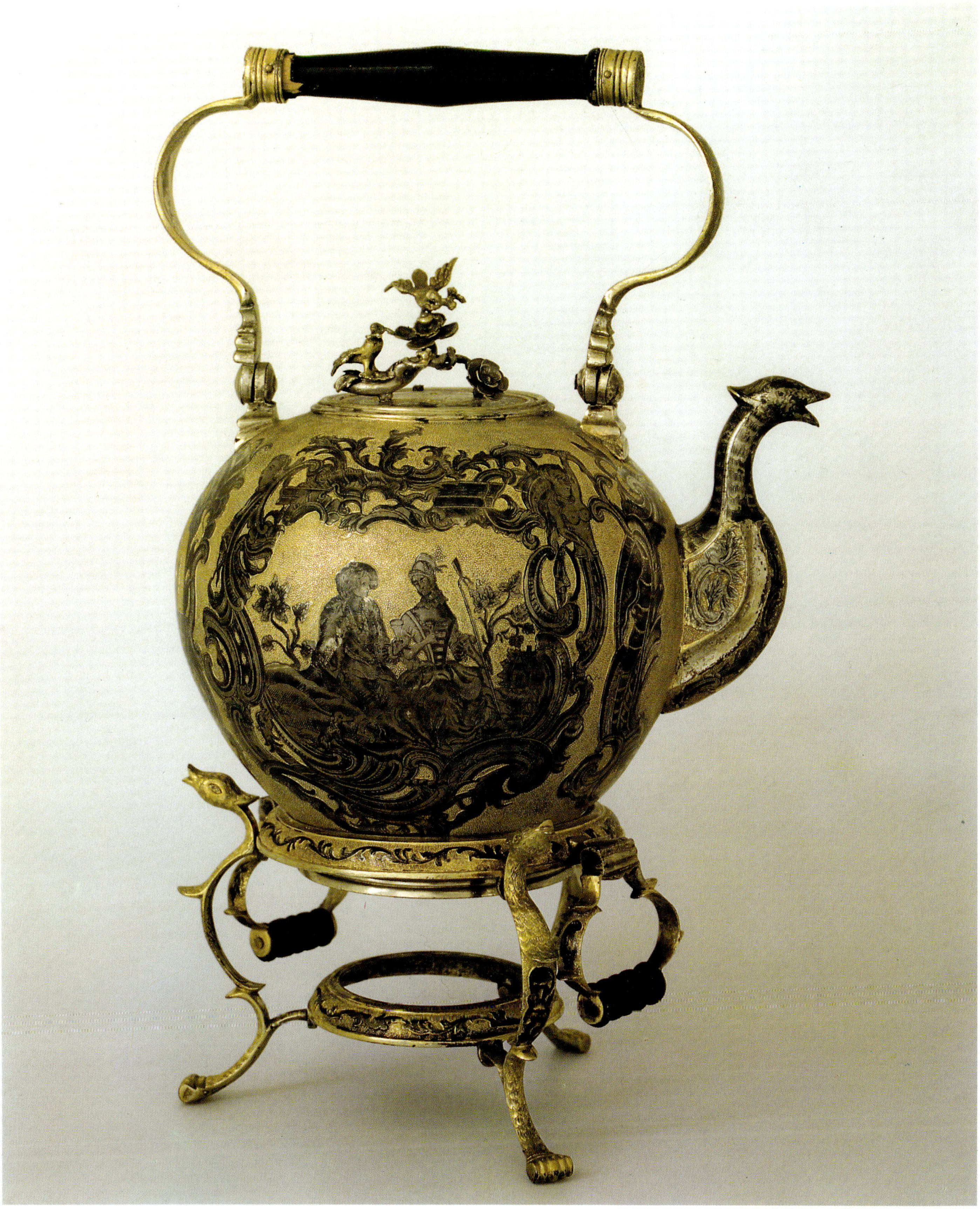

68 Kaffeekanne

Tobol'sk, 1779
Meistermarke DES (findet sich 1774–1780)
Beschau: Stadtmarke mit Wappen: zwei Zobel, die eine Krone halten
Beschaumeister mit russischen Initialen LV und Datum 1779
Zolotnikmarke 82
Silber, getrieben, gegossen, vergoldet, Niello, Holz
Höhe 20 cm
Inv.-Nr. MR-595

Die Kanne auf drei Füßen ist im Stil des Rokoko mit niellierten Ornamenten und Jagdszenen dekoriert: ein Jäger mit zwei Hunden, die einen Fuchs verfolgen sowie ein Reiter mit Hund, die einen Hirsch jagen. Unter der Tülle befindet sich die niellierte Inschrift »In der Stadt Tobols'k, 1778 (angefertigt)«.
Jagdszenen gehörten zu den beliebtesten Themen der Tobol'sker Silberschmiede des 18. Jahrhunderts. Auf ihren Objekten finden sich Darstellungen von Jagden, einer beliebten Beschäftigung der Bevölkerung dieser Region, in Kompositionen, die auf europäische Originale zurückzuführen sind.
Die Marke des Goldschmieds dieses Stückes besteht aus lateinischen Buchstaben. Man kann vermuten, daß dieser Meister ein Nachkomme eines der schwedischen Gefangenen war, die aufgrund eines Ukases des Kaisers Peter I. nach seinem Sieg über das Heer des schwedischen Königs Karl XII. bei Poltava als Kriegsgefangene in die Stadt Tobol'sk geschickt worden waren. Ungeachtet der späteren Erlaubnis, in die Heimat zurückzukehren, zog es ein Teil der Gefangenen vor, in Tobolsk zu bleiben, wo sich Mischfamilien bildeten, in denen sich sowohl russische als auch schwedische Traditionen erhielten.

Literatur: А. Е. Фелькерзам, Описъ серебра двора его императорского величества. СПб 1907. Т. 2. С. 712. – *Ausst. Kat.:* Treasures from the Kremlin. New York 1979. No. 58; Trésors des Musées du Kremlin. Paris 1979. No. 48; Tesoros del Kremlin. Mexico 1982. No. 44; Tesori del Cremlino. Roma 1982. Kat. Firenze 1982. No. 41.

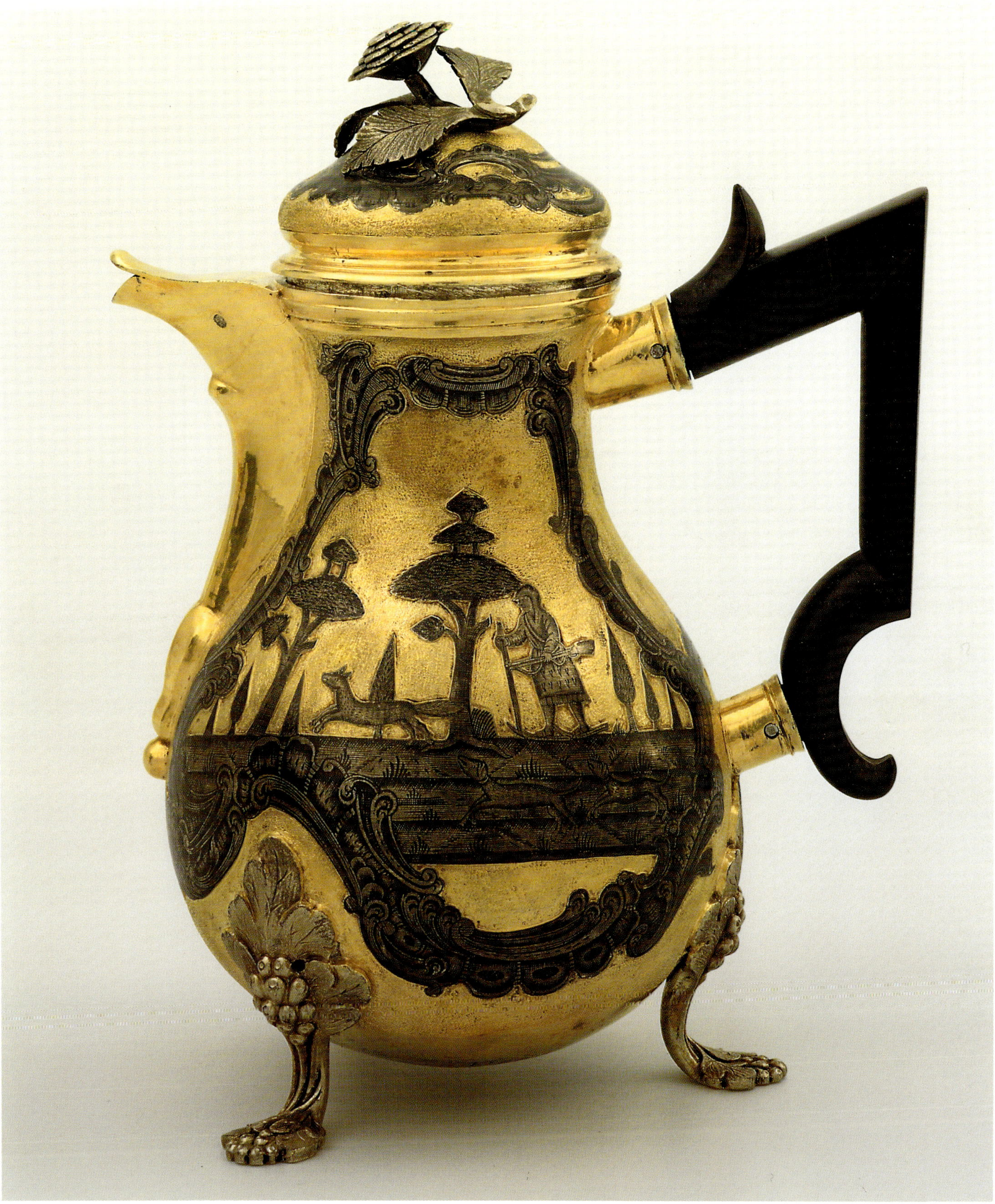

69 Tabaksdose

Velikij Ustjug, 1796
Meister Ivan Petrovič Žilin (1750–1812)
Marke (russisch) IŽ
Beschau: Stadtmarke mit Wappen: ein Wasserkrug
Beschaumeister mit den Initialen AT und dem Datum 1796
Silber, getrieben, ziseliert, vergoldet, Niello
Länge 8,8 cm, Höhe 2,1 cm
Inv.-Nr. MR-674/1-2

Auf dem Deckel der Dose befindet sich eine niellierte Darstellung des Denkmals von Peter I., des »Bronzenen Reiters«. Das von dem französischen Künstler Etienne Maurice Falconet angefertigte Denkmal wurde 1782 in St. Petersburg enthüllt. Sein Bild findet sich häufig auf Gegenständen der angewandten Kunst. Die Wiedergabe auf dieser Tabaksdose beruht wahrscheinlich darauf, daß man in Velikij Ustjug an den Besuch Peters I. in der Stadt erinnern wollte, als dieser 1694 auf der Reise nach Archangelsk war. Das hundertste Jubiläum dieses Besuches wurde von den Bürgern der Stadt gefeiert. Auf der Unterseite der Dose findet sich eine niellierte Darstellung von Minerva neben einem Obelisk.
Ivan Žilin war einer der großen Meister der Niellokunst in Velikij Ustjug, seine Werke befinden sich in vielen Museen der Sowjetunion. Er war der Sohn des Silberschmieds Peter Žilin, des ersten Vertreters einer Dynastie von Meistern in Velikij Ustjug.

Literatur: К. В. Донова, Русское художественное серебро XVIII – начала XIX века // Оружейная палата. Москва 1964. С. 173–174; Ю. А. Козлова, О чертах и мотивах народного искусства в русском черневом серебре XVIII века // От средневековья к новому времени. Материалы и исследования по русскому искусству XVIII – первой половины XIX века. Москва 1984. С. 160. – *Ausst. Kat.:* L'art russe des scythes a nos jours. Trésors des musées sovietiques. Paris 1967/68. No. 307.

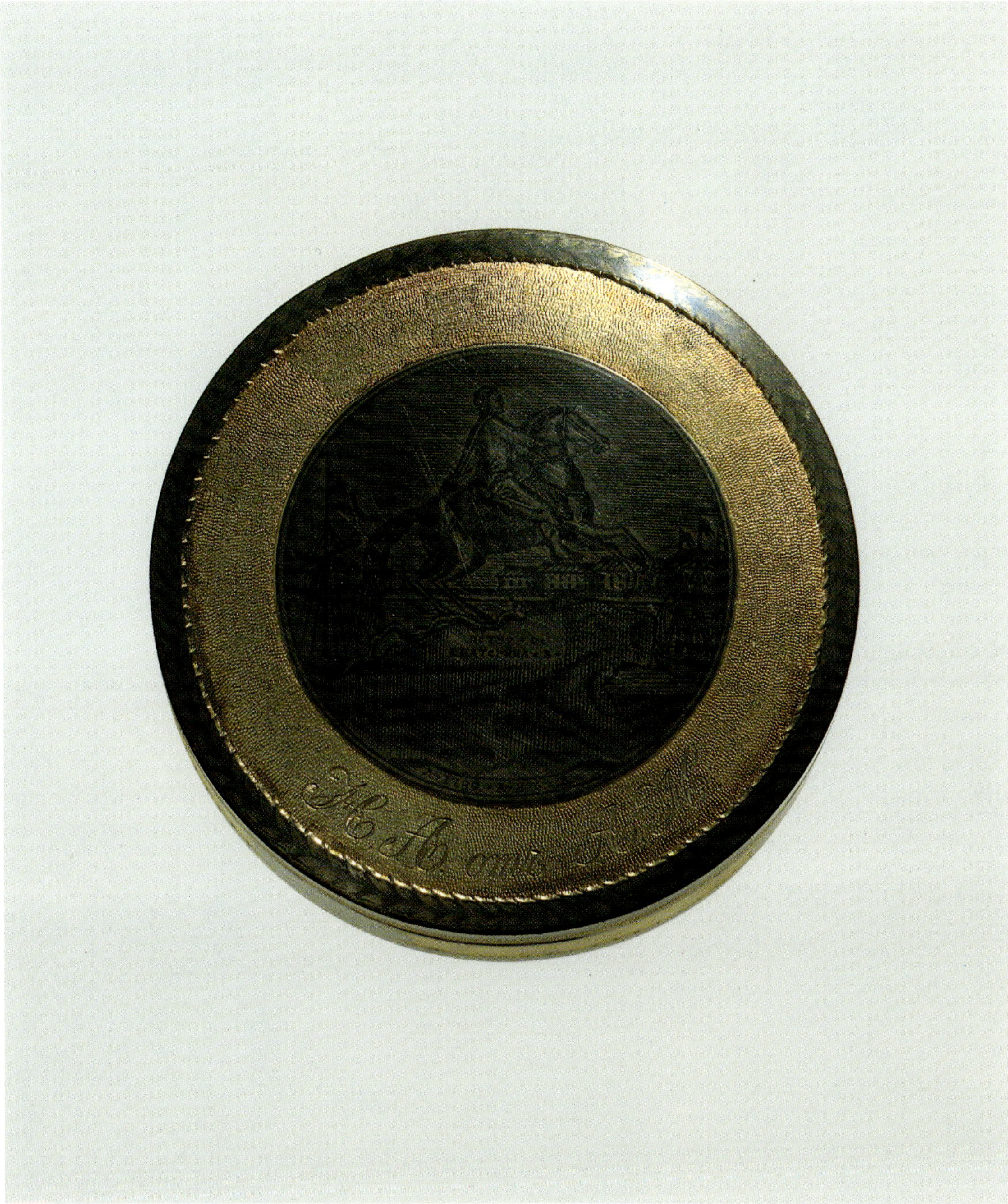

70 Kamm

Vjatka, 1827
Meister Dmitrij Agafonov (tätig 1827 bis 1852)
Beschau: Stadtmarke mit Wappen, eine aus einer Wolke kommende Hand mit Pfeil und Bogen
Beschaumeister mit russischen Initialen R Ju und Datum 1827
Silber, getrieben, graviert, vergoldet, Niello
Höhe 11,5 cm, Breite 18,7 cm
Inv.-Nr. MR-1641/1

Der Kamm ist auf beiden Seiten mit Blütenornamenten und zwei einzeln aufgelegten ovalen Medaillons dekoriert, die Darstellungen von kirchlichen Attributen wie Bischofsstab und Mitra mit darunter hängenden Ordenszeichen sowie das gravierte Monogramm K C zeigen.
Die erfolgreiche Entwicklung der Niellokunst während der zweiten Hälfte des 18. Jahrhunderts in Moskau und Velikij Ustjug gab den Meistern auch anderer Städte den Impuls, diese Technik anzuwenden. Am Ende des 18. Jahrhunderts und in der ersten Hälfte des 19. Jahrhunderts arbeiteten so hervorragende Meister der Niellokunst wie Sakerdon Skripicyn und Ivan Zuev in Vologda, Grigorij Ratkov in Kostroma, A. Sobinin in Tula und Dmitrij Agafonov in Vjatka (heute Kirov). Leider haben sich nur wenige Gegenstände der Provinzmeister erhalten, weshalb jedes ihrer dieser Stücke sehr hoch geschätzt ster erhalten, weshalb jedes ihrer Stücke sehr hoch geschätzt wird.

Ausst. Kat.: Русское золотое и серебряное део XVIII – начала XX века. Москва 1977; Tresori muzeja moskovskogo Kremlja. Beograd 1985; Skoplje 1986, Kat. Moskva 1985. N 146; Schätze der Mussen des Moskauer Kreml. Berlin 1987. Nr. 83; Tesoros de los Museos del Kremlin de Moscú. Habana 1987/88. No. 39; Tesoros del Kremlin. Buenos Aires 1988. No. 56; Tesouros do Kremlin. São Paulo/ Rio de Janeiro 1988. No. 56.

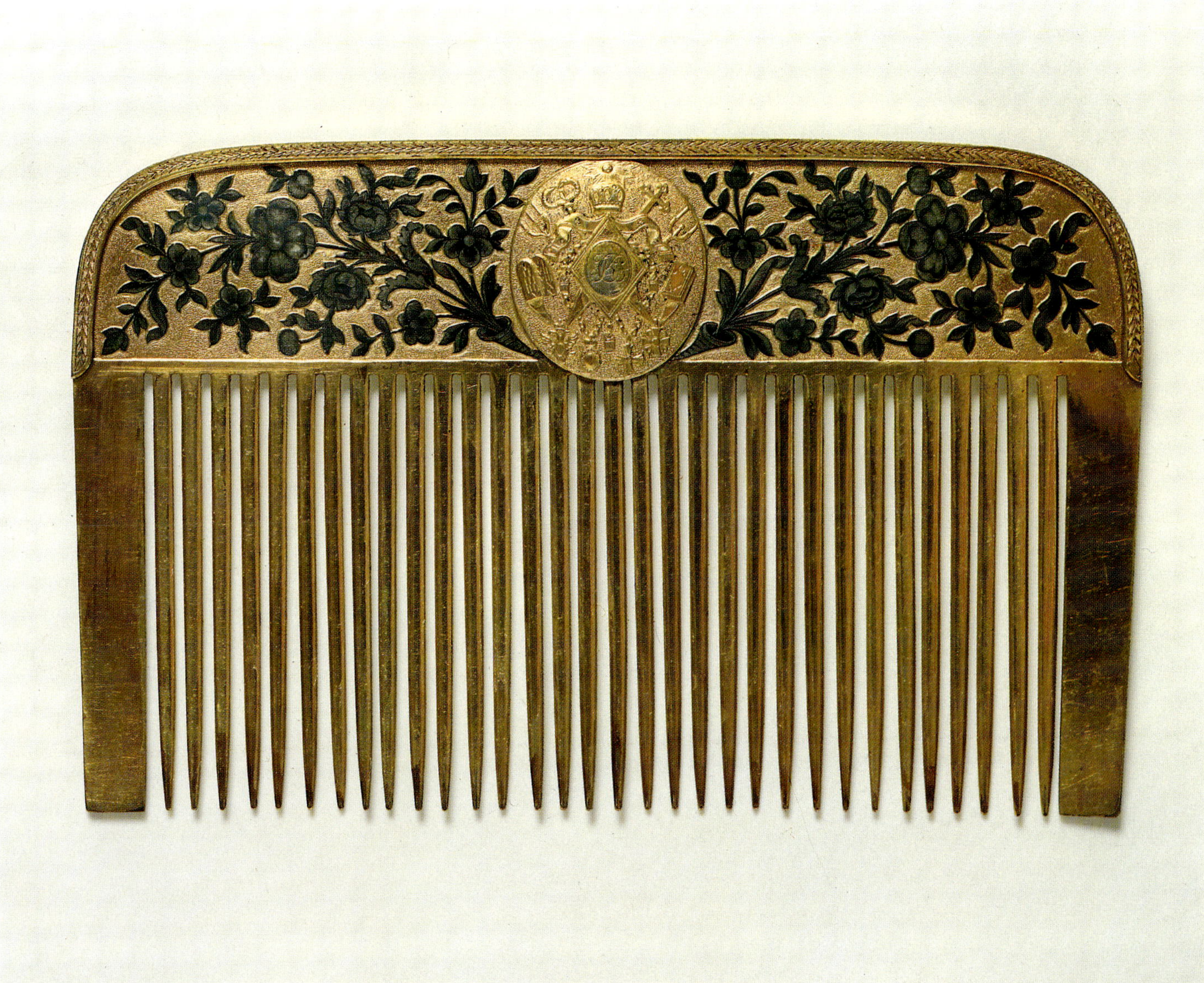

71 Teller

Rußland, 2. Hälfte 18. Jahrhundert
Silber, Filigran
Durchmesser 21,6 cm
Inv.-Nr. MR-4929

Der offen gearbeitete Filigranteller auf niedrigem Fuß stellt ein hervorragendes Beispiel der russischen Filigrankunst (skan') des 18. Jahrhunderts dar. Ihr liegt die Tradition einer in Rußland äußerst beliebten Goldschmiedetechnik zugrunde.
Ende des 18. und Anfang des 19. Jahrhunderts rühmten sich die Städte des russischen Nordens hervorragender Filigranarbeiten, insbesondere Vologda. Leider wurden die fein gearbeiteten, sehr zerbrechlichen Stücke selten gestempelt, was ihre Zuschreibung erschwert.

Literatur: С. Я. Коварская, И. Д. Костина, Е. В. Шакурова, Русское серебро XIV – начала XX века из фондов Государственных музеев Московского Кремля. Москва 1984. С. 139, 231, N 124. – *Ausst. Kat.:* Русское золотое и серебряное дело XVIII – начала XX века. Москва 1977.

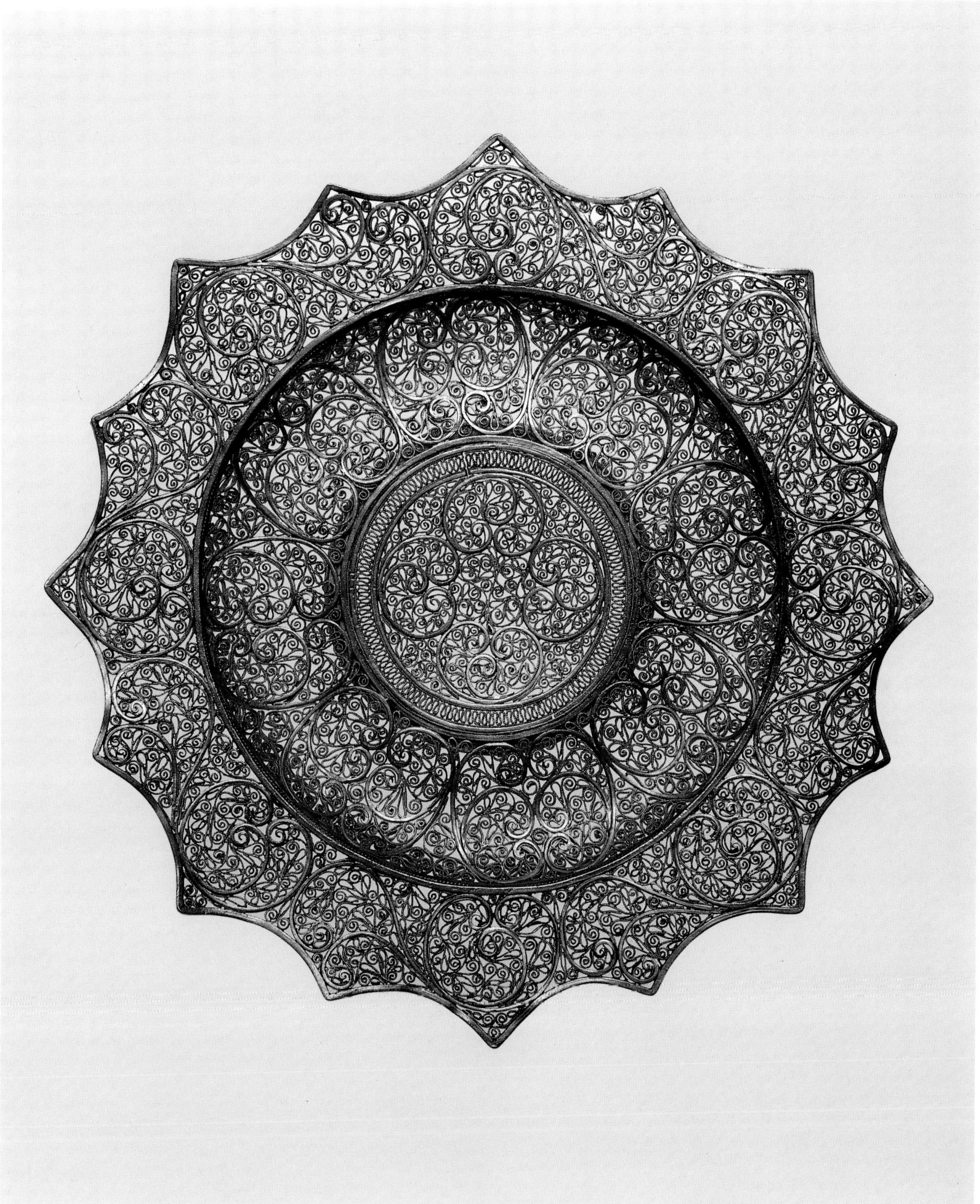

72 Diskos

St. Petersburg, 1789
Meister Ivar Wenfeld Buch (1749–1811)
Beschau: Stadtmarke mit Wappen: zwei gekreuzte Anker und Zepter
Beschaumeister mit Initialen HM
Gold, getrieben, gegossen, graviert
Durchmesser 23,2 cm, Höhe 11 cm
Inv.-Nr. MR-4623

Der Rand des Diskos – Patene – ist mit einem aufgelegten Goldkranz aus Eichenlauf dekoriert, in der Mitte befindet sich graviert das Kreuz von Golgatha. Auf der Seite des Fußrandes ist die gravierte Inschrift: »Fabrique de Buch & Comp. A. S. Petersbourg«. Dieser Diskos war ein Geschenk des Fürsten Grigorij Potemkin an die Sophienkirche von Novgorod.
Ivar Wenfeld Buch, der Sohn des dänischen Goldschmiedemeisters Dietrich Buch, wurde in Norwegen geboren und kam in jungen Jahren nach St. Petersburg, wo er sich 1776 in der Ausländerzunft eintragen ließ und das Recht erhielt, Aufträge des Zarenhofes auszuführen. Seine große Werkstatt produzierte viele verschiedenartige Gold- und Silbergegenstände. Etwa dreißig davon sind heute nachweisbar, darunter auch einige, die in den Museen des Kreml aufbewahrt werden.

Literatur: С. Я. Коварская, И. Д. Костина, Е. В. Шакурова, Русское золото XIV – начала XX века из фондов Государственных музеев Московского Кремля. Москва 1987. С. 95, 122, 123, 210, N 88. – *Ausst. Kat.:* Русское золотое и серебряное дело XVIII – начала XX века. Москва 1977.

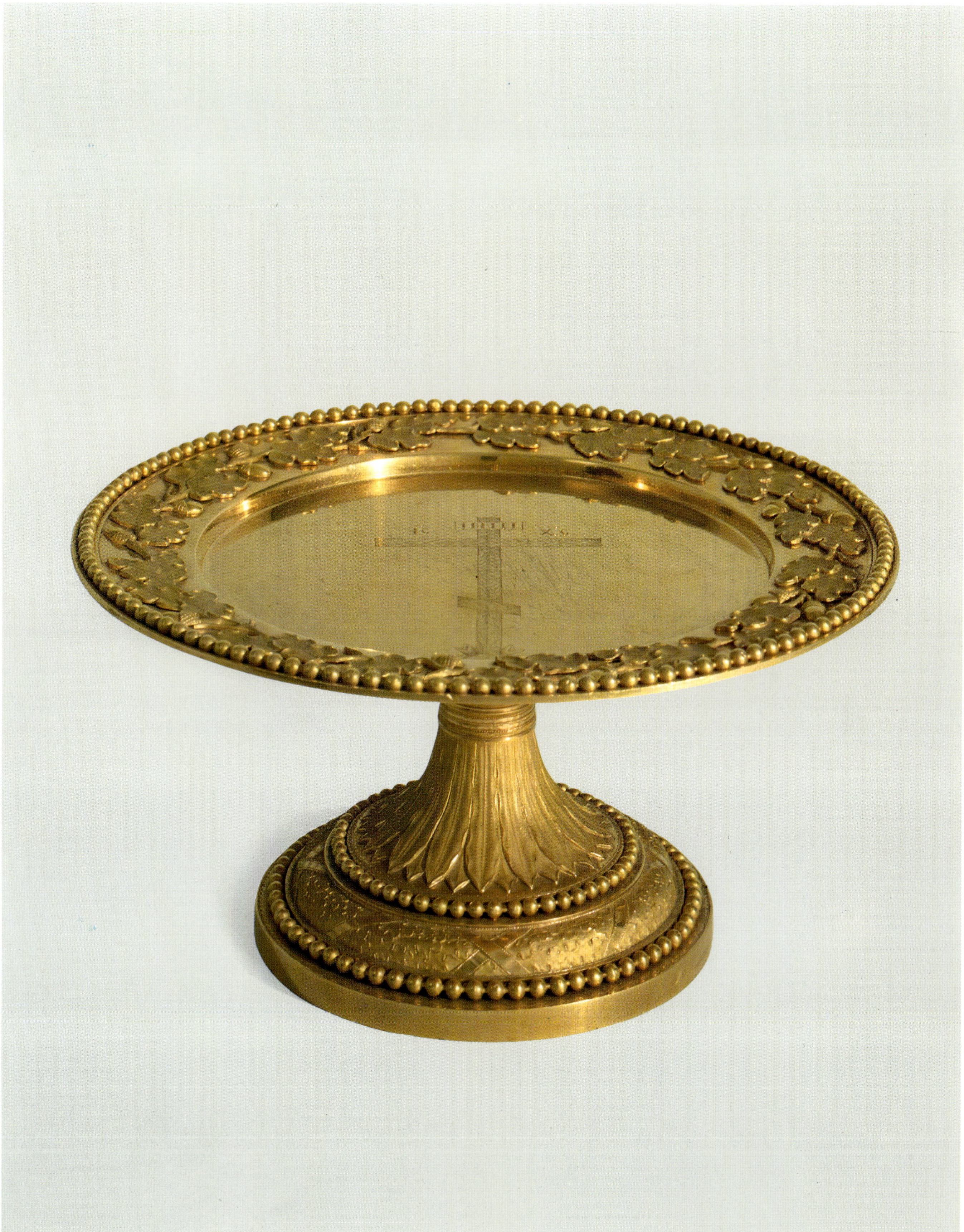

73 Kelch

Moskau, 1806
Beschau: Stadtmarke mit Wappen: Hl. Georg der Drachentöter
Beschaumeistermarke und Datum nur teilweise lesbar M – 180?
Zolotnikmarke 84 und 90
Silber, getrieben, gegossen, graviert, vergoldet, Email
Höhe 27,8 cm, Durchmesser 18,5 cm
Inv.-Nr. MR-207

Die Kelchschale mit der gravierten traditionellen liturgischen Inschrift am oberen Rand ist mit vier aufgelegten, in gemaltem Email ausgeführten Plaketten geschmückt, die folgende Szenen zeigen: Abendmahl, Kelchgebet, Grablegung, Himmelfahrt.
Gewöhnlich finden sich auf den Kelchschalen Darstellungen der Deesis und der Kreuzigung, auf dem Fuß des Kelches Szenen der Leidensgeschichte Christi. Im 19. Jahrhundert gab es jedoch in seltenen Fällen Abweichungen vom vorgegebenen Kanon. Die Ausformung des Kelchschaftes als Ährengarbe ist eine zusätzliche Neuerung im Dekor eines Kelches.
Der Kelch ist Teil eines liturgischen Services, zu dem auch noch eine Patene, zwei Teller und ein Abendmahllöffel gehören (Inv.-Nrn. MR-208, 209, 210, 211). Auf dem Diskos befindet sich eine Stadtbeschaumarke, die eine Datierung der ganzen Gruppe auf das Jahr 1806 erlaubt.

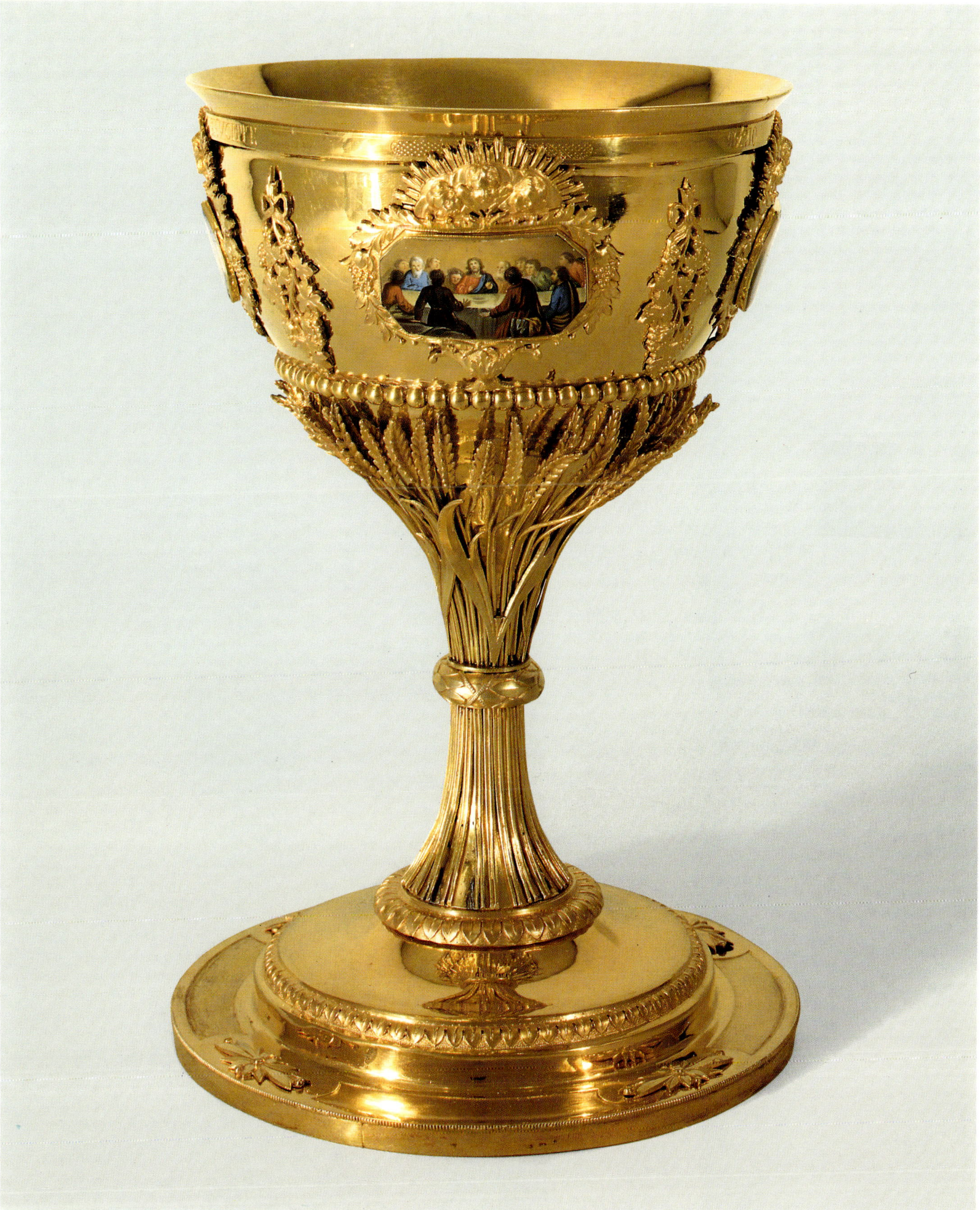

74 Panagia

St. Petersburg oder Moskau, 1. Drittel 19. Jahrhundert
Gold, getrieben, Moosachat, Diamanten, Türkise, Kunststein
Höhe 12,3 cm, Breite 7,6 cm
Inv.-Nr. MR-161

Auf der goldenen Panagia befindet sich ein Moosachat, der mit einer in Kunststeinmosaik gefertigten Darstellung Christi geschmückt ist. Der Schmuck der Umrahmung mit Girlanden wurde in farbigem Gold mit Email und kleinen Diamanten in Rosenschliff ausgeführt. Ebensolche Steine umgeben auch zwei hellblaue Türkise in der Bekrönung.
Mehrfarbiges Gold wurde seit dem Ende des 18. Jahrhunderts häufig von russischen Juwelieren für die farbliche Bereicherung des Dekors verwendet. Aus Gold in rosa, grünen und silbrigen Tönen gestalteten sie Girlanden, Blüten und Blätter. Mosaikminiaturen wurden in der ersten Hälfte des 19. Jahrhunderts populär. Mit ihrer Herstellung rühmten sich in Rußland die Petersburger Meister. Fertige Kunststeinminiaturen wurden zum Schmuck von Tabatieren, Dosen und Etuis verwendet. In den Sammlungen der Rüstkammer ist diese Panagia mit Mosaikdekor einzigartig.

Literatur: С. Я. Коварская, И. Д. Костина, Е. В. Шакурова, Русское золото XIV – начала XX века из фондов Государственных музеев Московского Кремля. Москва 1987. С. 143, 214, N 109. – *Ausst. Kat.:* Русское золотое и серебряное дело XVIII – начала XX века. Москва 1977. Tesoros del Kremlin. Buenos Aires 1988. No. 57; Tesouros do Kremlin. São Paulo/Rio de Janeiro 1988. No. 57.

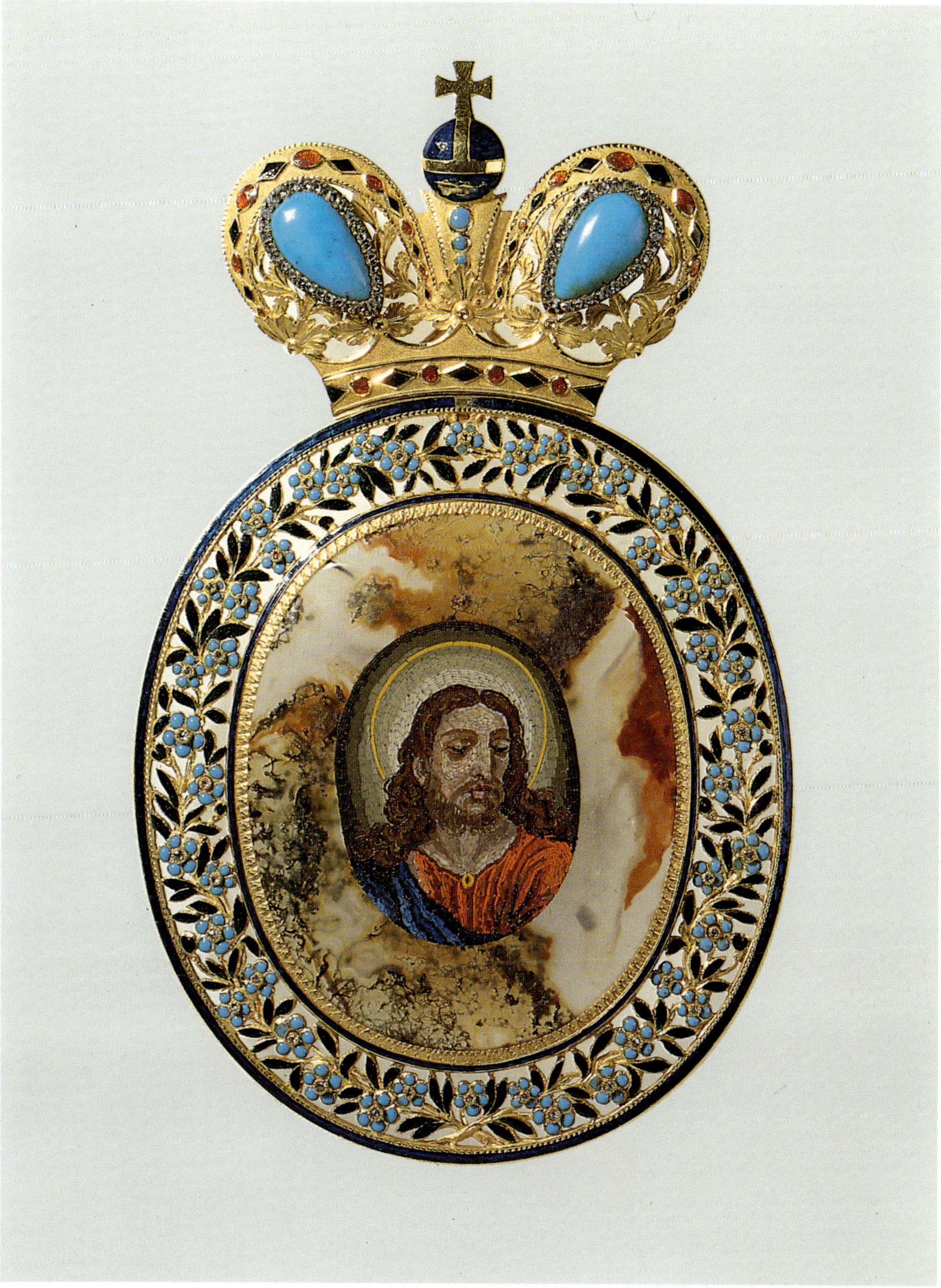

75 Panagia

St. Petersburg oder Moskau, 1824
Gold, getrieben, graviert, Email, Chrysopras, Türkis
Höhe 11,8 cm, Breite 7,2 cm
Inv.-Nr. MR-8511

Die goldene Panagia schmückt ein Chrysopras mit der Reliefdarstellung Christi. Sie ist dekoriert mit aufgelegten Girlanden aus verschiedenfarbigem Gold und einem Ornament von in blauem Email ausgeführten Blattranken. Auf der Rückseite befindet sich ein Reliquiar, auf dessen Deckel die Aufschrift graviert ist: »Für Rechtgläubigkeit – A. Fotij. 1824«.

Literatur: С. Я. Коварская, И. Д. Костина, Е. В. Шакурова, Русское золото XIV – начала XX века из фондов Государственных музеев Московского Кремля. Москва 1987. С. 142, 214, N 108. – *Ausst. Kat.:* Русское золотое и серебряное дело XVIII – начала XX века. Москва 1977. Tesoros del Kremlin. Buenos Aires 1988. No. 55; Tesouros do Kremlin. São Paulo/Rio de Janeiro 1988. No. 55.

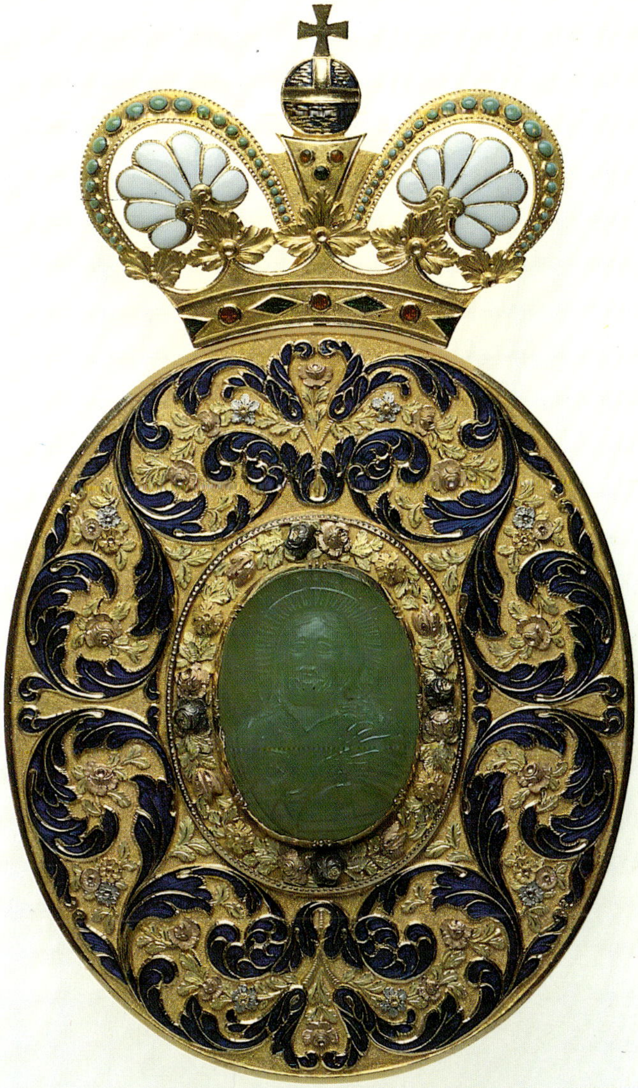

76 Posoch

St. Petersburg, 1865
Meister Israel Ludwig Smedberg (?)
Marke nur teilweise lesbar
Beschau: Stadtmarke mit Wappen: zwei gekreuzte Anker und Zepter
Zolotnikmarke 84
Gold, getrieben, gegossen, punziert, Rubine, Smaragde, Perlen
Länge 156 cm
Inv.-Nr. MR-853

Der Posoch wurde seit ältesten Zeiten als Symbol der weltlichen und kirchlichen Macht angesehen. Im Alten Rus' verwendete man die fürstlichen und Zaren-Posochi bei offiziellen Zeremonien zusammen mit den Regalien. Für die Stäbe der hohen Geistlichkeit war der T-förmige, gekrümmte Griff typisch.
Zu der reichen Sammlung von fürstlichen, Zaren-, Metropoliten- und Patriarchen-Posochi in der Rüstkammer gehört auch der hier ausgestellte, der von Alexander II. dem Metropoliten Filaret verliehen wurde. Seine Form und sein Dekor gehen auf Beispiele des 17. Jahrhunderts zurück, die häufig ebenfalls ganz aus Edelmetall bestanden und mit einer großen Anzahl von Edelsteinen geschmückt waren.
Der Meister Smedberg (1789–1858) war Lehrling in Helsingfors und wurde 1819 Geselle. Ab 1820 lebte und arbeitete er in St. Petersburg und wurde 1828 Goldschmiedemeister.

Literatur: С. Я. Коварская, И. Д. Костина, Е. В. Шакурова, Русское золото XIV – начала XX века из фондов Государственных музеев Московского Кремля. Москва 1987. С. 219, N 127.

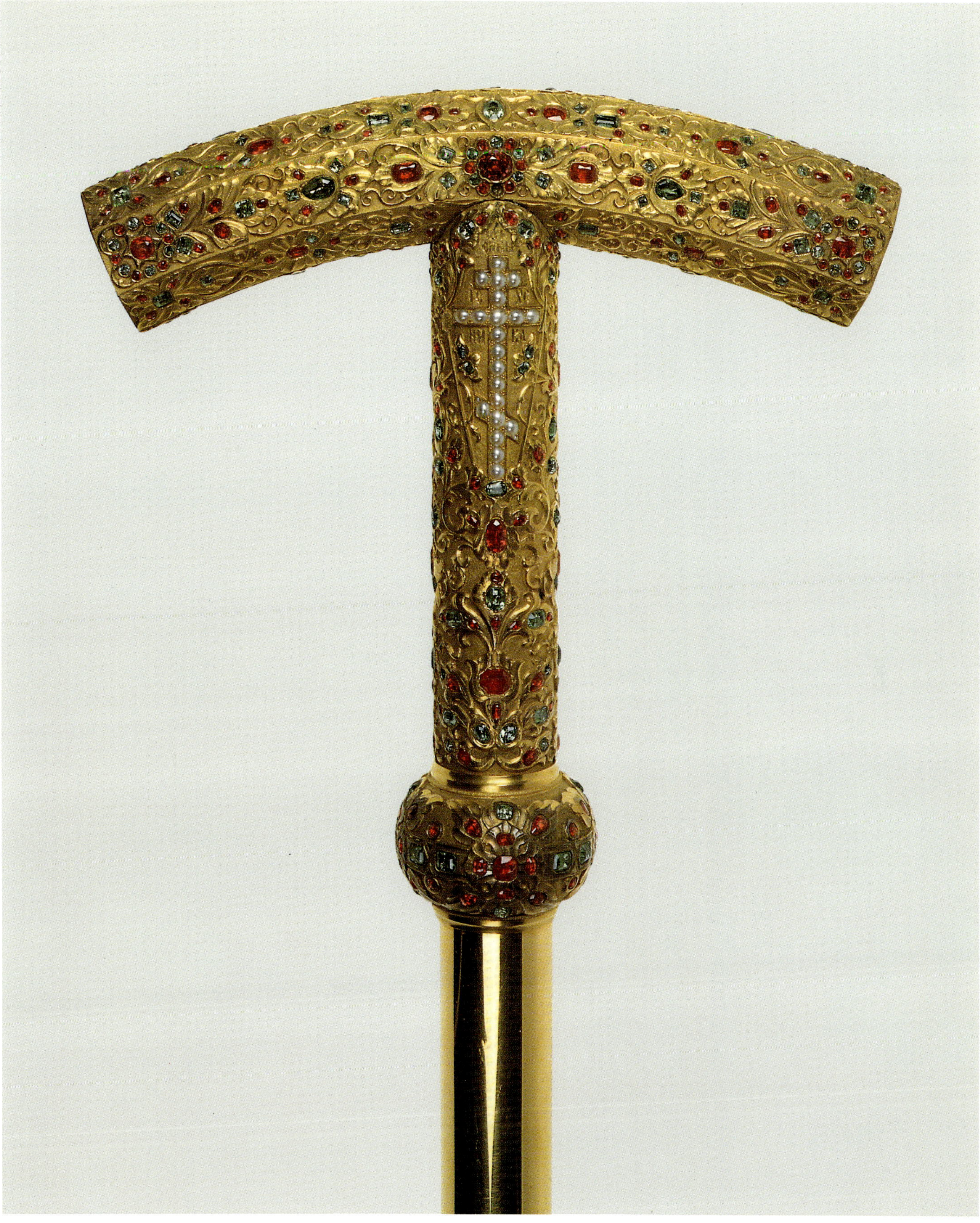

77 Kreuz

Moskau, 1885
Firma Pavel Ovčinnikov
Gold, getrieben, ziseliert, gegossen, Email, Diamanten, Smaragde
Höhe 13,4 cm, Breite 11,9 cm
Inv.-Nr. MR-5768

Das Kreuz ist an seinem Rand mit getriebenem und mehrfarbig emailliertem Akanthus- und Rankenwerk dekoriert. An den Enden der Kreuzarme befinden sich größere Diamanten in hohen Fassungen. In der Mitte ist ein Kreuz aus Diamanten und Smaragden in emaillierten Fassungen aufgelegt. Die Rückseite ist überzogen von einem emaillierten Schmuck aus stilisiertem Pflanzenwerk in grünen, kirschroten, schwarzen und rosa Farbtönen.

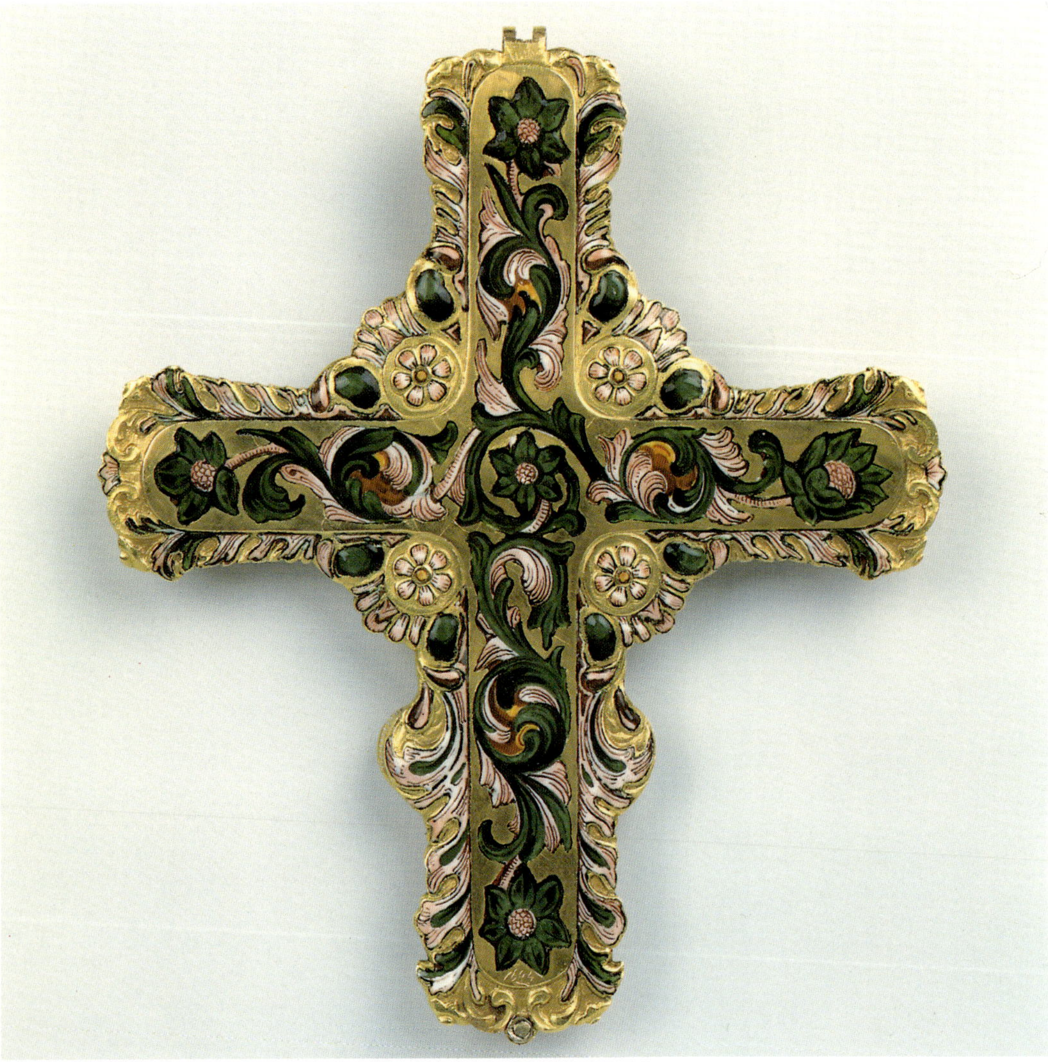

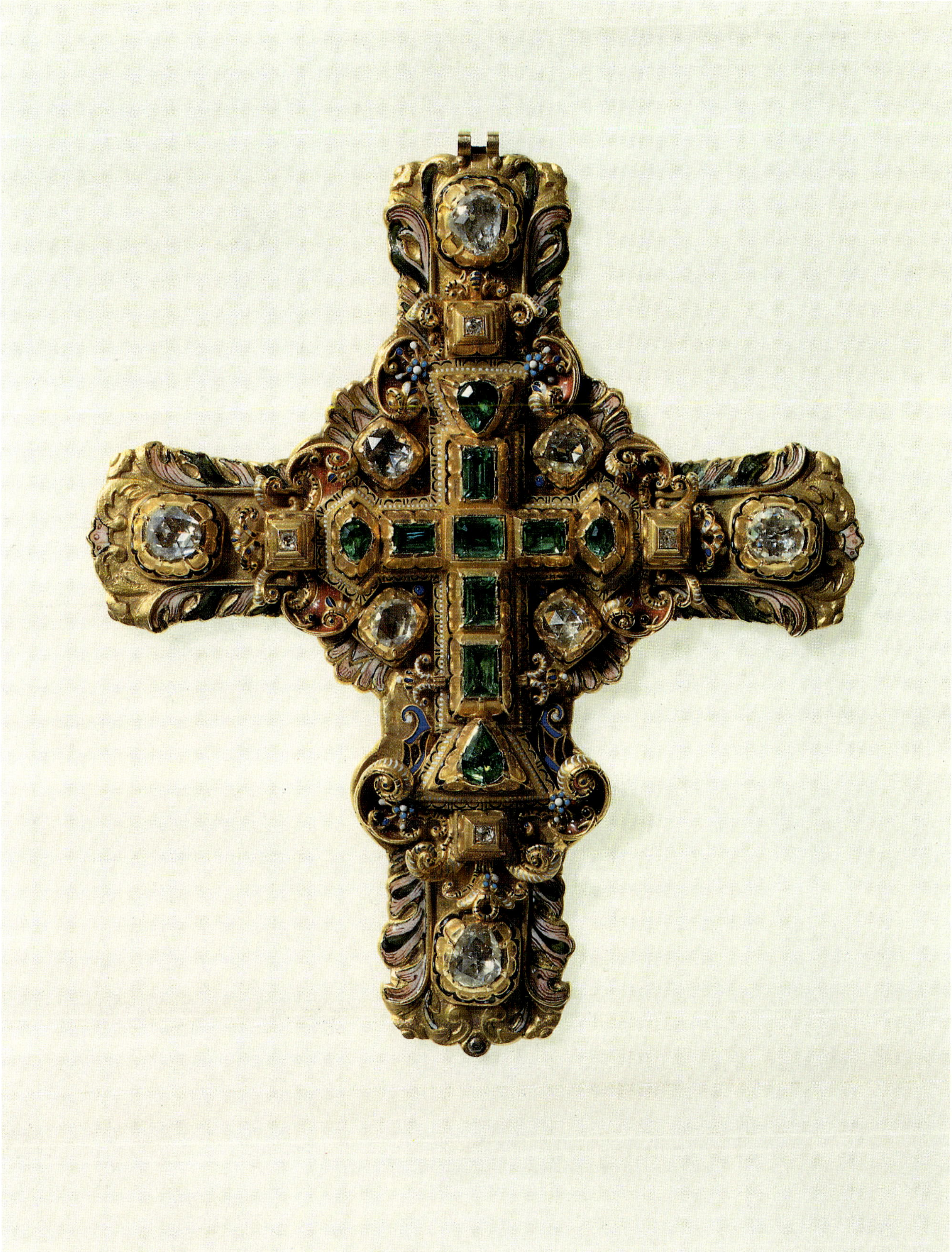

Das Kreuz wurde in der 1853 gegründeten Gold- und Silberschmiedefabrik des Pavel Akimovič Ovčinnikov (1830–1888) angefertigt. Er beauftragte Künstler wie I. Monigetti, A. Žukovskij, E. Lanceray, G. Hartman mit Entwürfen. 1865 nahm P. Ovčinnikov erstmals an der »Ausstellung der Manufakturprodukte« in Moskau teil und wurde mit einer Goldmedaille ausgezeichnet. 1867 wurden Erzeugnisse der Firma auf der Weltausstellung in Paris gezeigt, 1870 auf der von St. Petersburg, 1872 auf der Polytechnischen Ausstellung in Moskau, 1873 auf der Weltausstellung in Wien. Für seine Arbeiten erhielt P. Ovčinnikov eine Vielzahl von Medaillen und fünf russische Orden, darunter den St.-Vladimir-Orden der vierten Klasse, ebenso wie österreichische, belgische und französische Orden. Die von ihm gegründete Firma bestand bis 1916, zuletzt unter der Führung seiner Söhne, und wurde für ihre Emailarbeiten gerühmt.

Literatur: С. Я. Коварская, И. Д. Костина, Е. В. Шакурова, Русское золото XIV – начала XX века из фондов Государственных музеев Московского Кремля. Москва 1987. С. 219, N 126. – *Ausst. Kat.:* Tradizioni nella gioielleria Russa e Sovietica dal XII al XX secolo. Alessandria 1988. No. 23.

78 Nabedrennik

Rußland, 1896
Brokatfirma Sapožnikov
Brokat, Seide, Goldfaden, Pailletten, Tresse, Schnur, Brokatfransen, Atlasband, gewebt, gestickt
Länge 81 cm, Breite 45 cm
Inv.-Nr. TK-162

Der breite, bandartige Nabedrennik – das Epigonation – gehört zum Gewand der höchsten Geistlichkeit und wurde auf der linken Hüftseite als Symbol des Schwertes Gottes getragen.
In der russischen Kirchenordnung wurde er als Auszeichnung geführt, mit ihm konnte auch ein einfacher Geistlicher ausgezeichnet werden, der ihn dann während feierlicher Zeremonien trug.
Dieser Nabedrennik wurde zusammen mit den Gewändern aller Geistlichen der Kremlkirchen für die Krönung Nikolaus' II. im Jahre 1896 angefertigt. Die Gewänder waren insgesamt aus dem gleichen Stoff genäht. Ausgeschmückt wurden sie mit in Brokat ausgeführten Darstellungen des Doppeladlerwappens von Rußland nach Vorlagen, die im 17. Jahrhundert im Auftrag des Zarenhofs in Venedig angefertigt worden waren. In den Sammlungen der Rüstkammer befindet sich ein entsprechend dekoriertes liturgisches Gewand (Sakkos) des Patriarchen Adrian aus venezianischem Brokat.

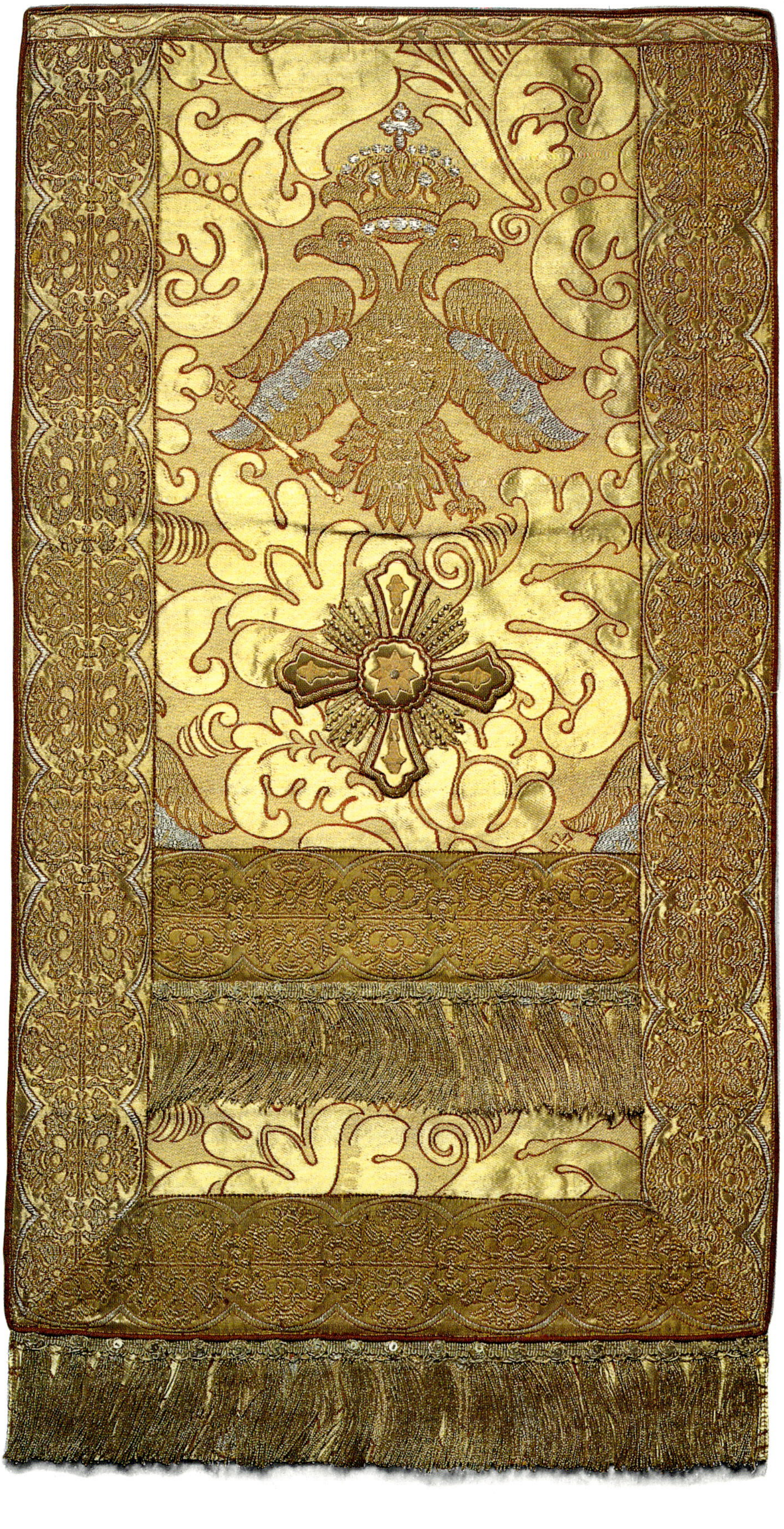

Die Textilfirma Sapožnikov – eine der bekanntesten in Rußland um 1900 – war spezialisiert auf die Nachahmung von Stoffen aus der alten Zarenschatzkammer. Einer der Direktoren der Firma, ein Verwandter des Firmengründers, war der Reformator des russischen Theaters K. I. Stanislavskij. V. G. Sapožnikov, der Firmengründer, erhielt für die Erfolge in der Textilproduktion fünf russische Orden, zudem wurde seine Firma Hoflieferant. Zwei seiner Fabriken in Moskau und Kurakin stellten sowohl prachtvolle Brokatstoffe für Möbel als auch einfache Stoffe für den normalen Gebrauch her.

79 Paar Poruči

Rußland, 1896
Brokatfirma Sapožnikov
Brokat, Seide, Goldfaden, Atlasband, gewebt, gestickt
Höhe 20,5 cm, Breite 14,5 cm
Inv.-Nr. TK-390/1-2

Poruči sind notwendige Bestandteile der Bekleidung der Geistlichkeit in der Form von breiten, abnehmbaren Manschetten, die auf die langen Ärmel des Gewandes gesetzt wurden.
Unter den zahlreichen Poruči des 14. bis 19. Jahrhunderts in der Rüstkammer sind viele in ausgezeichneter, harmonisch abgestimmter Kunststickerei gefertigt, besetzt mit Perlen und Juwelierarbeit. Die hier ausgestellten Poruči aus wertvollem Brokat gehören zu dem gleichen Gewand wie Kat. 78.

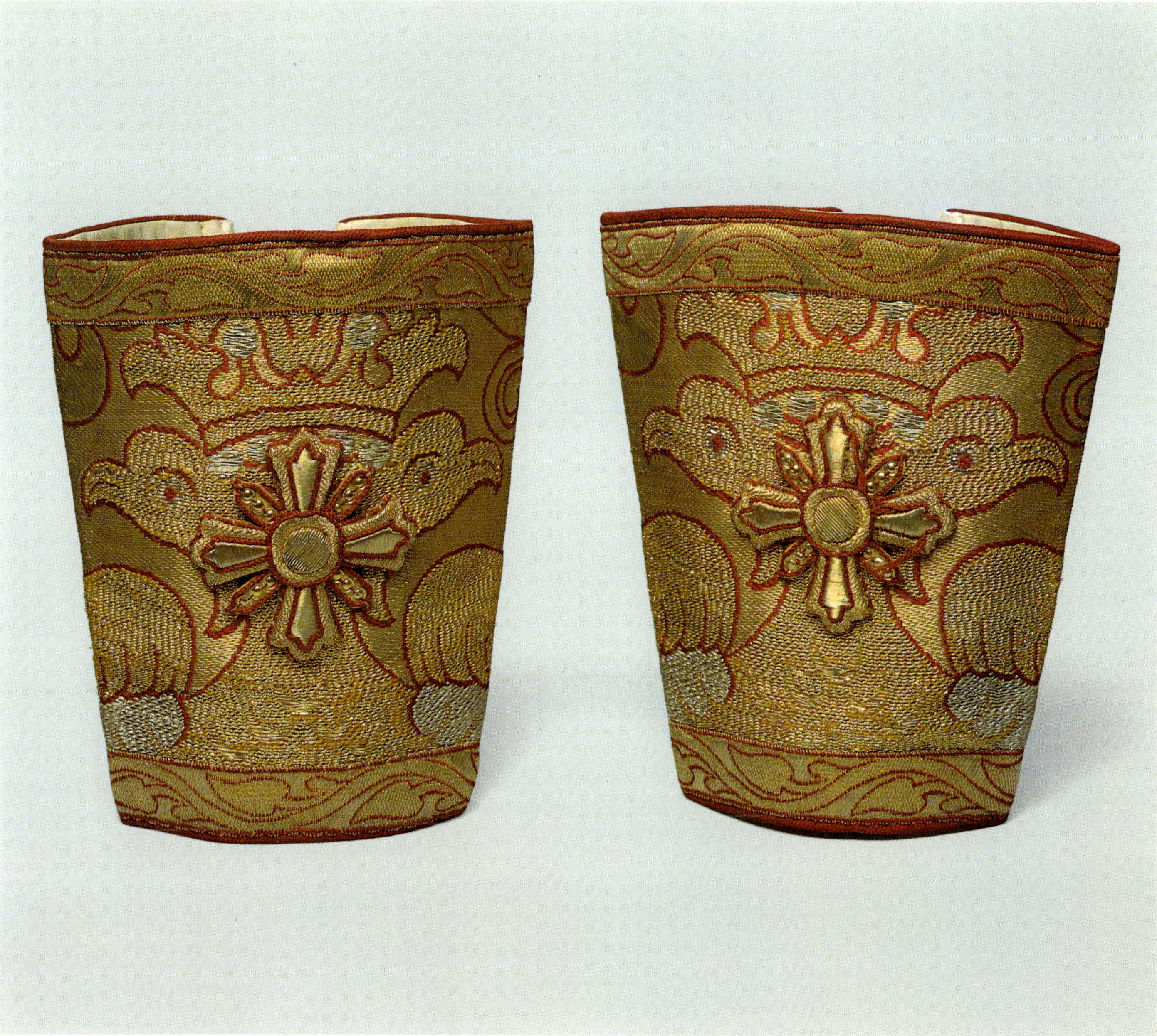

80 Modell des Moskauer Kreml

St. Petersburg, 1904
Firma Karl Fabergé
Gold, Silber, gegossen, ziseliert, Email, Onyx, Glas
Höhe 31,1 cm, Breite 17 cm, Sockelbreite 18,5 cm
Inv.-Nr. MR-647/1-2

Dieser Musikautomat in der Form eines Modells des Moskauer Kreml gehört zu der Gruppe der berühmten Ostergeschenke, die in der Firma Karl Fabergé im Auftrag des Zaren Nikolaus II. ausgeführt wurden.
In der Mitte des Kremlmodells befindet sich ein mit weißem Email überzogenes, abnehmbares Ei, dessen Dekor (mit der Kuppel, den Fenstern und das durch sie sichtbare Interieur) auf den architektonischen Formen der Mariae-Himmelfahrts-Kathedrale beruht. Der massive Sockel ist wie die Kremlmauern mit hohen Türmen ausgestattet, von denen zwei die Form des Spasskij-Turmes sowie des Vodosvodnyj-Turmes haben.
Der künstlerische Entwurf der von Fabergé angefertigten Ostergeschenke ist häufig mit bedeutenden Ereignissen der Geschichte des Landes oder derjenigen der Zarenfamilie verbunden. Der Musikautomat des Moskauer Kreml, dessen aufziehbarer Mechanismus den Cherubim-Hymnus spielt, wurde zur Erinnerung an den Aufenthalt des Zarenpaares in Moskau während der Osterfeierlichkeiten von 1904 angefertigt. In der Serie der kaiserlichen Ostereier nimmt das Modell des Moskauer Kreml einen besonderen Platz ein. Nicht nur von der Größe her ist es eines der bedeutendsten Stücke dieser Art, auch die Ausführung in kostbaren Materialien sowie die virtuose Bearbeitung des mehrfarbigen Goldes hebt es heraus. Die Verwendung der Architekturmotive der Mariae-Himmelfahrts-Kathedrale, der Hauptkathedrale Rußlands, in der alle Herrscher gekrönt wurden, läßt darüber hinaus die althergebrachte Bedeutung des Kreml als Symbol der Macht in diesem Osterei aufleben.
Die kaiserlichen Ostergeschenke, die sich insgesamt durch höchste technische Vollendung auszeichnen, machten die 1842 in St. Petersburg gegründete Firma Fabergé berühmt. Sie stellte höchst verschiedenartige Gegenstände in allen Techniken der Goldschmiedekunst sowie Figuren in Miniaturformat aus Halbedelsteinen her, die auch in den Ländern Westeuropas, Ostasiens und den USA sehr gefragt waren.
Internationale Anerkennung fand die Kunst Fabergés 1900 auf der Weltausstellung in Paris mit Verleihung des Grand Prix. Außerdem wurde er mit dem Orden der Ehrenlegion ausgezeichnet.

Literatur: К. В. Донова, Изделие мастерской М. Е. Перхина // Материалы и исследования. Москва 1973. С. 179, ил. 5; A. K. Snowman, Carl Fabergé. Goldsmith to the Imperial Court of Russia. London 1979. P. 103; G. von Habs-

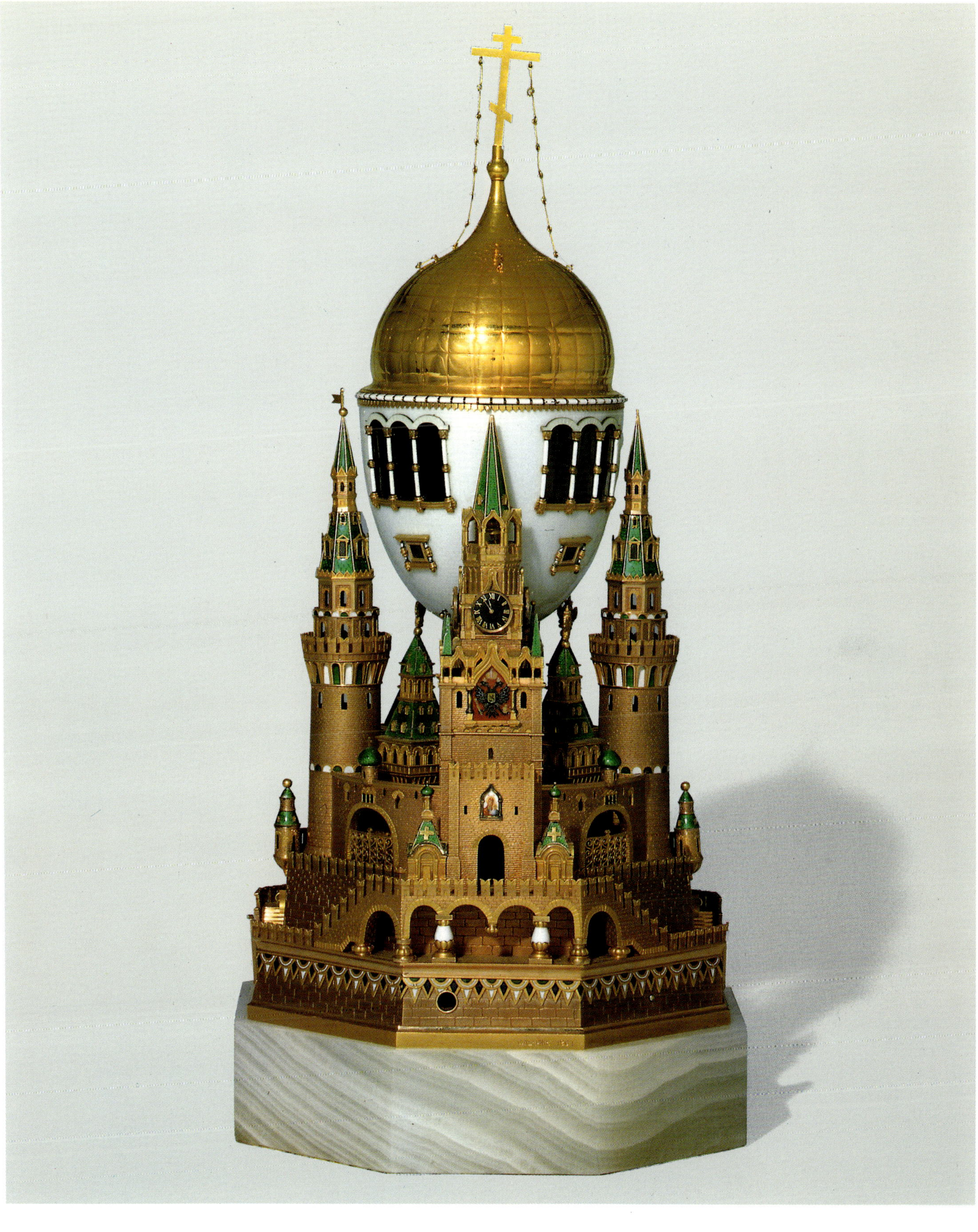

burg, A. von Solodkoff: Fabergé, Hofjuwelier der Zaren, Tübingen, 1979, S. 105. A. K. Snowman: Carl Fabergé, Goldsmith to the Imperial Court of Russia, London, 1979, S. 103. A. von Solodkoff: Masterpieces from the House of Fabergé, New York, 1984, S. 90 (Abb.). – *Ausst. Kat.:* Fabergé, Hofjuwelier der Zaren, Kunsthalle der Hypo-Kulturstiftung, München 1986, S. 95. A. von Solodkoff: Fabergé, London, 1988, S. 33. – *Ausst. Kat.:* Treasures from the Kremlin. New York 1979. No. 64; Trésors des Musées du Kremlin. Paris 1979. No. 64; Tesoros de los Museos del Kremlin de Moscú. Habana 1987/88. No. 49; Tesoros del Kremlin. Buenos Aires 1988. No. 68; Tesouros do Kremlin. São Paulo/Rio de Janeiro 1988. No. 68.